杭州全书·运河（河道）研究报告

王国平　总主编

浙江省大运河文化带系列丛书

胡红文　主编

# 浙江大运河文化带打造的理论审视与现实对策

沈旭炜　曹　岚　黄朝伟　徐露晨　著

中国城市出版社

**图书在版编目（CIP）数据**

浙江大运河文化带打造的理论审视与现实对策 / 沈旭炜等著. -- 北京：中国城市出版社，2024.11.
（浙江省大运河文化带系列丛书 / 胡红文主编）.
ISBN 978-7-5074-3778-2

Ⅰ. K928.42

中国国家版本馆 CIP 数据核字第 20243XA284 号


责任编辑：朱晓瑜
责任校对：赵　力

浙江省大运河文化带系列丛书
胡红文　主编
**浙江大运河文化带打造的理论审视与现实对策**
沈旭炜　曹　岚　黄朝伟　徐露晨　著

＊

中国城市出版社出版、发行（北京海淀三里河路9号）
各地新华书店、建筑书店经销
华之逸品书装设计制版
建工社（河北）印刷有限公司印刷

＊

开本：787毫米×1092毫米　1/16　印张：18　字数：319千字
2025年5月第一版　　2025年5月第一次印刷
定价：**169.00**元
ISBN 978-7-5074-3778-2
（904802）

运河综合整治与保护开发工程突出了还河于民、造福于民的要求，希望杭州用好运河这张"金名片"，把运河真正打造成具有时代特征、杭州特色的景观河、生态河、人文河，真正成为"人民的运河""游客的运河"。

——习近平，2006年12月31日

　　大运河是世界上最长的人工运河，是十分宝贵的文化遗产。大运河文化是中国优秀传统文化的重要组成部分，要在保护、传承、利用上下功夫，让古老大运河焕发时代新风貌。

——习近平，2023年09月20日

本课题得到杭州市哲学社会科学规划课题基地（杭州师范大学杭州城市国际化研究中心）立项课题项目（NO.2019JD26）资助

# 《杭州全书》编纂指导委员会

# 《杭州全书》编辑委员会

**总主编：**王国平

**编　委：**（以姓氏笔画为序）

丁少华　于林芳　马东峰　王　军　王剑文　毛新利　方永斌
江山舞　汤丽丽　阮重晖　孙国方　杜红心　何　蕾　陈　波
陈　跃　杭天鹏　卓　军　尚佐文　赵　铠　赵丽萍　胡红文
胡征宇　俞　晖　章丹红　梁　旭　程晓东　曾　晖　蓝　杰
蔡　峻　潘沧桑

## 《运河(河道)全书》编纂指导委员会

（以姓氏笔画为序）

马佳骏　王新宇　孙剑甫　李敏华　何　伟　张　玮　张德平　陈叶根
卓　军　胡红文　洪关良　高小辉　梁　旭　董天乐　蓝　杰　管光尧

## 《浙江省大运河文化带系列丛书》编辑委员会

主编：胡红文
编委：（以姓氏笔画为序）
　　　刘慧梅　孙以栋　吴茂英　吴科杰　沈旭炜　张建英　周鸿承
　　　顾雅青　楼　烨

## 本书编委会

（以姓氏笔画为序）

吴茂英　沈旭炜　张佳英　张晓明　徐露晨　黄朝伟　曹　岚

# 《杭州全书》总序

　　城市是有生命的。每座城市，都有自己的成长史，有自己的个性和记忆。人类历史上，出现过不计其数的城市，大大小小，各具姿态。其中许多名城极一时之辉煌，但随着世易时移，渐入衰微，不复当年雄姿；有的甚至早已结束生命，只留下一片废墟供人凭吊。但有些名城，长盛不衰，有如千年古树，在古老的根系与树干上，生长的是一轮又一轮茂盛的枝叶和花果，绽放着恒久的美丽。杭州，无疑就是这样一座保持着恒久美丽的文化名城。

　　这是一座古老而常新的城市。杭州有8000年文明史、5000年建城史。在几千年历史长河中，杭州文化始终延绵不绝，光芒四射。8000年前，跨湖桥人凭着一叶小木舟、一双勤劳手，创造了辉煌的"跨湖桥文化"，浙江文明史因此上推了1000年；5000年前，良渚人在"美丽洲"繁衍生息，耕耘治玉，修建了"中华第一城"，创造了灿烂的"良渚文化"，被誉为"东方文明的曙光"。而隋开皇年间置杭州、依凤凰山建造州城，为杭州的繁荣奠定了基础。此后，从唐代"灯火家家市，笙歌处处楼"的东南名郡，吴越国时期"富庶盛于东南"的国都，北宋时即被誉为"上有天堂，下有苏杭"的"东南第一州"，南宋时全国的政治、经济、科教、文化中心，元代马可·波罗眼中的"世界上最美丽华贵之天城"，明代产品"备极精工"的全国纺织业中心，清代接待康熙、乾隆几度"南巡"

的旅游胜地、人文渊薮，民国时期文化名人的集中诞生地，直到新中国成立后的湖山新貌，尤其是近年来为世人称羡不已的"最具幸福感城市"——杭州，不管在哪个历史阶段，都让世人感受到她的分量和魅力。

这是一座勾留人心的风景之城。"淡妆浓抹总相宜"的"西湖天下景"，"壮观天下无"的钱江潮，"至今千里赖通波"的京杭大运河（杭州段），蕴含着"梵、隐、俗、闲、野"的西溪烟水，三秋桂子，十里荷花，杭州的一山一水、一草一木，都美不胜收，令人惊艳。今天的杭州，西湖成功申遗，中国最佳旅游城市、东方休闲之都、国际花园城市等一顶顶"桂冠"相继获得，杭州正成为世人向往之"人间天堂"与"品质之城"。

这是一座积淀深厚的人文之城。8000年来，杭州"代有才人出"，文化名人灿若繁星，让每一段杭州历史都不缺少光华，而且辉映了整个华夏文明的星空；星罗棋布的文物古迹，为杭州文化添彩，也为中华文明增重。今天的杭州，文化春风扑面而来，经济"硬实力"与文化"软实力"相得益彰，文化事业与文化产业齐头并进，传统文化与现代文明完美融合，杭州不仅是"投资者的天堂"，更是"文化人的天堂"。

杭州，有太多的故事值得叙说，有太多的人物值得追忆，有太多的思考需要沉淀，有太多的梦想需要延续。面对这样一座历久弥新的城市，我们有传承文化基因、保护文化遗产、弘扬人文精神、探索发展路径的责任。今天，我们组织开展杭州学研究，其目的和意义也在于此。

杭州学是研究、发掘、整理与保护杭州传统文化和本土特色文化的综合性学科，包括西湖学、西溪学、运河（河道）学、钱塘江学、良渚学、湘湖（白马湖）学等重点分支学科。开展杭州学研究必须坚持"八个结合"：一是坚持规划、建设、管理、经营、研究相结合，研究先行；二是坚持理事会、研究院、研究会、博物馆、出版社、全书、专业相结合，形成"1+6"的研究框架；三是坚持城市学、杭州学、西湖学、西溪学、运河（河道）学、钱塘江学、良渚学、湘湖（白马湖）学相结合，形成"1+1+6"的研究格局；四是坚持全书、丛书、文献集成、研究报告、通史、辞典相结合，形成"1+5"的研究体系；五是坚持党政、企业、专家、媒体、市民相结合，形成"五位一体"的研究主体；六是坚持杭州牌、浙江牌、中华牌、国际牌相结合，形成"四牌共打"的运作方式；七是坚持权威性、学术性、普及性相结合，形成"专家叫好、百姓叫座"的研究效果；八是坚持有章办事、有人办事、有钱办事、有房办事相结合，形成良好的研究保障体系。

《杭州全书》是杭州学研究成果的载体，包括丛书、文献集成、研究报告、通史、辞典五大组成部分，定位各有侧重：丛书定位为通俗读物，突出"俗"字，做到有特色、有卖点、有市场；文献集成定位为史料集，突出"全"字，做到应收尽收；研究报告定位为论文集，突出"专"字，围绕重大工程实施、通史编纂、世界遗产申报等收集相关论文；通史定位为史书，突出"信"字，体现系统性、学术性、规律性、权威性；辞典定位为工具书，突出"简"字，做到简明扼要、准确权威、便于查询。我们希望通过编纂出版《杭州全书》，全方位、多角度地展示杭州的前世今生，发挥其"存史、释义、资政、育人"作用；希望人们能从《杭州全书》中各取所需，追寻、印证、借鉴、取资，让杭州不仅拥有辉煌的过去、璀璨的今天，还将拥有更加美好的明天！

是为序。

王国平

2012 年 10 月

# 《运河（河道）全书》序

　　杭州之名，由河而生；杭州之城，依河而建；江南名郡，借河而扬；两朝都城，因河而定；历史名城，倚江而盛。杭州是一座典型的水城，集江（钱塘江）、河（京杭大运河）、湖（西湖）、海（钱塘江入海口杭州湾）、溪（西溪）于一体，面海而栖、濒江而建、傍溪而聚、因河而兴、由湖而名，这种大自然的造化和厚爱，使杭州在中国众多城市中可谓独一无二。

　　在数千年的杭州建城史中，杭州的经济、文化和社会发展等均与运河河道的畅通息息相关，尤其是京杭大运河在杭州兴起、发展和繁荣中发挥了重大作用。清潘耒《杭城浚河记》对此有生动描述："杭之城，前江而右湖，江潮湍悍不可引，引湖水注城，入自清波、涌金二门，交络城中。由武林、艮山以出，用以疏烦、蒸宣、底滞，犹人之有血脉、喉、胃也。"

　　杭州河流纵横交错，大小湖泊分布其间，水系十分发达。据统计，杭州共有大小河道1100多条，长度合计3500km，各种湖泊、水荡总面积达16万亩。杭州的运河河道多姿多彩，既有延续2500余年历史、世界上规模最大并被列入世界遗产名录的大运河，也有像上塘河、余杭塘河、中河、东河、沿山河、贴沙河等保留至今的主城区河道300多条，还有不少像浣纱河这样因城市建设被湮没的城中小河。这些河流遍布杭城内外，南通钱江，北接大运河，西连西湖，东出杭州湾，使杭州与外界紧密相连。

　　杭州的运河河道也是杭州文明的摇篮，造就了杭州深厚的文化底蕴。千百年来，多少风流人物与杭州运河河道结下了不解之缘，不仅留下了诸多诗文、书画、戏曲和故事传说，而且建造了无数名宅、店铺、作坊、园林、寺观、桥梁、船只等，为后人留下了极其宝贵的文化遗产。

鉴于运河河道的重要地位和作用，历代的杭州先民们对其的疏浚与保护从未停止，如东汉华信修筑海塘，唐代李泌开六井，白居易治理西湖，北宋苏轼浚治西湖和运河，此后各朝官员、乡土名贤及百姓们也一直努力浚治运河河道。但终因连年战事和国力不济，至20世纪40年代已有不少河道淤塞。中华人民共和国成立以后，随着国力昌盛和人们环保意识的增强，1982年开始对中河、东河进行治理，拉开了杭州市区河道大规模整治的序幕。

迈入21世纪以来，杭州市委、市政府高度重视运河（杭州段）和市区河道的保护与开发。2002年始，杭州围绕"还河于民、申报世遗、打造世界级旅游产品"目标，坚持"保护第一、生态优先、拓展旅游、以民为本、综合整治"原则，连续多年实施大运河（杭州段）综合整治与保护开发工程，8次推出"新运河"，倾力打造具有时代特征、杭州特色的生态河、文化河、景观河，更使中国大运河成功列入世界遗产名录；2007年始，杭州围绕"流畅、水清、岸绿、景美、宜居、繁荣"目标，全面实施市区河道综合整治与保护开发工程，完成杭州绕城公路以内291条市区河道的综合整治与保护开发，打造"流畅、水清、岸绿、景美、宜居、繁荣"的新杭城，实现百万杭州老百姓"倚河而居"的世纪之梦。

总之，杭州是一座依水而建、因水而兴的城市。千百年来，杭州运河河道不仅滋润了这片美丽的土地，养育了一方百姓，更使杭州的城市文明得以延续和光大，乃至享誉海内外，厥功至伟。

# 本书前言

    文明之发生，莫要于河流[1]。人类文明史从某种程度上可以说是一部人地关系不断演替的社会发展史，是人类积极改变生活习惯和文化特性以适应外界环境的动态过程。自古以来，人类习惯于逐水而居、依水而行、因水而聚，正是因为河流可以为其提供丰富而稳定的水源、便捷而畅达的交通、舒适而感性的生活。河流不仅是一种天然的物理分界，更成为一种自然的沟通方式[2]，孕育了人类不同阶段的文明形态。约公元前3000年，在美索不达米亚平原的南部，十多个奴隶制城邦从部落文化过渡到古巴比伦城市文明，其动力根源在于底格里斯河和幼发拉底河能够为定居在这里的农耕民族常年稳定供水，并形成以灌溉农业为主体的社会经济结构。其后，古提人、阿摩利人等周边游牧民族多次侵犯，农耕者营建的古巴比伦城市被摧毁[3]，"田地不再生产谷粒""运河和灌溉渠归于荒废"[4]。大致在同一时期，生活在印度河流域中下游冲积平原上的达罗毗荼人，在与大自然进行长期艰苦卓绝的生存斗争后，同样创造

---

① 梁启超.饮冰室文集之十《中国地理大势论》[M].北京：中华书局，1936：78.

② 张娓.探索流域文明演进轨迹[N].中国社会科学报，2022-12-05（002）.

③ 宋瑞芝.上古西亚两河流域文化生成断想札记[J].湖北大学学报（哲学社会科学版），1994（6）：98-103.

④ [俄]阿甫基耶夫.古代东方史[M].王以铸，译.上海：三联书店，1963：78.转引：宋瑞芝，1994.

了璀璨的古印度文明。他们在与河水的相处过程中，面临着如何在取水之便和抵御洪灾之间实现平衡这个重要问题。达罗毗荼人逐步开始学会拦河筑坝，借助水坝、水渠进行农业灌溉，以帮助他们开拓耕地、牧场，最终形成繁盛于公元前2500年至公元前1750年的古印度哈拉帕文明。研究人员在摩亨佐·达罗和哈拉帕的考古遗址中发现，当时的城市营建已经相当周密，水井、沟道、供水与排水体系严密，设施完善①。中华文明同样是在"河流"中孕育、发展和延绵的。5000多年前，我们的先民为了抵御暴雨和山洪的侵袭，就已经掌握了科学规划和营建大型水利系统的技术。在对位于杭州北郊东苕溪畔的良渚古城遗址进行考古挖掘的研究表明，先民在良渚古城外围兴建水利设施的同时，还在古城内外挖掘了50余条人工河道，用以沟通平地区域的自然水系，形成复杂完善的水上交通网络②。这不仅为我们勾勒了一幅远古时期人们以舟筏代车马的早期城市文明剪影，而且这些长短不一、交错复杂的人工河道也描绘了"运河"的早期形态。

随着生产力的逐步提高和知识经验的传承积累，人们对水的认识与利用不断得到提高与突破。人们开始在更大时空尺度上懂得借助地形地势，持续挖掘新的人工河道以连接疏通自然河道和湖泊水网，方便灌溉生产、生活用水、交通运输和社会往来。于是，一批人工运河率先在水网密集的平原地区诞生。

作为联系不同时空和不同要素的通道与容器，运河成为一种人类早期活动和农业聚落之间耦合的地理单元，承载着人类对美好生活宜居性的共同需求和个性追求，也成为人类共创共享的社会财富系统。古典经济学之父亚当·斯密（Adam Smith）在其著作《国富论》中描述运河水运与区域之间的产业分工情况时写道：由于每一种产业，通过水运都比单靠陆运接触的市场更加广大。……水运既然有如此好处，可以帮各种劳动产品打开全世界的市场，所以各种工艺与产业的改良，很自然都会先发生在水运便利的地方……如果没有水运，世界上任何相隔遥远的两地，便几乎不可能会有商业往来。……中国东部诸省也有许多条大河，各有不同的支流分布，形成许多运河。由于这些运河相互连接，所形成的内河航运系统，比尼罗河或恒河，甚至两者加起来的航运系统还要辽阔③。亚当·斯密笔下所描述的能

① 陶建平.浅论地理环境的变化与印度哈拉帕文明的消失[J].咸宁师专学报，1996（3）：53-54.

② 宋姝，刘斌.良渚古城：中华5000多年文明史的实证之城[J].自然与文化遗产研究，2020（3）：8-25.

③ [英]亚当·斯密.国富论[M].谢宗林，李华夏，译.北京：中央编译出版社，2011：14-15.

够与尼罗河或恒河甚至两者相加相匹敌和媲美的"还要辽阔"的运河，无疑指的就是中国大运河。

中国大运河是古代人民创造的一项伟大工程和伟大实践，是一条流动的、活着的世界文化遗产。当前，以国家文化公园建设为主要导向的大运河文化带打造，已经在大运河沿线区域如火如荼持续开展。这既是大运河自身历史文化价值在新时代的华丽绽放，也是传承中华文明、推进文化自信自强、提升国际影响力的时代要求。习近平总书记高度重视大运河文化保护传承利用工作，先后考察调研杭州段、北京段、嘉兴段、扬州段、苏州段、绍兴段，作出重要指示批示。习近平总书记的这些重要指示，语重心长，为推进大运河文化保护传承利用提供遵循、指明方向①。

习近平总书记对大运河文化保护传承利用的要求，是站在比历史上任何时期都更接近中华民族伟大复兴这一关键时刻作出的一种全局性谋划。2006年12月31日，习近平同志在浙江工作期间考察京杭运河（杭州段）综合整治与保护开发工程指出，运河综合整治与保护开发工程突出了还河于民、造福于民的要求，希望杭州用好运河这张"金名片"，把运河真正打造成具有时代特征、杭州特色的景观河、生态河、人文河，真正成为"人民的运河""游客的运河"②。浙江成为习近平总书记大运河文化保护传承利用最早论述的诞生地。2023年9月20日，习近平总书记赴浙东运河文化园考察时指出，大运河是世界上最长的人工运河，是十分宝贵的文化遗产。大运河文化是中国优秀传统文化的重要组成部分，要在保护、传承、利用上下功夫，让古老大运河焕发时代新风貌。浙江又成为习近平总书记大运河文化保护传承利用最新论述的诞生地。深化研究浙江大运河文化带，是深入贯彻习近平总书记大运河文化保护传承利用系列重要论述的应有之义，彰显理论意义和时代价值。

浙江位于京杭大运河的最南端，也是浙东运河的所在地，通江达海，运济天下，在大运河文化带打造过程中占据重要地位。深入推进大运河国家文化公园、大运河文化带建设，早已写入《中共中央 国务院关于支持浙江高质量发展建设共同

---

① 张春龙.大运河文化带建设的评价指标[J].唯实，2021（2）：28-31.
② 周咏南.习近平在杭州调研为民办实事工作时强调 落实以人为本要求 重视民生办好实事[N].浙江日报，2007-1-1.

富裕示范区的意见》中，作为浙江打造新时代文化高地，丰富人民精神文化生活的有机构成和有力举措。以浙江为情境聚焦大运河文化带的理论问题和现实议题，有助于让我们更好地理解文化的在地性、多样性、系统性和开放性等特征，更真实地触摸并感知中华文明的长度、广度、深度和温度。

研究工作是对实践经验的抽象凝练和总结思考，是基于实践的升华而又回归于实践。客观而言，大运河（浙江段）历史底蕴深厚，构成要素复杂，实践内涵丰富，话语体系多元，物象千变万化。对浙江大运河文化带的研究，是针对大运河开放的复杂巨系统在理论和实践层面的双重反省，不仅囊括生态环境、历史考古、自然地理、社会经济、规划建设、管理经营等众领域多学科；而且，随着时间的往前推移和空间的纵深拓展，研究对象的本体还在不断出现新现象，产生新内容，衍生新边界。这在客观上无疑对研究人员的宏、中、微各个层面的把控力、投入量和知识面带来种种挑战和巨大压力。面对浙江大运河文化带如此宏大的研究议题，如何选择合适的分析切口，如何把握研究深度和视野宽度，如何推动理论内嵌和实践提炼更好相辅相成，曾一度成为让研究人员"挠头"的问题。

浙江，源于钱塘江；钱塘江，古称"浙江"。1900多年前，在东汉许慎编撰的《说文解字》中，就已经将"浙"释义为"江水，东至会稽山阴为浙江"。鸟瞰现在的浙江大地，太湖犹如一点，钱塘江犹如一折，勾勒了一个"之"字。一条钱塘江，将浙江的大运河划为江南运河和浙东运河南北两大片区，杭州成为其联系中转和维系运转的枢纽所在。在西兴古镇上尚有"过塘行"这一古老职业和"过塘行码头"这一历史遗存，映衬着中国大运河在浙江的时空融合与交通成和。一条钱塘江，同时往北和往东补给江南运河和浙东运河两大水网，孕育的杭州、嘉兴、湖州、绍兴、宁波5座城市均成为国家历史文化名城，浙江10座国家历史文化名城的半壁江山在运河沿线。杭州的南宋皇城、嘉兴的南湖红船、湖州的蚕桑淡港、绍兴的黄酒乌篷、宁波的海丝港口，其孕育、产生、发展和延续，都与大运河发达的河道水网休戚相关，其自身同样构成和彰显了浙江大运河文化带的时代辨识度和质感颗粒度。大运河的水脉一直和浙江的文脉、国家的命脉相通相融、共存共生。浙江大运河，从水脉、文脉和国脉的视角看，都可堪称为中国"之"河，大国"之"河。

浙江是习近平大运河文化保护传承利用重要论述的思想策源地和实践先行地。景观河、生态河、人文河，成为浙江大运河文化带所需承载和致力打造的基本功能和路径向度（分别启示本书第六章、第七章、第八章），"人民的运河""游客的运河"是浙江大运河文化带上下求索的战略远图，"在保护、传承、利用上下功夫"则是浙江大运河文化带未来的行进方向。在习近平总书记大运河文化保护传承利用重要论述中汲取理论营养，基于浙江大运河在地文化的势能释放，本书聚焦浙江情境，以文化带理论、系统理论为支撑，集结提炼市政治污、开发建设、旅游经济、遗产保护、水体治理等多条业务战线的研究人员积累多年的一线素材和实践经验，采撷杭州、嘉兴、湖州、绍兴、宁波多地信息和多源数据，依托高校、研究院等智库平台力量，从2019年立项至2023年成稿历时5年，努力尝试对浙江大运河文化带进行一隅镜像之素描。本书是基于一线业务和理论学习的一次深度融合，研究人员边干边学，边看边思，回顾梳理了大运河（浙江段）多年来积累形成的实践案例和创新经验。希望能够以研究为薪柴，为浙江当下正在奋力推进的"两个先行"建设大局贡献绵绵星火；并期望能够进一步擦亮浙江大运河世界文化遗产金名片，为浙江共同富裕示范区建设拓展点滴滋养之源。

本书共设九章，分别为概念回溯、价值建构、时空流变、要素构成、系统统筹、生态治理、遗产活化、文旅融"河"、路径擘画，绘制整理图表若干，并附田野调查现场，以飨诸位读者。本课题组由杭州市京杭运河（杭州段）综合保护中心首席研究员、杭州运河（河道）研究院副院长胡红文同志牵头组成并统筹指导，成员由沈旭炜、曹岚、黄朝伟、徐露晨、张晓明等同志组成。研究团队各施所长，密切协作，工作时务实严谨，闲暇间谈笑风生。在本书立项和成稿阶段，浙江大学管理学院吴茂英副教授给予大力支持和指导帮助。在本书初稿和修改稿的论证过程中，杭州市政协办公厅原副主任王其煌先生，浙江大学传媒与国际文化学院副院长李杰教授，《浙江学刊》总编辑卢敦基先生，浙江省社会科学院历史研究所研究员董郁奎先生，浙江省古建筑设计研究院院长卢远征先生，杭州师范大学徐海松教授，浙江省社科院智库建设和舆情研究中心副主任姜佳将副研究员，拱宸书院任轩先生等专家学者，提出过宝贵意见。在本书实地调研和数据收集过程中，宁波市文化广电旅游局、宁波市文物保护管理所（宁波市世界文化遗产保护管理中心）、绍兴市文化广电旅游局、湖州市文化广电旅游局（湖州市文物局）、湖州市南浔区文物保护管理所、嘉兴市文化广电旅游局、嘉兴市文物保护所、常州市文化广电和旅游局（常州市文物局）、无锡市文化广电和旅游局（无锡市文物局）、杭州市园林文物局、杭州市工艺美术博物馆、浙江省文物局、浙江外国语学院大运河国际研究中心等单位领导和同志，给予了热情接待和帮助协调。在此，课题组一并向以上单位和同志，以及所有在研究过程中给予关心指导和协调帮助的同志致以最诚挚的谢意。

囿于有限时间、有限精力和有限学识，本书难免存在不足之处。因此，殷切希望能够得到社会各界人士的批评指正和不吝斧正，联系电子邮箱为shenxuwei@zisu.edu.cn。我们殷切期待您的宝贵来信和沟通交流。

课题组

2023 年 10 月于杭州拱宸桥畔

# 目录 CONTENTS

第一章

概念回溯

伴随着全球视野内遗产运动的不断扩展交互与纵深发展，中国本土传统的遗产实践方式日益得到深度挖掘与跟踪关注。文化遗产保护领域的新概念、新方法、新实践随之大量涌现，并逐步在国际权威机构制定的通行的西方话语体系下形成源自中国的东方话语权。我国文化遗产保护自改革开放后逐步建立完善了以历史文化名城—历史文化村镇—文物保护单位为主体并覆盖历史文化街区、未被公布为文保单位的不可移动文物、历史建筑、历史地段以及非物质文化遗产等对象的由面及点、由上至下的垂直管理模式，其间也不断引入国际文化遗产保护领域中的文化线路、线性文化遗产、文化圈等理念，尤其受到20世纪70年代全球范围内开始盛行的"世界遗产运动"影响，我国文化遗产保护传承利用新视野、新思路和新格局得以打开。"文化带"便是其中重要的社会实践产物之一。本章基于文献研究，主要对文化带、运河、大运河文化带等基本概念，以及文化线路、线性文化遗产、文化圈等相关概念进行回顾，为后续研究深入认识与了解本体对象的内涵及其特征奠定基础。

# 第一节　基本概念

## ◤ 一、文化带

### （一）文献回顾

文化带不是一个舶来的概念，也并非一个新生概念，早在20世纪七八十年代，国内学界便开始对其予以关注与跟踪。费孝通先生于1978年提出的以康定为中心向东和向南大体上划出的"彝藏走廊"[①]，1982年他又提出的起于广西大瑶山地区向东延展至赣闽浙地区的"南岭走廊"，以及当时西南几省的民族工作者提出的"藏汉走廊"[②]，可以说是早期对于"文化带"客观存在的捕捉。这些提法的本质都是建议从"走廊"的形成和演替进程中发现和推考某一主题或某一具体类型文化的独特

---

① 费孝通.关于我国民族的识别问题[J].中国社会科学，1980（1）：147-162.
② 费孝通.民族社会学调查的尝试[J].中央民族学院学报，1982（2）：3-10.

性、线序性、整体性与系统性。

此后，国内学者对"文化带"这一客观现象开展了不同维度、不同尺度、不同深度的探讨。魏学峰（1989）[①]在《文史杂志》发表的《一条典型的文化带——褒斜道研究》一文，是目前中国知网数据库中可以检索到的最早的直接聚焦文化带研究的学术论文。他认为曾在历史上发挥重要作用的交通栈道均属于典型的文化带，并以褒斜道为案例，论述了栈道文化带的概念及其交通、历史、艺术和学术等诸多价值。黄南珊（1989）基于文化势差规律和经济梯度理论，从地域空间角度将我国社会主义初级阶段的文化结构划分为沿海文化带、中部文化带和边疆文化带的三维组合[②]。余同元（1990）对长城文化带的演变进行了分析，归纳了生产型、消费型、交换型与融合型4种不同阶段的演替特征[③]。屈小强等（1994）分析了以巫溪县宝源山、恩施市盐阳、彭水县郁山镇三点一线为基本走向的，以泉盐为主要特色兼及丹砂的三峡—巫载文化带的形成及历史地位[④]。浙江电视台主任编辑钟桂松（1997）选取河南教育出版社1993年出版的《中国近代文学辞典》作为范本统计后发现，五四运动以来国内著名作家文人在地理空间上的分布，呈现出东西宽不及百里、南北横跨两条江的带状聚集现象，形成所谓的江浙文化带；他同样分析指出，河汊纵横交叉、水流平缓清澈的水乡泽国是江浙文化带孕育和兴旺不可低估的影响因素之一[⑤]。田汉云（2016）同样注意到了清代学术主潮兴起及其嬗变始终与运河文化带存在极为紧密的联系，出现的浙东、吴、皖、扬、常等五个大运河流域的学术流派在近百年间占据重要地位[⑥]。钟智翔（2000）将缅甸文化带定义为一个拥有共同文化心理、相同风俗习惯、文化艺术遗产和社会制度关系密切的民族文化共同体，它以民族文化为基础，以多个民族为存在实体，以佛学思想为中心价值观，以使用孟缅文字体系为标志；他特意指出缅甸文化带是一个以民族分布为基础形成的文化概念而非地理概念，并以点、线方式结网成面形成。其中，"点"为遍布各地的为促进共同价

---

① 魏学峰.一条典型的文化带：褒斜道研究[J].文史杂志，1989（1）：36-37，26.

② 黄南珊.社会主义初级阶段文化结构的多维分析[J].社会科学研究，1989（2）：29-33.

③ 余同元.明代长城文化带的形成与演变[J].烟台大学学报（哲学社会科学版），1990（3）：42-50.

④ 屈小强，任丽洁.巫载文化带的形成及其历史地位[J].三峡学刊，1994（4）：1-7，26.

⑤ 钟桂松.江浙文化带状研究[J].浙江学刊，1997（4）：105-106.

⑥ 田汉云.清代学术主潮与大运河文化带[J].淮阴师范学院学报（哲学社会科学版），2016，38（6）：797-799，840.

值观和社会道德规范做出贡献的佛教寺庙；"线"是贸易通道和军队征战、民族迁移的路线，加快了各民族间文化同质因素的产生；"面"即多民族文化交融网①。受费孝通的观点影响，李星星（2003a，2003b）将"藏彝走廊"与"文化带"概念进行了深化关联，他指出"高山深谷相间、河流平行排列"的地理环境、气候变化与文化带的形成密切相关，并归纳了藏彝走廊覆叠的"母系文化带""猪膘文化带""牦牛文化带""苯或巫文化带""'石室''重屋'文化带""石棺葬文化带""藏缅语多元语言文化带"等层次特征，将其描述为一条具有古老性、残存性、变异性和流动性等特征的"神奇的文化沉积带"②③。罗剑（2013）在提出中国西部阳戏文化带构想时，将文化带等同于德国民族学家格雷布纳（R. F. Graebner）提出的文化圈理论（Cultural Circle），并主张了奥地利学者施密特"文化圈不仅限于一个地理空间范围，它在地理上不一定是连成一片的"观点，分析了西部阳戏文化带在空间上的非连续性④。朱雪梅（2018）认为南粤古道及其沿线古村落和文化史迹构成了典型的岭南文化带，通过文化线路的统筹整合，可以使这些地方性历史文化资源的精神内涵超越时空限制并成为人们共享的文化廊道⑤。

　　基于上述既往文献回顾可以发现，国内学界对文化带的研究昭示了一定的讨论热度和时间长度。就某种程度而言，文化带概念是文化遗产保护领域最新理论成果的深化和运用（杨家毅，2017）⑥。在已有研究中，多数学者忽视了对文化带的本体论研究，鲜有研究直接对"究竟何为文化带"这一议题给出正面回应，也未给出一个确切、清晰的概念界定。即使偶有文章对文化带进行定义，如余同元（1990）认为文化带指具有相似地理单位的文化区域、文化类型及文化模式⑦，但从操作性定义的视角考量，要将其进一步转化为可观测与可检验的指标或维度，在实施上依然存在一定的难度。不论怎样，既往研究文献从演变成因、空间尺度、主题内容、功

① 钟智翔.缅甸文化带：一种地域文化的形成[J].解放军外国语学院学报，2000（5）：97-100.

② 李星星.藏彝走廊的历史文化特征[J].中华文化论坛，2003a（1）：46-50.

③ 李星星.藏彝走廊的历史文化特征（续）[J].中华文化论坛，2003b（2）：25-29.

④ 罗剑.建立中国西部阳戏文化带的设想[J].三峡论坛（三峡文学·理论版），2013（2）：143-148.

⑤ 朱雪梅.基于文化线路的南粤古道、古村、绿道联动发展研究[J].城市发展研究，2018，25（2）：48-54.

⑥ 杨家毅.浅析大运河（北京段）文化带的内涵[J].北京联合大学学报（人文社会科学版），2017，15（4）：28-34.

⑦ 余同元.明代长城文化带的形成与演变[J].烟台大学学报（哲学社会科学版），1990（3）：42-50.

能特征等方面阐释了文化带的多维结构，这为本书更好理解文化带的内涵并做出适当归纳提供了很好的借鉴。

### （二）文化带的概念

从字面意义看，文化带是由"文化"和"带"两个词语复合形成的一个复合词。其中，"文化"是一个统称概念，指在一定范围内，人们共同遵守和共同认同的行为礼仪、价值规范和精神信仰，包括物质层面的符号系统、行为层面的制度系统和精神层面的价值系统（向勇，2015）[①]。文化是人们为了应对自然、社会和人类活动等内外部环境挑战而产生的一种实践产物或社会能力，表现为一个区域内人们共同遵守的生存方式以及由此形成的相对稳固的社会关系，可以看成是一种群体认同且可以共同享有的思维系统（李怀苍，2005）[②]。具体而言，文化可以被理解为凝结在物质之中又游离于物质之外的能够被传承的历史、地理、风土人情、传统习俗、文学艺术、价值观念乃至信仰等（吴欣，2018）[③]。"带"指的则是一种长条状的物化的空间形态或地理单元，本质上它是一种特殊形状的"面"或特殊空间的"区域"，提示的是具有"一定的宽度和相当的长度"（张环宙等，2011）[④]的结构属性和能够形成边界闭合的物理空间特征。

可见，"文化带"的边界不仅仅在物理空间的"带"上，也在群体认同的"文化"上。从字面意义对概念进行解构，有助于更好地对文化带进行重构，并加深理解。其一，从时空层面看，文化带是具有相似特质的文化集聚形成的一种带状空间，在物理空间上联络此端和彼端，历史空间上接续此时和彼时，是一个具有时空三维特征的复合体。值得注意的是，对文化带具体空间范围的界定，需要在深入挖掘研究相关历史文化、人文风情、资源禀赋等现状基础上加以科学地客观分析，直接套用现行行政区划范围来对文化带的地理空间范围进行划分是不合适的，也被认为是不严谨和不科学的（王岗，2017）[⑤]。其二，从系统层面看，文化带是一个复杂的动态

---

① 向勇.文化产业导论[M].北京：北京大学出版社，2015：26.

② 李怀苍.不同文化类型及商业性跨文化传播策略[D].武汉：武汉大学，2005.

③ 吴欣.大运河文化的内涵与价值[N].光明日报，2018-02-05（14）.

④ 张环宙，沈旭炜，高静.城市滨水区带状休闲空间结构特征及其实证研究：以大运河杭州主城段为例[J].地理研究，2011，30（10）：1891-1900.

⑤ 王岗.文化带建设要客观科学深入[J].北京观察，2017（7）：30-31.

的开放系统，文化带系统的形成需要经历一个由小到大、由点到面、由无到有的过程，各种文化实体、文化要素和文化特质的流动、交换、交融不断推动文化带的变化和规模壮大（钟智翔，2000）[①]。其三，从价值层面看，文化带以特定群体或民族共同遵守和共同认同的心理情感为基础，并以此形成约定俗成的文化风俗、制度、习惯、信仰等。

文化带是一个兼具包容性、开放性和舒展性的概念，它不仅充分吸收了文化线路、线性文化遗产、文化圈等理念，有利于尤其是巨形线性文化遗产的有效系统保护，而且又能够兼容与妥善平衡文化遗产保护与现实社会经济发展诉求两者间的矛盾问题，成为我国在长期文化遗产保护传承利用实践过程中开创的一种彰显中国智慧的成功实践应用（杨家毅，2017）[②]。

## ▌二、运河

### （一）物理空间视角的定义

从物理空间层面看，运河是人类利用与改造自然的一种特殊形态的人工水道，用以沟通原本不太连贯的水系、河流和海洋，是人工有目的、有规划建设的结果（张京祥，刘雨平，2008；安作璋，2006）[③][④]。《现代汉语词典》将其释义为人工挖成的可以通航的河（中国社会科学院语言研究所词典编辑室，2016）[⑤]。根据《水文基本术语和符号标准》GB/T 50095—2014，运河指人工开挖以航运为主的沟通地区或水域间的河流[⑥]。《牛津高阶英汉双解词典》中"Canal"词条有两种释义：一指在地上挖出的一条供各类大小船只通行的长而直的装满水的通道（Passage）；二指用来将水输送到田地、庄稼等地的更小的通道（Hornby，2009）[⑦]。在《国际运河古

① 钟智翔.缅甸文化带：一种地域文化的形成[J].解放军外国语学院学报，2000（5）：97-100.

② 杨家毅.浅析大运河（北京段）文化带的内涵[J].北京联合大学学报（人文社会科学版），2017，15（4）：28-34.

③ 张京祥，刘雨平.沿京杭大运河地区的空间发展[J].经济地理，2008，28（1）：1-5.

④ 安作璋.中国运河文化史：上册[M].济南：山东教育出版社，2006：2.

⑤ 中国社会科学院语言研究所词典编辑室.现代汉语词典[M].7版.北京：商务印书馆，2016：1623.

⑥ 中华人民共和国住房和城乡建设部.水文基本术语和符号标准GB/T 50095—2014[S].北京：中国计划出版社，2014：22.

⑦ Hornby A S.牛津高阶英汉双解词典[M].7版.赵翠莲，邹晓玲，译.北京：商务印书馆，2009：280.

迹名录》中将运河简明扼要地定义为"一种人类设计的水道"（A Human-engineered Waterway）。

从物理层面总结，运河是人类介入并改造自然环境使其适应自身社会经济发展需要的积极实践形式，是一种"有目的""有规划""有设计"地沟通不同水域的狭长通道。

### （二）文化遗产视角的定义

河流一经古人整治疏浚，并使它们成为相互沟通的水上交通网，就产生和积累了运河文化（陈桥驿，2005）[①]。从文化遗产的层面看，运河是人类兴建的一种动态演变的线性文化景观，也可以被视为文化遗产的一种特殊物质载体，它的客观存在是促使人类社会进步、经济发展、文化交流的重要组织形式（单霁翔，2006）[②]。运河的原真性和完整性阐释主要包含与运河相关的桥梁、码头等建筑，闸、坝、堰等水工设施及其附属物，各种施工维护技术和相应的管理制度，民间习俗、传说故事、诗词歌赋等非物质文化遗产，以及与之相关的各类文化空间等要素。

### （三）我国运河的概念演变

从我国古代典籍记载来看，早期的运河多被称为"淏""渠"或者"沟"，如泰伯淏、邗沟、通济渠等。天然河道在远古时期则多被称为"水"，如淮水、渭水、沔水等。在中国运河史上，有记载可查的最早的运河见于《水经·济水注》："偃王治国，仁义著闻，欲舟行上国，乃通沟陈、蔡之间。"（陈桥驿，2005）[①]这里在陈国和蔡国之间的"通沟"，其目的便是"舟行"。"运河"作为连词正式被官方使用，可溯文献最早出现于北宋时期欧阳修等人合撰的《新唐书》中，据《新唐书》载："开成二年夏，旱，扬州运河竭"[③]。《新唐书》成书于宋仁宗嘉祐五年（1060年），可以推断，"运河"一词在北宋时期甚至更早时期已经在不同场合被不同程度地使用。"大运河"一词首次出现在宋理宗淳祐十二年（1252年）施谔纂修的《淳

---

① 陈桥驿.南北大运河：兼论运河文化的研究和保护[J].杭州师范学院学报（社会科学版），2005（3）：1-5.

② 单霁翔.大型线性文化遗产保护初论：突破与压力[J].南方文物，2006（3）：2-5.

③ 中国哲学书电子化计划. https://ctext.org/library.pl?if=gb&file=4490&page=41&remap=gb.搜索日期：2021.6.17.

祐临安志》<sup>①</sup>，卷第八载："下塘河，南自天宗水门（接盐桥运河），余杭水门（接城中小河、清湖河），二水合于北郭税务司前，由清湖堰闸至德胜桥与城东外沙河、菜市河、泛洋湖水相合，分为两派：一由东北上塘过东仓新桥入大运河，至长安闸，入嘉兴路运河；一由西北过德胜桥上北城堰，过江涨桥、喻家桥、北新桥以北，入安吉州界，曰下塘河。"该卷中所提及之"大运河"可能指现位于杭州的江南运河上塘河段，长安闸遗址尚存于今嘉兴（即文中所称"秀洲"）海宁境内。自《宋史·河渠志》《元史·河渠志》以后，"大运河"的使用频率得以不断增多（张梦月，2018）<sup>②</sup>。

现在通常意义上所指的南北走向的"大运河"大致成形于元代（陈桥驿，2005）<sup>③</sup>，在明清时期对大运河的记载开始大量出现。如在民国时期编撰完成的《清史稿》中已经对其有不同侧面的详细描述。如《本纪六》载，康熙二十年（1681年）"乙亥，命侍郎温代治通州运河"。《本纪十二》载，乾隆二十七年（1762年）"十一月己未朔，浚山东德州运河"。这些记载说明"运河"这一名称在当时已经作为一个专指"某地某段人工河道"的特有名词出现，而且已经被广泛接受与运用。《清史稿·志一百二十五》记载，光绪二十一年（1895年）《马关条约》签订后清政府允许日本轮船进入中国内陆的两条线路中，"一自上海入运河以抵苏、杭"。《清史稿·志一百十》记载，顺治初年（1644年），浙江水师杭州协钱塘水师营设"运河内河快唬船十一艘，钱塘江渡马船六艘"。雍正六年（1728年）设"宿迁运河营……，船十九艘"等等，这些记载说明运河在当时已经成为维系国民经济和国家安全的重要战略廊道。从这些古籍善本的记载中不难看出，"运河"的名称演变及其所承载的故事素材，就像由不同的历史节点、断面、事件所组成的颗粒度，整体串联和刻画了中国社会的变迁纹理和文化质感。

---

① 本课题索引版本为光绪七年钱塘丁氏校刊版本，索引地址：https://ctext.org/library.pl?if=gb&file=107689&page=4&remap=gb.

② 张梦月.媒介文化语境中的大运河形象表征及其机制[D].南京：南京大学，2018：10.

③ 陈桥驿.南北大运河：兼论运河文化的研究和保护[J].杭州师范学院学报（社会科学版），2005（3）：1-5.

### 三、大运河文化带

#### （一）概念演变

大运河文化带的基本概念内涵，是在推进相关理论研究和具体实践中均需要首先予以关注和阐明的一项基础性工作。总体而言，相较于大运河国家文化公园和大运河世界遗产，目前学界对大运河文化带概念内涵、价值内涵等相关研究成果在数量上和内容上并未形成十分凸显的比较优势，但也形成了一定的研究体量。通过对这些代表性文献的综述，可以发现，大运河文化带的概念从雏形想法，到实践引领再到全国高潮，整体经历了一个不断深化、完善的动态演变过程。对"大运河文化带是如何来的"显然能够帮助我们更好地理解"大运河文化带是什么"这一关键问题。

**1. 早期探索期**

国内学界对大运河的关注和研究始于"大运河是否为文物"这一讨论（梁白泉，1990）[①]。早期研究从河道空间、建筑设施、水工遗存、附属设施等物质层面和工程技术、管理制度、风土人情等非物质层面，对大运河作为"文物"及其价值的原真性进行挖掘、辩论、校正与维护。研究术语偏向于使用"南北狭长条形的区域"（梁白泉，1990）、"（黄河、长江）两大水系之间架设的一条南北通道"（何为刚，1997）[②] 等。部分学者发现运河文化具有交流、开放、融合、进步的动态特征，并认为这是宗教、科学、教育、文化和艺术的一种综合表现，甚至掺和着异域文明的相当成分（何为刚，1997；梁白泉，1990）。

通过中国知网检索，王志华（1998）最早提出"运河文化带"概念，并对此进行了案例阐述。他（她）在研究牡丹文化时发现，明清时期的曹州（今菏泽地区）和洛阳两地虽相隔千里，但对牡丹的种植、品赏、喜爱等民间传统习俗相似，时至今日牡丹依然是菏泽和洛阳两市的市花。其主要原因之一，便在于两地均处于运河区域，大运河交通上的贯通与便利使得包括曹州、洛阳等在内的沿线地域的文化相互接触、融汇、融合，而牡丹文化正是其中的典型。在此基础上，他（她）进一步

---

① 梁白泉.初论运河文化[J].东南文化，1990（5）：125-131.

② 何为刚.略论京杭大运河的过去和未来[J].济宁师专学报，1997，18（3）：92-96.

认为大运河区域是反映我国古代文化的一条深厚的沉积带，形成所谓的"运河文化带"对曹州牡丹文化的形成演变与推动促进作用不容忽视[①]。该研究聚焦大运河两地某类相似的主题文化进行案例分析，引用翔实的古籍文献对两者类似性进行考察佐证，继而提出运河文化带的概念，对后续研究具有一定的启示意义。这也是与大运河文化带主题相关的早期研究的代表性成果。客观而言，该研究对大运河文化带的关注停留在"抛出概念"的描述性分析阶段，缺少对大运河文化带共性特质的抓取与提炼。

其后，扬州大学刘怀玉等（2010）以全程长达612km的江苏大运河为案例，一定程度上弥补了前述研究在概念深化层面的遗憾。刘怀玉等学者明确提出了"江苏大运河文化产业带"的概念，特指以江苏大运河为主轴（包括自然风光、历史文化遗址等），以水文化为特征，以旅游、美食、地方工艺等为基础，以古城博览业和文化产业园为依托，以图书报刊业、演出业、影视音像业、动漫创意业等为载体的复合产业[②]。该概念重点从大运河文化产业带的空间形态（主轴）、文化特征（水文化）和结构形式（基础、依托和载体）进行要素分解，将文化带的本质归纳为一种复合产业，具有一定的可操作性，也是大运河文化带的雏形概念。该概念基于江苏段的实践情境提出，如若推广到其他省份的大运河河段，其结论在普适性方面可能会面临一定的局限性。此外，由于互联网信息技术的日新月异和消费市场需求的迭代升级，产业本身的内容、形态和规模都有可能出现较为明显的动态调整和波动变化。随着时间的不断推移，该概念的适用性可能还会面临一定的"折旧"风险。

**2. 地方实践期**

刘怀玉等学者所撰文章同样阐述了建设大运河文化产业带的现实意义，其一即积极策应"运河申遗"。2014年，中国大运河成功登陆联合国教科文组织《世界遗产名录》，吸引全球瞩目。然而，"申遗"热并未能激起国内外学界对"大运河文化带"这一研究对象足够的重视和热情，研究成果数量并未随着"成功申遗"这一历史性标志节点的到来而出现拐点。

---

① 王志华.曹州牡丹文化特点与运河文化[J].菏泽师专学报，1998（3）：30-32.
② 刘怀玉，陈景春.江苏大运河文化产业带的特色及其实现路径[J].扬州大学学报（人文社会科学版），
　2010，14（3）：50-54.

这样不温不火的状态一直在原地徘徊，直至2016年僵局才得以被逐渐打破，而关键标志便是北京市人民政府办公厅3月28日公布的《北京市国民经济和社会发展第十三个五年规划纲要》。该纲要首次以官方文件的形式提出制定实施"东部运河文化带"保护利用规划的工作设想，主要目的是挖掘北京区域文化遗产整体价值，推进区域文化遗产连片、成线保护利用[1]。"东部运河文化带"保护利用的原始设想由北京市文物局文物保护处于"十二五"后期在日常工作中提出，初衷是疏通古都北京的历史文脉，让文物活起来，并通过文物保护、遗产展示、景观打造和旅游利用，使其成为推动区域社会、经济发展的重要推手（王玉伟等，2016）[2]。进一步追溯可以发现，"东部运河文化带"概念设想和实践逻辑，又是北京市文物部门在市委市政府统一部署下，深入学习贯彻习近平总书记2014年2月25日在北京察看玉河历史文化风貌保护工作展览和河堤遗址时所作重要指示的一种历史发展必然——历史文化是城市的灵魂，要像爱惜自己的生命一样保护好城市历史文化遗产。北京是世界著名古都，丰富的历史文化遗产是一张金名片，传承保护好这份宝贵的历史文化遗产是首都的职责，要本着对历史负责、对人民负责的精神，传承历史文脉，处理好城市改造开发和历史文化遗产保护利用的关系，切实做到在保护中发展、在发展中保护[3]。因此，可以看出，大运河文化带最重要的内容是对历史文化遗产的保护传承利用，这是该概念提出的初衷和得以发展的根本前提（杨家毅，2017）[4]。

**3. 全国热潮期**

2017年2月24日，习近平总书记赴北京通州视察北京城市副中心建设时作出重要指示，保护大运河是运河沿线所有地区的历史使命和共同责任，北京要带头做

---

[1] 笔者注：纲要原文为制定实施北部长城文化带、东部运河文化带、西部西山文化带保护利用规划，即三个文化带，东部运河文化带是其中之一。具体可参考：北京市人民政府办公厅.北京市国民经济和社会发展第十三个五年规划纲要[EB/OL].[2016-3-28].北京市人民政府官网，https：//www.beijing.gov.cn/gongkai/guihua/wngh/qtgh/201907/t20190701_99981.html.

[2] 王玉伟，王辅宇，刘海宁，等.北京市"三个文化带"的保护与利用[J].北京文博文丛，2016（2）：1-4.

[3] 笔者注：玉河是通惠河的重要组成部分，距今已700多年。2007年在市政施工过程中挖掘清理出明、清古河堤和少量可能为元代旧址的遗迹。

[4] 杨家毅.浅析大运河（北京段）文化带的内涵[J].北京联合大学学报（人文社会科学版），2017，15（4）：28-34.

好表率，积极发挥示范作用。北京随后成立推进全国文化中心建设领导小组，下设大运河文化带建设组统筹推进大运河文化保护传承利用工作；将"大运河文化带"正式写入《北京城市总体规划（2016年—2035年）》，并公之于众，作为北京城市顶层设计的有机构成①。2017年6月4日，习近平总书记在中共中央研究室调研报告《打造展示中华文明的金名片——关于建设大运河文化带的若干思考》一文上作出重要批示：大运河是祖先留给我们的宝贵遗产，是流动的文化，要统筹保护好、传承好、利用好。至此，源于北京"东部运河文化带"的概念设想和实践操作，正式上升到在全国范围内打造"大运河文化带"的国家战略高度。建设大运河文化带，成为新时代党和国家的一项重大决策部署，开始得以全面实施。

### （二）概念定义

以2017年为分水岭，大运河文化带迎来全国范围内的建设热潮。与此一致，学界同样掀起对大运河文化带的研究思潮，纷纷给出各自的解读。吴欣（2018）首先在《光明日报》撰文发声，指出"运河带"，是指因大运河流经而形成的空间上的带状区域。所谓的"大运河文化带"，则是指置于"运河带"之上、在历史进程中积累的，由民众创造、遵循、延续的制度、技术和社会文化的总和②。这一概念一定程度上参考了国内外学者对"文化是×××总和"的操作性范式，并强化了马克思主义人民性、实践性这一东方话语特色和立足根基，将大运河文化带分解为"运河带"的空间底层和"制度、技术及社会文化总和"的文化上层两个层次进行架构。该概念富有哲学意蕴且简明扼要，兼容性强、包罗性广、普适性好，但一定程度上忽视了"带"本身所固有的物理空间特性。换言之，单纯就本概念而言，也适用于对"大运河文化"的定义。此外，吴欣（2018）也对大运河文化带的本质特征进行了客观分析并指出，大运河文化带与其他区域性文化相比，囿于区域差异的

---

① 笔者注：在《北京城市总体规划（2016年—2035年）》中，已将纲要中的"三个文化带"表述调整为"三条文化带"，其名称和排列顺序由纲要中的"北部长城文化带、东部运河文化带、西部西山文化带"调整为"大运河文化带、长城文化带、西山永定河文化带"，可见大运河文化带战略地位的跃升。具体可参考：北京市规划和国土资源管理委员会.北京城市总体规划（2016年—2035年）[EB/OL]. [2017-9-29].北京市人民政府官网，https://www.beijing.gov.cn/gongkai/guihua/wngh/cqgh/201907/t20190701_100008.html.

② 吴欣.大运河文化的内涵与价值[N].光明日报，2018-02-05（014）.

显著存在，现实生活中的社会公众对大运河文化的归属感和认同感是相对缺乏的。然而，由于大运河交通带来的地域上的南北沟通功能以及大运河活态历史所形成的强烈的文脉延续性，大运河文化带又可以被视为是一个由隋唐、京杭、浙东三段运河及其影响下的区域共同构成的具有实际和文化符号表征功能的线性共同体[①]。

除此之外，另有其他一些学者提出了他们对大运河文化带的不同解读和定义。张妙弟（2016）认为北京大运河文化带概念的提出，以更大更综合的文化视野构建了一个多类型、全方位的充分关注历史、当下和未来的大文化综合体，这是对线性文化遗产单纯的以完成各自保护任务为目标的传统文物保护局限的一次新的突破和转机[②]。马智慧等（2018）认为大运河文化带广义上是一个覆盖中国广大区域的国家级文化廊道，包罗万象的多维文化空间，点状密集、面状辐射、线状延伸的保护传承利用一体化的带状文化地理空间，具有实现社会经济发展、文化遗产保护和生态环境建设等多元价值功能的复合体[③]。孙久文等（2019）认为大运河文化带是依托京杭大运河的运河文化提出的新的带状经济区[④]。姚乐等（2019）认为大运河文化带是集交通运输带、城市带、经济带、文化遗产带等于一体的综合文化带，其结构的综合性是在悠久的历史中稳步形成的[⑤]。上述两个概念主要从功能的视角，以一种主导功能或多种复合功能来对大运河文化带进行定义。熊海峰（2017，2020）认为大运河文化带是以大运河文化为内核，以保护、传承、利用为主线，以带状地理空间为载体，以区域交通束（航运、高速公路、高铁等）为基础，以沿线城镇为发展主体，集遗产与生态保护、展示与爱国教育、创意与休闲游憩、经济与社会发展等多种功能于一体的综合型带状文化功能区[⑥][⑦]。该概念阐释了大运河文化带的内核、主线、载体、基础、主体和主导功能等并进行了重构，具有一定的可操作性。如陈璇

---

① 吴欣.大运河文化的内涵与价值[N].光明日报，2018-02-05(014).

② 张妙弟.运河文化带的建设与保护[J].北京观察，2016(7)：14-16.

③ 马智慧，赵丁丁，楼微君.大运河杭州段文化带建设思路研究[J].运河学研究，2018(1)：187-202.

④ 孙久文，易淑昶.大运河文化带建设与中国区域空间格局重塑[J].南京社会科学，2019(1)：11-16，33.

⑤ 姚乐，王健.试论大运河江苏段的特性与文化带建设要点[J].江南大学学报（人文社会科学版），2019，18(3)：108-118，127.

⑥ 熊海峰，祁吟墨.基于共生理论的文化和旅游融合发展策略研究：以大运河文化带建设为例[J].同济大学学报（社会科学版），2020，31(1)：40-48.

⑦ 熊海峰.大运河文化带的内涵解析与建设对策研究[J].人文天下，2017(23)：41-44.

（2019）根据此定义，融合相关政策文件，对苏州大运河文化带进行了概念界定 [1]。与前述扬州大学刘怀玉等对江苏大运河文化产业带概念定义类似的是，该概念在界定大运河文化带本体时采用现时断面的相对主观的功能单元归类来对静态性的客观本质和事物发展规律认识进行佐证，同样面临可能因大运河随时代变化而产生功能更新以导致该概念适用性萎缩等潜在问题，而且对单一功能或不具备综合性功能的区域河段的适切性和友好性也待提升。熊海峰于2017年首次发文提出该概念，在2020年新发表文章中即刻对大运河文化带的功能表述进行补充完善和修正更新，这也从侧面间接地印证了本书的上述分析。

此外，也有部分学者从战略维度去审视大运河文化带的价值意义。王艳红等（2020）认为文化带不仅仅是个区域的地理概念，更是一种整合资源、协同推进区域文物保护利用和文化开发建设的新模式 [2]。谢波（2020）认为大运河文化带建设是我国第一条以文化建设为导向的带状发展战略，是千秋大计 [3]。大运河文化带成为国家为解决区域发展中不平衡与不充分这一现实问题所制订的一项与京津冀协同、长三角区域一体化等具有同等战略地位的抓手举措，以文化带内部"高低配"这样的组合方式，进一步优化相对欠发达区域的生产力布局，促使区域要素配置按照国家部署的战略方向发生积极变化，并且是一种能够最快最有效进入操作层面的空间单元，而绝不应仅仅停留于文化建设的内容 [4][5]。

中国社会科学院民族文学研究所研究员毛巧晖（2023）提出了"大运河文化流域通道"的概念，他认为即使部分大运河河道已经失去实用功能和显性存在，但互相浸润与连通的呈现隐性文化特征的"流域"通道依然留存并连接各区域，并持续影响不同文明、文化的交融交流 [6]。流域原本是一个地理概念，根据《水文基本术语和符号标准》GB/T 50095—2014，流域（Watershed；Basin；Catchment）指的

---

① 陈璇.大运河苏州段文化带的基本内涵及建设举措研究[J].苏州教育学院学报，2019，36（5）：52-59.
② 王艳红，秦宗财.文化带传统文旅品牌的形象塑造与国际传播[J].安徽师范大学学报（人文社会科学版），2020，48（2）：107-114.
③ 谢波.坚持大运河文化的人民主体地位[J].钟山风雨，2020（3）：60-61.
④ 孙久文，易淑昶.大运河文化带建设与中国区域空间格局重塑[J].南京社会科学，2019（1）：11-16，33.
⑤ 姜师立.论大运河文化带建设的意义、构想与路径[J].中国名城，2017（10）：92-96.
⑥ 毛巧晖.交融互渗与共生发展：大运河流域文化景观特征及其实践路径[J].文化艺术研究，2023（1）：13-19，111-112.

是地表水和地下水的分水线所包围的集水区域，习惯上指地表水的集水区域。分水线指分隔相邻两个流域的山岭或高地（即分水岭）最高点的连线。河水从分水岭流向两个相反方向 ①。从地理角度看，大运河并非完全是自然型河道，如果按照自然河道分水岭的标准去界定大运河的分水岭并由此确定大运河流域具体的地理范围，在操作性上可能会存在较大困难。如果从抽象层面去理解并提出"文化流域"的想法，形成大运河文化流域的区域闭合，也为我们理解大运河文化带提供了一个独特的视角。

总的来看，对文献回顾可以发现，即便迎来研究热潮，多数学者将"大运河文化带"作为研究的情境或视角或对象直接引用，聚焦"大运河文化带"概念内涵、本质特征等的研究其实依然不多。换言之，对于"大运河文化带到底是什么""大运河文化带与大运河国家文化公园、大运河世界遗产、大运河区域的异同点在哪里"等一些事关本体论的基本问题依然研究和讨论得不够充分。这些基本问题都有待未来研究进一步深化，这是本书重点探讨的主要方向之一。本书主要援引吴欣的观点，在此基础上综合其他学者的研究，认为大运河文化带是以大运河流经和沟通形成的带状物理空间为通道载体，以由人民群众在实践中创造、遵循、延续和创新的各类与大运河相关的制度、技术和社会文化的总和为表征形态的文化共同体。

## 第二节　相关概念

传统的文物保护体系单纯注重"点上"的空间单元，简单地将孤立的文物遗迹加以保护，一定程度上忽视了文物遗迹与历史文化及社会发展的动态互动。文化线路、线性文化遗产、文化圈等概念的提出，则有效解决或缓解了历史文化遗产破碎化和遗产保护片段化的问题。

---

① 中华人民共和国住房和城乡建设部.水文基本术语和符号标准GB/T 50095—2014[S].北京：中国计划出版社，2014：18-19.

## 一、文化线路

文化线路（Cultural Routes）从理念提出到概念定义的日臻完善，再到实践应用的不断成熟，欧洲文化线路委员会、国际古迹遗址理事会、世界遗产委员会3个国际组织发挥了不可替代的关键作用。不同于以往只关注单一内容的一般意义上的文化遗产，文化线路体现了文化现象的文化遗产体系整体价值大于各部分相加的观点，更具有系统性、特定性、层次性和动态性等特征（阮仪三，丁援，2008；朱雪梅，2018）[1][2]，尤其注重强调空间、时间和文化因素以及线状的各个文化遗产节点共同构成的整体功能和共同价值（单霁翔，2006）[3]。

### （一）欧洲文化线路委员会的定义

文化线路最早源于欧洲委员会（Council of Europe）1987年发起实施的《文化线路方案》，其目的是通过穿越时间和空间的旅程，向社会展示欧洲不同国家和文化背景下的遗产个体是如何为共同的遗产整体价值做出贡献的。文化线路被视作将人权、文化民主、文化多样性和特性、对话、跨越国界和世纪的相互交流与互惠等欧洲委员会所主张的基本原则付诸实践的一个平台（Council of Europe，2023）[4]，旨在加强区域之间在文化合作、可持续领域发展和社会凝聚力方面的潜力；特别关注对国家统一、历史、文化和价值观具有象征意义的主题，以及发现鲜为人知的目的地。文化线路通过政府部门、基层网络、民间协会、大学和专业组织等主体参与，为保护人类文化的多样化作出了卓越贡献。

1997年，欧洲文化线路委员会成立。该组织对文化线路的概念表述集中在第CM/Res（2010）53号关于制定《扩大的文化之路部分协定》的决议中。该决议将文化线路的概念定义为文化、教育遗产和旅游合作项目，旨在开发和推广以某一历史

① 阮仪三，丁援.价值评估、文化线路和大运河保护[J].中国名城，2008（1）：38-43.

② 朱雪梅.基于文化线路的南粤古道、古村、绿道联动发展研究[J].城市发展研究，2018，25（2）：48-54.

③ 单霁翔.大型线性文化遗产保护初论：突破与压力[J].南方文物，2006（3）：2-5.

④ Council of Europe.Enlarged Partial Agreement on Cultural Routes[EB/OL].[2023-7-24]. https://www.coe.int/en/web/culture-and-heritage/cultural-routes.

路线，某一文化概念、人物或现象为基础的一条线路或一系列线路，并强调这些线路、概念、人物或现象对于理解和尊重欧洲共同价值观具有超越国界的重要意义（Council of Europe，2023）[1]。

### （二）世界遗产委员会的定义

1993年，在欧洲委员会相关机构努力下，西班牙部分的桑地亚哥·德·卡姆波斯特拉线路（Routes of Santiago de Compostela）成为首条列入《世界文化遗产名录》的文化线路[2]，引起了世界遗产委员会对文化线路这一特殊类型遗产的关注。最终，该委员会在2005年以"遗产线路（Heritage Route）"的名义，将其列为世界遗产的特殊类型，并且一直沿用至今（郭璇等，2015）[3]。该委员会制订的《保护世界文化和自然遗产公约实施指南》(2013版)对遗产线路（Heritage Route）进行了定义，认为遗产线路是由有形元素组成的一个丰富而充实的概念，其文化意义来自于国家或地区间的交流和多维对话，体现了遗产线路沿线在空间和时间上的流动互动，并为相互理解、多元历史方法及和平文化的运作提供了一个优越的框架（World Heritage Centre，2013）[4]。

### （三）国际古迹遗址理事会的定义

2008年10月4日，国际古迹遗址理事会第十六届大会批准并通过了由文化线路国际科学委员会起草的《文化线路宪章》(Charter on Cultural Routes)。该宪章认

---

① Council of Europe.Resolution CM/Res(2010)53 Establishing an Enlarged Partial Agreement on Cultural Routes[EB/OL]. [2023-7-25]. https://search.coe.int/cm/Pages/result_details.aspx?ObjectID= 09000016805cdb50.

② 注：2015年7月，第39届世界遗产委员会会议将西班牙北部4条基督教朝圣路线（Four Christian Pilgrimage Routes in Northern Spain）扩展进入桑地亚哥·德·卡姆波斯特拉线路项目。参见：戴湘毅，姚辉.国际文化线路理念演进及中国的实践[J].首都师范大学学报（社会科学版），2017(1)：78-87.

③ 郭璇，杨浩祥.文化线路的概念比较：UNESCO WHC、ICOMOS、EICR相关理念的不同[J].西部人居环境学刊，2015，30(2)：44-48.

④ World Heritage Centre. Operational Guidelines for the Implementation of the World Heritage Convention[R]. Paris：UNESCO World Heritage Centre，2013：92-93.获取自：https://whc.unesco. org/archive/opguide13-en.pdf [2023-7-25].

为文化线路可以是任何一种陆地道路、水道或者混合类型的有形通道，并具有特定的动态和历史功能且服务于特定和明确的目的。根据《文化线路宪章》，文化线路必须符合如下3点标准：其一，它必须产生于并反映人们的互动流动，以及各民族、国家、地区或大陆之间在相当长的时期内进行的多层面、持续和相互的包括货物、思想、知识和价值观在内的交流；其二，它必须因此促进了受影响文化在空间和时间上的交叉融合，并反映在其物质遗产和非物质遗产中；其三，它必须将与之相关的历史关系和文化遗产纳入一个动态系统。

《文化线路宪章》同时认为，文化线路代表了人类文化间联系的互动、动态和不断发展的过程，反映了不同民族对文化遗产所做贡献的丰富多样性，它尊重每个文化元素单体的内在价值，承认并强调其所有元素作为一个整体的实质部分所具有的价值。文化线路这一新概念不仅显示了文化遗产保护观念的动态演变轨迹，以及与文化遗产环境和地域规模相关的价值的日益重要性，而且揭示了文化遗产在不同层面上的宏观结构，提出了一种超越国界的共同遗产新保护模式，有助于强化文化遗产作为社会和经济可持续发展资源的当代价值（ICOMOS，2008）[①]。

## ◤ 二、线性文化遗产

线性文化遗产是20世纪末国际遗产保护领域提出的一个新概念，由文化线路衍生并拓展而来。故宫博物院原院长单霁翔于2006年首次较为全面地阐释了线性文化遗产的相关概念，他认为线性文化遗产指的是在拥有特殊文化资源集合的线形或带状区域内的物质和非物质的文化遗产族群。线性文化遗产往往是出于人类特定目的而形成的一条纽带，将一些原本不关联的城镇或村庄串联起来，构成链状的文化遗存状态。它真实再现了历史上人类活动的移动，物质和非物质文化的交流互动，并赋予作为重要文化遗产载体的人文意义和文化内涵（单霁翔，2006）[②]。

线性文化遗产的形式和内容多样，其中河流峡谷（如阿根廷的科布拉达·德·胡迈海卡山谷）、运河（如法国米迪运河）、铁路线（如奥地利塞默林铁路）、朝觐线路

① ICOMOS. Charter on Cultural Routes[R]. Quebec：ICOMOS 16th General，2008：3.获取自：https：//www.icomos.org/images/DOCUMENTS/Charters/culturalroutes_e.pdf [2023-7-25].

② 单霁翔.大型线性文化遗产保护初论：突破与压力[J].南方文物，2006（3）：2-5.

（如西班牙桑地亚哥·德·卡姆波斯特拉线路）、商贸线路（如以色列的熏香之路——内盖夫沙漠城市群）等都是重要的表现形式。我国拥有大量的线性文化遗产资源，概念一经提出就得到了社会各界的关注与认可，越来越多的专家学者将其作为价值认同、地域合作、民族交融、文化互动的媒质展开深入研究（王哲，2016）[①]，涌现出了丰富的理论成果和诠释案例。

与其他类型的遗产不同，线性文化遗产更强调线性路线带来的区域文化间的交流与相互影响（霍艳虹，2017）[②]。中国大运河是人类出于运输和交通的目的而形成的一条南北大动脉，将沿线分布的城市、乡镇、村落串联起来，实现了不同地域文化的传播交流。大运河要保护的对象也由单体文物到历史地段、整座城镇进而兼及文化景观、遗产区域转型，纵贯整个东部地区。从这一层面而言，本书所聚焦的大运河同样属于典型的线性文化遗产。

## ◤ 三、文化圈

作为文化传播形成的文化场，文化圈指具有相同文化特质、文化丛的文化群体所构成的人文地理区域（冯天瑜，2004）[③]。作为一个有机整体，文化圈拥有规模较大的族群或民族的相对固定的且独立的基本文化（丛）作为根基，在某一地区孕育、成长、成型并可能向其他地区移动，在不同区域可能会与相关文化成分一起表现为广阔的持久的地理分布（乌丙安，2005）[④]。

德国人文地理学家弗里德里希·拉采尔（Friedrich Ratzel）最早开创了文化圈（Cultural Sphere）理论。他将在各种民族文化和生活习惯中发生的诸多相似现象，解释为文化和生活习惯通过不同方式和不同载体由一个中心向四处扩散的结果，并把民族文化发生的关联在一定地区所具有的相类似的普遍性现象命名为文化圈（乌丙安，2005）[④]。拉采尔的学生利奥·维克托·费罗贝尼乌斯（Leo Viktor Frobenius）继承并丰富了这一理论，他把现在时的一个切断面作为空间并存的单位来论证，将位于共属关系中的一群文化因素作为文化复合的地理分布命名为文化圈（吕辛福，

① 王哲.北京长城文化展示带构建研究[D].北京：北京建筑大学，2016：6.

② 霍艳虹.基于"文化基因"视角的京杭大运河水文化遗产保护研究[D].天津：天津大学，2017：8.

③ 冯天瑜."汉字文化圈"刍议[J].吉首大学学报（社会科学版），2004（2）：1-6.

④ 乌丙安.非物质文化遗产保护中文化圈理论的应用[J].江西社会科学，2005（1）：102-106.

2012）①。此后，德国学者罗伯特·弗里茨·格雷布纳（Robert Fritz Graebner）、伯恩哈德·安克曼（Bernhard Ankermann），分别对大洋洲、非洲的文化圈以及文化圈前后顺序的文化层，进行了历史文化关联论证，成为文化圈领域的代表性人物。

"文化圈"一词可用于不同的语境，展示其理论价值的同时尤其在文化遗产保护领域彰显了较强的实用价值。文化圈理论的核心是生活在一个具有明确边界地域上的人们之间可以共享一种文化，而且往往能够超越行政藩篱甚至国家界线（Adnan Harris）②。在现实中，可以明显看到在横向空间维度并存的文化圈存在差异和重叠，且在同一文化圈内部也会显示出一定的分异。不同学者按照不同标准对文化圈进行了不同的划分。如史继忠（2002）将全球划分为佛教文化圈、汉字文化圈、基督教文化圈、伊斯兰教文化圈和游牧文化圈5个文化圈③。秦奇等（2022）则利用荷兰心理学家吉尔特·霍夫斯泰德（Geert Hofstede）的文化维度理论测度了国家间文化亲疏程度，并将全球进一步细分为盎格鲁—撒克逊、北欧、大陆欧洲、拉丁、东正教、西非—加勒比、伊斯兰教、泛亚8个文化圈④。除了信仰、文字、地理综合因素划分外，部分学者以"物"见文，通过一些具象的符号来分析文化圈。如蔡德贵等（2007）以"餐具"为标准，将世界文化划分为筷子文化圈、手指文化圈和刀叉文化圈⑤。这与梁漱溟提出的中国文化圈、印度文化圈和西方文化圈形成重合（杨祥全等，2019）⑥。

需要进一步指出的是，相对于位居主体的文化圈而言，在年轻人、艺术美术工作者等群体中，在互联网空间演化出了非主流的处于边缘性的亚文化圈或次文化

① 吕辛福.文化圈理论视阈下的青岛城市文化特征[J].中国石油大学学报（社会科学版），2012，28（6）：44-47.

② Adnan Harris.What are Cultural Spheres?[EB/OL]. [2023-7-26]. Portmir Heritage Foundation. https：//www.portmir.org.uk/reiss-haidar/imagined-identities/what-are-cultural-spheres/.

③ 史继忠.世界五大文化圈的互动[J].贵州民族研究，2002（4）：21-28.

④ 秦奇，成升魁，陈晓鹏，等.基于Hofstede数据的国家间文化亲疏程度测度与全球文化圈划分[J].地球信息科学学报，2022，24（6）：1139-1149.

⑤ 蔡德贵，田辰山.三极世界文化差异（上）：筷子、手指和刀叉的视角[J].东方论坛，2007（2）：1-10.

⑥ 杨祥全，王少宁.世界三大文化圈代表性运动项目之文化差异研究[C]//中国体育科学学会.第十一届全国体育科学大会论文摘要汇编.[出版者不详]，2019：1456-1458.

圈等新形态，加速了年轻人依托网络进行陌生人之间的"圈群化再聚合"的趋势[①]，如风靡一时的"设圈""绘圈""娃圈""JK 制服圈""宋服文化圈"等，涌现出"同人""圈子""部落"等一批新颖的时尚的亚文化圈命名方式和亚文化圈网络消费居民。虚拟的网络文化、潮流消费文化不同程度塑造了新型社会链接关系、消费结构以及由此构建的以网络社群为主体的亚文化圈生态，对传统的文化圈可持续发展同时带来挑战与机遇。

---

① 陶然.解构亚文化圈层下非遗潮玩的设计与营销[J].安徽理工大学学报（社会科学版），2023，25（2）：85-92.

第二章

价值建构

　　中国的文化魅力来自于适合自然环境的农耕文化[①]。中国大运河发端于农耕文明时期，在缺少现代工业科学技术和现代化设施设备支撑的条件下，中国大运河单纯依靠传统人力畜力，依靠古代劳动人民的伟大智慧和创造力，完成了史无前例的巨大时空尺度的水道规划、勘察、营造、贯通、维护与管理，创造了人类文明奇迹，成为持久展示中国形象、树立民族文化自信的深厚滋养。进入新时代，古老的中国大运河再次被国家征召，整装待发，再启新征程。本章在系统回顾大运河申报世界文化遗产历程的前提下，梳理了全球运河世界遗产的概念，结合既往文献研究对中国大运河世界遗产要素构成和突出普遍价值进行了深化解读，最后从民族文脉、精神家园、转捩之机、交流纽带、战略举措等方面论述了大运河的时代价值。

# 第一节　价值的自证与他证

　　遗产的价值是一个话语建构的过程，经历了一个自证到他证的话语转向。遗产的本意指"财产的代际传承"，将遗产概念引申到文化这类罕见且无法替代的财产保护运动，创造文化遗产的概念（许春晓，何玲玲，2020）[②]。文化遗产是民族文脉的基因，通常指某个民族、国家或群体在社会经济发展过程中所创造的代际相传的一切精神财富与物质财富的总和，构成本民族、国家或群体有效区别其他民族、国家或群体的重要特征（王云霞，2010）[③]。我国首次从官方层面明确"文化遗产"概念范畴的标志性事件是2005年发布的《国务院关于加强文化遗产保护的通知》（国发〔2005〕42号），在此之前一直使用的是"文物"的概念。该通知将文化遗产划分为物质文化遗产和非物质文化遗产，并将每年六月的第二个星期六设立为国家"文化遗产日"，以呼吁全社会对文化遗产保护传承工作加以重视。

　　国际上对大运河文化遗产的身份认识与认同经历了一个渐进完善的过程。1994年，世界遗产委员会提出了"世界遗产全球战略"，旨在使世界遗产名录更具平

① 费孝通.民族社会学调查的尝试[J].中央民族学院学报，1982（2）：3-10.

② 许春晓，何玲玲.我国文化遗产的时空演变及其影响因素研究[J].中南林业科技大学学报（社会科学版），2020，14（3）：104-112，120.

③ 王云霞.文化遗产的概念与分类探析[J].理论月刊，2010（11）：5-9.

衡性、代表性、可信性，并充分展现世界遗产的多样性以及突出普遍价值的多层次性。在全球战略框架下，世界遗产的概念范畴不断拓展。国际古迹遗址理事会工业遗产保护领域的专门顾问机构国际工业遗产保护委员会（The International Committee for the Conservation of the Industrial Heritage，TICCIH）[①] 于1996年制订的《国际运河古迹名录》，将中国的灵渠（Ling Chu）、英国的肯内特河航道（The River Kennet Navigation）、德国埃姆登附近的格罗斯费恩运河（Grossefehn-Kanal）、俄罗斯维特格拉的玛丽因斯克运河（Maryinsk Canal）等全球范围内的主要运河古迹进行了价值评估描述，并按遗产要素国际之间的独特性比较分析。在此背景下，全球范围内的遗产运河等特定类型的文化遗产不断进入《世界遗产名录》的考察视野 [②]。

南北纵贯千里的大运河与东西绵延万里的长城，都是由中国古代劳动人民创造的举世瞩目的伟大工程，是中华民族的文化地标。长城早在1961年便由国务院公布为首批全国文物保护单位，1987年成为我国首批世界遗产。流淌千年的大运河甚至一度游离在文物保护的视野之外。20世纪90年代前，古建筑专家罗哲文在推动长城申遗后，最早呼吁大运河申遗。时任南京博物院院长梁白泉在江苏发起响应，并发文指出大运河是"仍在使用的文物"（梁白泉，1990）[③]。2004年初，国家文物局原局长单霁翔在参加南水北调东线工程文物保护项目调研后发现，大运河沿线文物古迹保护未能得到应有重视。在全国政协第十届二次会议上，单霁翔和敦煌研究院原院长樊锦诗等7位委员联名提交《关于大运河文化遗产保护亟待加强的提案》，引起社会各界的广泛关注（单霁翔，2013）[④]。2006年全国两会期间，58位政协委员联合提交《关于加强对大运河申遗保护》的提案。5月，全国政协组织开展京杭大运河保护与申报世界遗产考察活动，在杭州举办京杭大运河保护与申遗研讨会，发布《京杭大运河保护和申遗杭州宣言》。10月，京杭大运河遗产保护与可持

---

① 笔者注：国际工业遗产保护委员会（The International Committee for the Conservation of the Industrial Heritage，TICCIH），1978年在瑞典召开的第三届国际工业纪念物大会上宣告成立，是世界上第一个致力于促进工业遗产保护的国际性组织，同时也是国际古迹遗址理事会（International Council on Monuments and Sites，ICOMOS）工业遗产问题的专门咨询机构。

② Docslib. https://docslib.org/doc/5856206/the-international-canal-monuments-list [EB/OL]. [2023-8-17].

③ 梁白泉.初论运河文化[J].东南文化，1990（5）：125-131.

④ 单霁翔.大运河遗产保护[M].天津：天津大学出版社，2013：8.

续发展高峰论坛在北京通州举办，通过《京杭大运河遗产保护与可持续发展通州宣言》。杭州宣言和通州宣言的发布，标志着我国京杭大运河申遗工作取得了实质性进展（王元，艾冬梅，2010）[①]。

大运河南北贯通数千公里，修建历史超过千年，具有丰硕的历史文化内涵，不仅是中华民族的珍贵文化财富和人类共同的文化遗产，而且直至今日依然发挥着难以估量的积极作用，这也是其他历史文化遗产难以比拟的特点、功能、价值。在大运河遗产保护和申遗工作中，当时主要存在3种意见，即运河单体、生态遗产和文化线路。不同的定义直接关系到大运河文化遗产具体的评价标准，最终文化线路成为识别大运河遗产特质价值的主流指导理论（阮仪三，丁援，2008；陈怡，2010）[②][③]。大运河无论基于何种身份和价值基准去推进保护传承利用与世界遗产申报工作，都不是一次所谓的"打造"工程，而应该是一次科学、严谨、客观的文化实践，应该是一项史无前例、影响广泛而又意义深远的庞大系统工程（单霁翔，2013）[④]。

经过罗哲文、梁白泉、单霁翔、樊锦诗、舒乙等精英群体的广泛呼吁，大运河申报世界文化遗产逐渐成为当时全社会的一种普遍共识。2006年5月，国务院将京杭大运河公布为第六批全国重点文物保护单位。同年12月，国家文物局将大运河列入重新设定的中国世界文化遗产预备名单，并列为第一位。中国大运河项目申报世界遗产工作由此正式拉开帷幕。2008年，大运河保护与申遗城市联盟在江苏扬州成立，参与城市只有隋唐运河和京杭运河沿线33座城市。2009年，从国家文化遗产保护和国际文化交流战略大局出发，将浙东运河列入中国大运河，通过大运河将丝绸之路和海上丝绸之路连接起来，形成完整的中国大运河概念（姜师立，2018）[⑤]。由国务院牵头，8个省市和13个部委联合成立大运河保护和申遗省部际会商小组，大运河申遗工作正式上升为国家行动。2012年，中华人民共和国文化部公布的《大运河遗产保护管理办法》，将大运河遗产界定为"隋唐运河、京杭大运河、浙东运河的水工遗存，各类伴生历史遗存、历史街区村镇，以及相关联的

① 王元，艾冬梅.从中国大运河历史看大运河遗产突出的普遍价值[J].中国名城，2010（9）：47-51.

② 阮仪三，丁援.价值评估、文化线路和大运河保护[J].中国名城，2008（1）：38-43.

③ 陈怡.大运河作为文化线路的认识与分析[J].东南文化，2010（1）：13-17.

④ 单霁翔.大运河遗产保护[M].天津：天津大学出版社，2013：18，31.

⑤ 姜师立.运河学的概念、内涵、研究方法及路径[J].中国名城，2018（7）：71-79.

环境景观等"。次年初，国家文物局正式确定首批申遗点段，包括北京到杭州的京杭大运河、河南到江苏的隋唐大运河以及杭州至宁波段的浙东运河。当地时间2014年6月22日15点23分，在卡塔尔多哈召开的联合国教科文组织第38届世界遗产委员会会议审议通过中国大运河项目列入《世界遗产名录》。由此，大运河成为全球第6项运河类世界遗产，我国第32项世界文化遗产，中国世界遗产总数达到46项，当时位居全球第二。大运河成功申遗，是在党中央、国务院的坚强领导下，运河沿线城市共同努力的结果，在我国巨型线性遗产保护历史上具有重要的里程碑意义。

　　学术研究的热点往往是社会实践变迁的一个折射。以中国知网数据库为例，通过键入"大运河"主题栏目进行搜索，得到2002—2021年所发表的学术期刊文献数量分布（图2.1）。

数量（篇）

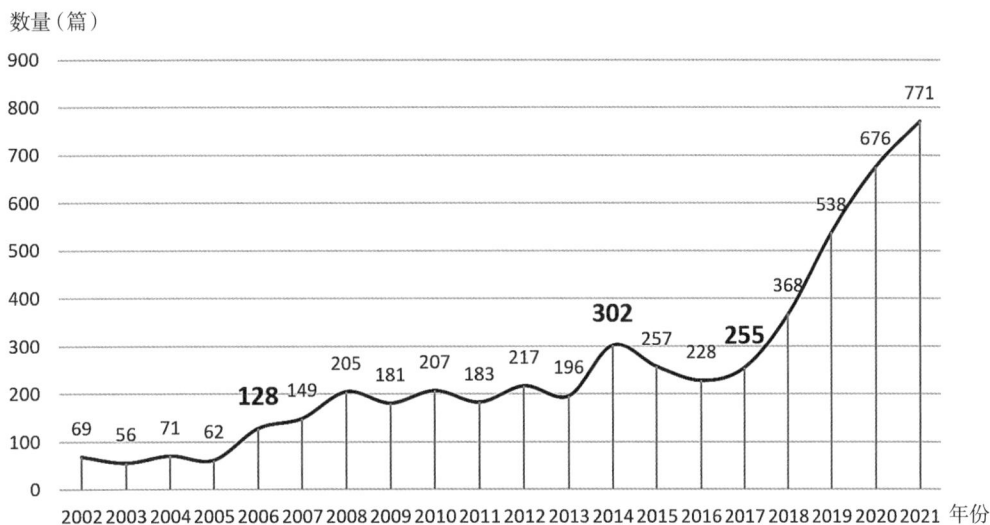

**图2.1　2002—2021年大运河主题研究学术期刊文献数量分布**

（来源：中国知网，沈旭炜 绘）

　　从图2.1中不难看出，大运河相关的学术研究从2006年开始步入一个缓慢爬升阶段。直到2014年大运河成功申报世界遗产，学术界所发表的文献在数量上经历了一次小规模的高潮。2017年习近平总书记对大运河文化保护传承利用作出批示后，大运河骤然再度成为学界追踪的一个研究热点，并呈现出更快速度的上扬姿态，一直至今。

# 第二节　大运河世界遗产

## ■ 一、全球运河世界遗产概况

世界遗产既是一个国际竞逐的场域，也是一个国际合作的领域（金苗，2021）[①]。它犹如一条纽带将全球194个国家和地区的缔约成员紧密连接在一起，成为人类不同价值观、不同制度环境、不同语言之间重要的交流对话平台，成为国际建设与维护和平、促进代际可持续发展的一股主要力量（王心源，2023）[②]。

从沟通和交流的功能端反观，大运河客观存在的重要价值立足和本质所在，便是它拥有超越时空、国界、疆域、政治意识而开展跨域跨界的对话。在全球范围内，除中国大运河外，还分布着多条知名的运河，都在不同时空场域中扮演着类似的角色并发挥着类似的作用。如伊利运河（Erie Canal）沟通了美国东海岸和西部内陆，一度改变了美国国运和南北格局；埃及收回苏伊士运河（Suez Canal）主权，一度改写了中东历史并奠定了当下的世界格局。基尔运河（Kiel Canal）、巴拿马运河（Panama Canal）、小樽运河（Otaru canal）等，都不同程度地发挥着交通运输、文化交流、旅游休闲等多种作用，在全球范围内享有广泛知名度。

不同的运河分布在不同的大洲、不同的国家或地区，拥有不同的国体政体，在运河的保护传承利用方面也存在一定的差异和个体特色。运河作为一种特殊的人工河道，所承载的文化在全球范围内兼具开放、包容、共生等普遍特征，可以实现不同语境中的互相对话。截至目前，全球世界文化遗产名录中直接与"运河"主题相关的项目共有6项（表2.1）。这些运河已经远远超越其物理空间和历史功能的角色作用，成为文明互鉴交流、吸引国际旅游、传播人类知识、延续人类记忆的触媒与符号。中国大运河是所有这些运河类世界文化遗产项目中开凿时间最早、空间跨度最大、列入名录最晚、遗产内容最丰富、沿线人口密度最高的一条依然在发挥重要

---

① 金苗.国际传播中的大运河文化带建设：定位、路径与策略[J].未来传播，2021，28（5）：54-63.
② 王心源.论世界文化遗产价值实在性与评价标准真理性[J].旅游学刊，2023，38（7）：17-25.

时代价值的"活着"的遗产运河。与国外的5项运河世界遗产都是欧美工业革命技术革新的产物不同，中国大运河代表了工业革命前土木工程的杰出成就和人类农业文明时期的技术巅峰（王毅，王喆，2014；姜师立，张益，2014）[①][②]。比较借鉴其他运河世界遗产项目在遗产保护传承利用方面的经验，有利于加深对中国大运河价值独特性、原真性和完整性的更好理解，有利于以全球视野进一步树立大运河文化带的战略格局，有利于以不卑不亢之平和心态从更深层次实现中华文化自觉自信自强，并最终永立于世界民族之林。

全球"运河"类世界文化遗产基本概况 表2.1

| 项目名称 | 国家 | 河道长度（km） | 始建年代 | 列入名录年份 | 突出普遍价值[①] | 遗产区（hm²） | 缓冲区（hm²） |
|---|---|---|---|---|---|---|---|
| 米迪运河 | 法国 | 360 | 1667—1694年 | 1996年 | i、ii iv、vi | 2007 | 195836 |
| 拉卢维耶尔和勒罗尔克斯中央运河上的四座船舶吊车（艾诺） | 比利时 | — | 1884年 | 1998年 | iii、iv | 67.3436 | 538.8133 |
| 里多运河 | 加拿大 | 202 | 1826年 | 2007年 | i、iv | 21454.81 | 2363.2 |
| 庞特基西斯特水道桥与运河 | 英国 | 18 | 20世纪90年代 | 2009年 | i、ii iv | 105 | 4145 |
| 辛格尔运河以内的阿姆斯特丹17世纪同心圆形运河区 | 荷兰 | — | 16世纪90年代 | 2010年 | i、ii iv | 198.2 | 481.7 |
| 大运河 | 中国 | 1011 | 486BC | 2014年 | i、iii iv、vi | 20819.11 | 55629 |

数据来源：本书整理。原始数据来源：https://whc.unesco.org/en/list/。

注：①突出普遍价值拥有6项衡量标准，分别是衡量该文化遗产的创造力（i）、人类价值观的交流与展示性（ii）、独特性或稀缺性（iii）、建筑/技术/景观示范性（iv）、人地关系示范性（v）和突出普遍意义的实证性（vi）。

## ▌ 二、中国大运河世界遗产要素

中国大运河位于我国中东部，包括隋唐运河、京杭运河、浙东运河三大河段，地跨京、津、冀、鲁、苏、浙、豫和皖8个省级行政区，沟通海河、黄河、淮河、长江、钱塘江五大水系（图2.2）。大运河开凿始于公元前5世纪，7世纪完成第一次

① 王毅，王喆.中外运河突出普遍价值对比分析研究[J].中国文化遗产，2014（3）：82-87.

② 姜师立，张益.基于突出普遍价值的大运河文化遗产保护和利用[J].中国名城，2014（4）：50-57.

全线贯通，13世纪完成第二次大沟通。大运河流经我国古代人类生活集中、经济繁荣发达的东部地区，在历史上曾发挥了漕粮供给、商贸流通、文化交流、巩固政权、维持统一等作用，对我国历史进程与走向产生巨大影响。历经2500余年的持续发展演变，大运河直到今日依然发挥着重要的交通运输、水利灌溉、生态涵养、休闲旅游等功能，而其遗留下来或仍在延续的文化遗产价值更是难以估量（表2.2）[1]。

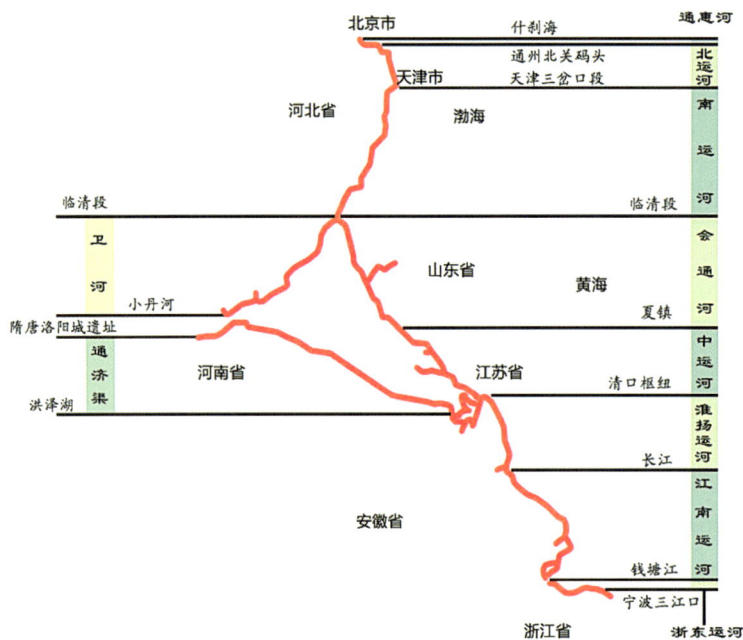

**图2.2　中国大运河世界遗产构成示意图**

（来源：沈旭炜 绘）

**大运河功能及其演变关系[2]**　　　　　　　　　　表2.2

| 时代 | 生活居住 | 商贸交易 | 军事防御 | 水利灌溉 | 交通运输 | 泄洪排涝 | 景观赏阅 | 休闲旅游 | 生态涵养 | 文化遗产 |
|---|---|---|---|---|---|---|---|---|---|---|
| 史前文明时代 |  |  |  |  |  |  |  |  |  |  |
| 农业文明时代 |  |  |  |  |  |  |  |  |  |  |
| 工业文明时代 |  |  |  |  |  |  |  |  |  |  |
| 生态文明时代 |  |  |  |  |  |  |  |  |  |  |

运河功能相关程度：功能极相关　■■■ → ▨▨ → □□□　功能不相关。

[1] 熊海峰.推进大运河文化带建设的对策探析[J].中国国情国力，2017（10）：43-45.

[2] 本表在张佳（2014）基础上作了重大修改。参见：张佳.大运河"申遗"成功之后的文化治理与规划研究[D].杭州：浙江大学，2014：24.

运河的本质是人工河流，与自然环境、生态平衡、人居生活有着密切联系。大运河之所以能够申遗成功，与多处遗产点展示出的古代工程水平关系密切[①]。根据相关统计数据，大运河世界遗产包括河道遗产27段，以及运河水工遗存、运河附属遗存、运河相关遗产共计31个组成部分，遗产区面积20819hm²，缓冲区面积52747hm²[②]，遗产区和缓冲区总面积为73566hm²（表2.3）。

大运河世界遗产要素构成表          表2.3

| 序号 | 名称 | 地区 | 遗产区面积（hm²） | 缓冲区面积（hm²） |
|---|---|---|---|---|
| 01 | 含嘉仓160号仓窖遗址 | 河南省 | 0.11 | 58 |
| 02 | 回洛仓遗址 | 河南省 | 24 | 44 |
| 03 | 通济渠郑州段 | 河南省 | 561 | 307 |
| 04 | 通济渠商丘南关段 | 河南省 | 92 | 140 |
| 05 | 通济渠商丘夏邑段 | 河南省 | 12 | 13 |
| 06 | 柳孜运河遗址 | 安徽省 | 41 | 89 |
| 07 | 通济渠泗县段 | 安徽省 | 16 | 334 |
| 08 | 卫河（永济渠）滑县浚县段 | 河南省 | 267 | 693 |
| 09 | 黎阳仓遗址 | 河南省 | 7 | 16 |
| 10 | 清口枢纽 | 江苏省 | 3967 | 6275 |
| 11 | 总督漕运公署遗址 | 江苏省 | 3 | 14 |
| 12 | 淮扬运河扬州段 | 江苏省 | 4045 | 4359 |
| 13 | 江南运河常州城区段 | 江苏省 | 140 | 137 |
| 14 | 江南运河无锡城区段 | 江苏省 | 95 | 121 |
| 15 | 江南运河苏州段 | 江苏省 | 642 | 675 |
| 16 | 江南运河嘉兴—杭州段 | 浙江省 | 1442 | 6464 |
| 17 | 江南运河南浔段 | 浙江省 | 92 | 99 |
| 18 | 浙东运河杭州萧山—绍兴段 | 浙江省 | 683 | 1745 |
| 19 | 浙东运河上虞—余姚段 | 浙江省 | 158 | 1113 |
| 20 | 浙东运河宁波段 | 浙江省 | 270 | 882 |
| 21 | 宁波三江口 | 浙江省 | 13 | 18 |

[①] 姚乐，王健.试论大运河江苏段的特性与文化带建设要点[J].江南大学学报（人文社会科学版），2019，18（3）：108-118，127.

[②] 笔者注：大运河在申报世界遗产递交申报文本时，缓冲区面积为52747hm²。后于2016年调整，调整后面积为55629hm²。

续表

| 序号 | 名称 | 地区 | 遗产区面积（hm²） | 缓冲区面积（hm²） |
|---|---|---|---|---|
| 22 | 通惠河北京旧城段 | 北京市 | 35 | 13 |
| 23 | 通惠河通州段 | 北京市 | 30 | 42 |
| 24 | 北、南运河天津三岔口段 | 天津市 | 975 | 2493 |
| 25 | 南运河沧州—衡水—德州段 | 河北省<br>山东省 | 3382 | 1143 |
| 26 | 会通河临清段 | 山东省 | 42 | 56 |
| 27 | 会通河阳谷段 | 山东省 | 99 | 368 |
| 28 | 南旺枢纽 | 山东省 | 2930 | 22677 |
| 29 | 会通河微山段 | 山东省 | 54 | 53 |
| 30 | 中河台儿庄段 | 山东省 | 24 | 36 |
| 31 | 中河宿迁段 | 江苏省 | 678 | 2270 |
| 合计 | | | 20819 | 52747 |

数据来源：根据《大运河申遗文本》整理。

与欧美地区开凿于工业革命前后的运河遗产项目不同的是，中国大运河由于其时空跨度长，运河遗产所包含的内涵不仅仅指单纯的河道、水利设施及附属工程、建筑物和构建物等，同样包括大运河沿线长期受其风土人情浸润而孕育产生并能有效甄别于区域外部特质的各类遗产。总体而言，大运河遗产要素丰富，由保障其运行的工程遗存、配套设施及管理设施遗存以及与其文化意义密切联结的相关古建筑群构成，总计85处。其中遗产河道27段，水工设施、附属遗存、相关遗产等遗产点58个，遗产河道总长度1011km。其中，水工设施类遗产要素占比最高，为40.0%，河道类次之，占比为31.8%，运河水工遗存构成大运河遗产的主体（表2.4）。

中国大运河遗产要素类别占比　　　　　　　　　　表2.4

| 遗产要素大类 | 遗产要素小类 | 数量 |
|---|---|---|
| 运河水工遗存 | 河道（包括在用、废弃的河道以及河道遗址） | 27 |
| | 湖泊 | 2 |
| | 水工设施 | 34 |
| 运河附属遗存 | 配套设施 | 5 |
| | 管理设施 | 4 |

续表

| 遗产要素大类 | 遗产要素小类 | 数量 |
|---|---|---|
| 运河相关遗产 | 相关古建筑群 | 6 |
| | 历史文化街区 | 6 |
| 综合遗存 | 由多处河道、水工设施、相关古建筑群或遗迹组成 | 1 |
| 合计 | | 85 |

数据来源：本研究整理。

## 三、中国大运河突出普遍价值

在2014年大运河成功申报世界文化遗产之前，国内学界多基于各自学科背景对大运河经济、历史文化、遗产保护（考古）、航运、精神、生态系统、制度等方面或视角的单项价值问题予以关注研究。以俞孔坚等（2008）为代表，系统总结了（京杭）大运河具有彰显民族身份和促进文化认同、城乡生产生活现实保障、国土生态安全关键性保障、国民身心再生和教育的战略性资源四大基础价值，并首次从宏观视角将其定义为"完全价值观"的概念予以整合阐述[1]。此后，随着国内大运河申遗的呼声高涨，在理论界同样掀起了一波关于大运河遗产如何接轨国际通行的思维范式、话语体系和操作方法的研究热潮，而突出普遍价值无疑是这波研究热潮中的热点之一。

1972年联合国教科文组织成员国通过的《世界遗产公约》将世界遗产划分为自然遗产和文化遗产，某项遗产是否能够被列入《世界遗产名录》，遴选评定的衡量标准便是评估其是否具有突出普遍价值（OUV，Outstanding Universal Value of Heritage）。突出普遍价值旨在引导不同国家或地区拥有不同文化背景的人们建立一种基于全人类能够形成共识的普遍性的价值观，通过突出普遍价值的统一认定来重新阐释和展示原本可能处于不同话语体系情境中的人类遗产[2]。虽然《实施〈世界遗产公约〉操作指南》至2021年一共完成了26次修订，但对于突出普遍价值核心概念的阐释基本保持稳定不变的状态（王心源，2023）[3]。如2021年版本的《实施〈世

① 俞孔坚，李迪华，李伟.京杭大运河的完全价值观[J].地理科学进展，2008，27（2）：1-9.

② 霍艳虹.基于"文化基因"视角的京杭大运河水文化遗产保护研究[D].天津：天津大学，2017：82.

③ 王心源.论世界文化遗产价值实在性与评价标准真理性[J].旅游学刊，2023，38（7）：17-25.

界遗产公约〉操作指南》将突出的普遍价值定义为"罕见的、超越了国家界限的、对全人类的现在和未来均具有普遍的重要意义的文化和/或自然价值"。"该项遗产的永久性保护对整个国际社会都具有至高的重要性。"具体而言，世界文化遗产的突出普遍价值拥有6项衡量标准，分别是衡量该文化遗产的创造力（i）、人类价值观的交流与展示性（ii）、独特性或稀缺性（iii）、建筑/技术/景观示范性（iv）、人地关系示范性（v）和突出普遍意义的实证性（vi）。如果某个遗产项目符合其中一项或多项标准，皆可认为具有突出普遍价值。客观而言，联合国教科文组织世界遗产委员会对中国大运河的突出普遍价值作了基于英语情境下的"他者"的概括（表2.5），与国家文物部门在2013年递交的《大运河申遗文本》中的基于中文情境下的"我者"的阐述重点具有较大差异。限于篇幅，本书不再详细展开。在世界遗产委员会的概括中，虽然大运河少部分遗产构成要素在价值完整性上存在一些轻微残损，部分河段及其沿岸文化景观的原真性展示存在一定干扰，但大运河充分展示了伟大农业文明、东方文明和人类文明，是人类创造力和古代先民智慧的杰出典范，无不让世人感到"令人满意的"敬畏与折服。

中国大运河世界遗产价值　　　　　　　　　　表2.5

| 价值 | | 内容 |
| --- | --- | --- |
| 列入标准 | 标准（i） | 大运河是人类历史上最伟大的水利工程杰作，因为它源远流长、规模宏大，而且不断发展、适应环境，它是人类智慧、决心和勇气的物化证明。它是人类创造力的杰出典范，展示了一个直接源自古代中国的庞大农业帝国的技术能力和对水文学的精通 |
| | 标准（iii） | 大运河见证了漕运制度这一独特的运河管理文化传统，见证了它的起源、兴盛、适应各个朝代及其历代都城的发展，以及在20世纪的消亡。漕运是历朝历代影响稳定的重要因素。大运河沿线的经济和城市发展见证了一个伟大农业文明的运作核心，以及水路网络发展在这方面发挥的决定性作用 |
| | 标准（iv） | 大运河是世界上最长、最古老的运河。它见证了早期水利工程的卓越发展。它是工业革命之前的一项重要技术成就。它是应对艰难自然条件的基准，这体现在许多完全适应环境多样性和复杂性的建筑上。它充分展示了东方文明的技术能力。大运河包括重要的、创新的和特别早期的水利技术。大运河还见证了堤坝、堰塘和桥梁建造方面的特殊技术，包括对石材和夯土等材料的独创性和复杂的使用，以及对混合材料（如黏土和稻草）的使用 |
| | 标准（vi） | 自公元七世纪以来，历经中国历代王朝直至现代中国，大运河一直是经济和政治统一的强大因素，也是重要的文化交流场所。它创造并维持了运河沿岸居民特有的生活方式和文化，在漫长的历史时期，中国大部分领土和人口都感受到了它的影响。大运河体现了中国古代哲学的"大一统"（Great Unity）思想，是中国历代农业大帝国统一、互补和巩固的重要因素 |

续表

| 价值 | 内容 |
|------|------|
| 完整性 | 　　运河段落、水利设施遗迹以及相关的配套设施和城市设施，令人满意地、全面地体现了大运河的路线、与自然河湖的水利功能、管理体制的运行以及历史上的使用背景。这些属性的地理分布足以说明大运河的规模、路线的地理分布以及在中国所发挥的重要历史作用。在构成系列遗产的 85 个单独元素中，有 71 个被认为保存完好，处于完整状态；14 个处于相对一般的完整状态。然而，由于包含了新近发掘的考古要素，因此并不总是能够正确判断它们对全面了解大运河的贡献，特别是技术操作方面。此外，该遗产还出现了一种自相矛盾的情况：一方面，运河大尺度河段的重复连续似乎并没有对突出普遍价值做出决定性的贡献；另一方面，运河在中国境内河道的连续性及其水利系统的连续性并没有通过不连续的系列得到很好的突出。总之，所提供的证据的力量、互补性和规模意味着，各个遗址的完整性条件对其突出的普遍价值具有决定性的贡献 |
| 真实性 | 　　该系列遗产中的所有大运河元素在形式和概念、建筑材料和位置方面都具有令人满意的真实性。它们恰当地支持和表达了该遗产的价值。尤其是使用功能，在大多数元素中都有体现，而且很容易辨认。作为一个整体的组织结构，大运河遗址在外观和给游客带来的感受方面也表现出很强的真实性。然而，在遗产展示方面存在两个困难。第一个困难与大运河某些河段的历史有关，这些河段经历了一系列的疏浚、加深和拓宽，以及对相关设施的技术改造。所展示的一些河段显然是最近重建的，或是在原河床上，或是在早期河道的旁边。第二个困难是运河某些城区或郊区段的景观，这也是从历史运河的角度出发，其元素应该代表了中国悠久的历史。尽管有一些保留意见，特别是对历史真实性的看法，以及对活的、仍在使用的遗产的某些部分的景观真实性的看法，但整个系列和个别遗址的真实性条件已经得到满足 |

数据来源：由本书整理，原始数据出自 https://whc.unesco.org/en/list/1443。

　　围绕突出普遍价值这一研究主题，国内学界的阐释性和实证性研究工作也一直从"申遗前"延续至"申遗后"的当下。在中国知网可溯文献中，张笑楠（2009）最早以突出普遍价值为研究主题，在参考联合国教科文组织《实施〈世界遗产公约〉操作指南》、国际古迹遗址理事会 2005 年喀山（Kazan）会议突出普遍价值评估程序、《中国文物古迹保护准则》等文件基础上，构建了突出普遍价值评估与遗产分析流程，并以大运河为具体案例，探索出一套基于历史纵向维度和横向比较维度的评估实操方法。同时，他在研究中也发出深刻感慨："大运河的复杂性，造成了对大运河突出普遍价值认识的困难。"[1] 王毅等（2014）比较了中国大运河与其他 5 项运河类世界遗产的突出普遍价值，在当时尚处于申报结果表决前的情况下认为中国大

---

[1] 张笑楠. 突出普遍价值评估与遗产构成分析方法研究：以大运河为例[J]. 文物保护与考古科学，2009，21（2）：1-8.

运河文化遗产符合突出普遍价值中的 i、iii、iv 标准，并援引了国际古迹遗址理事会对它的评估报告："由于其巨大的规模、悠久的历史、中央帝国管理的模式和延续到今天的漫长运行历史，中国大运河独特而突出……该遗产的考古、技术、城市与景观要素的规模和丰富性是世界任何其他运河无法相比的。"[1]姜师立等（2014）认为大运河文化遗产符合世界遗产突出普遍价值的4条衡量标准，具有巨型的文化线路、类别丰富的多元遗产、继往开来的活态遗产3个特点和农业社会土木工程的最高成就、维系封建王朝安危的国之命脉、沟通南北的母亲河、大一统思想的巨制4点内涵；继而从遗产本体保护、法规制度保护和遗产活化利用等方面对现状进行了全面深刻分析[2]。霍艳虹（2017）在其博士论文中对照世界文化遗产的6条突出普遍价值，详细解读了京杭大运河的应有功能，并进一步分析了大运河的社会价值、精神价值、美学价值、研究价值、记忆价值[3]等。

　　上述对大运河世界遗产突出普遍价值的研究，从不同维度和深度进一步丰富了对大运河文化遗产的解构与解读，总体上以一种偏宏观和偏描述性的学术话语进行理论框架设计与内容铺展补充。有鉴于大运河世界遗产悠长的历史渊源、丰富的内涵特征、多元的地域文化、复杂的地理系统，要全面深度准确生动地建构阐释大运河文化遗产价值，并非易事。基于此，张环宙等（2022）认为世界遗产的突出普遍价值虽然指引了全球范围内一定的评定与运作，但隐含了由西方文化精英所主导的价值观霸权，高度抽象地按照某个统一的模板来格式化世界各地的文化实践，容易忽视价值主体的差异性而脱离具体的地域文化情境。他们以大运河（苏州段）遗产地为案例，提出基于人类命运共同体的"共同价值"（Common Values）来解析国际游客对遗产价值的感知与评判的思路；并主张开放包容、交融互动的立场与标准，辩证统一地看待价值主体论和社会文化情境论两者关系，为我国未来文化遗产研究与实践指明了一个值得探索的行进方向[4]。

① 王毅，王喆.中外运河突出普遍价值对比分析研究[J].中国文化遗产，2014（3）：82-87.
② 姜师立，张益.基于突出普遍价值的大运河文化遗产保护和利用[J].中国名城，2014（4）：50-57.
③ 霍艳虹.基于"文化基因"视角的京杭大运河水文化遗产保护研究[D].天津：天津大学，2017：82.
④ 张环宙，吴茂英，王龙杰，等.国际游客对大运河遗产价值的感知：基于跨地方主体性的视角[J].
　　地理研究，2022，41（12）：3183-3198.

# 第三节 大运河的时代价值

中国大运河于春秋时期因军事、漕运等目的开凿，分别于隋代和元代实现南北贯通和裁弯取直，后在清代、民国时期因海运兴盛、战争动乱等原因萧条没落。改革开放后，大运河由一条单纯的以满足慕名而来的外国政要、观光客和旅行社等群体旅游观光需求的旅游型河道，逐步发展为一条与城市生活、区域经济和社会稳定休戚相关的遗产型河道（沈旭炜，2017）[①]。及至2014年，大运河成功申报世界文化遗产，成为中华文化的重要地标。再到2017年，习近平总书记对大运河文化传承保护利用作出重要批示，大运河文化带、大运河国家文化公园随之跃升为国家战略并在全国范围内掀起理论思辨与建设实践的双股热潮，大运河的时代价值伴随着不同的社会环境的变迁而不断更替变化。这也从历时性的视角折射出我国文化遗产保护传承利用"从单体向群体、从三维向多维、从单元向多元、从点向点线面集成的多维思路转向"（林留根，2019）[②]。当前，大运河文化带正成为中华优秀传统文化弘扬发展的重要展示界面和有力建设载体。结合时代要求、发展诉求和群众需求，全方位高质量推进大运河文化带守正创新，推动中华优秀传统文化持续焕发时代风采与勃勃生机。

## ▍一、"生生不息"的民族文脉

民族是人们在历史上形成的一个拥有共同语言、共同地域、共同经济生活以及表现于共同文化上的共同心理素质的稳定的共同体（斯大林，1954）[③]。而一个民族的文化发生、文化传播与文化认同，又与该民族所在的区域地理环境休戚相关（陶

---

[①] 沈旭炜.改革开放后我国大运河旅游发展阶段及特征[J].商丘职业技术学院学报，2017，16（5）：51-55.

[②] 林留根.世界文化遗产中国大运河的考古阐释与文化解读[J].东南文化，2019（1）：14-20.

[③] 斯大林.马克思主义和民族问题[M].北京：人民出版社，1954：294-295.

建平，1996）<sup>①</sup>。如陈慕琳等（2019）基于非遗下界面对应的地貌，提炼了平原型、台地型、丘陵型和山地型4种非遗类型，并进一步归类为平原-台地型、丘陵-山地型2个非遗大类。他们的研究发现，繁衍在地势平坦、交通便利的平台-台地的非遗，分布范围广泛，传播距离远，且数量繁多，类型丰富多样；而由于山地-丘陵对人类交流往来的阻隔作用，缩减了非遗传播距离，导致分布较为集中，但在一定程度上保护了本土文化不受或较少受到外来文化的侵入<sup>②</sup>。

　　上述研究也为我们如何看待长城和大运河在民族文化培育及其交流传播中的作用提供了一个类似的理论视角。长城犹如一道人工修建的山地-丘陵，旨在抵御北方民族对中原地区的入侵威胁，一定程度上保护了中原文化，但另一方面也缩减了中原文化的辐射范围和传播距离。大运河所流经的东部地区均是中国历朝历代最富庶的地带，南北水道的贯通所带来的交通便利在一定程度上加速和加深了不同地域乃至国内外之间的文化交流，促成了多类型、多维度、多层次的文化颗粒度，共同成就了大运河"流动的文明"。长城犹如中华民族的脊梁，大运河则是中华民族生生不息的动脉，催生和哺育了两岸一座座历史文化名城。中国十大古都西安、洛阳、南京、北京、开封、杭州、安阳、郑州、大同、成都，只有西安、南京、大同、成都4座不在大运河沿线。除此之外，大运河还孕育了苏州、无锡、常州、镇江、扬州、淮安、徐州、济宁、临清、绍兴、宁波、嘉兴、湖州等国家历史文化名城，以及南浔、乌镇、同里、甪直等国家历史文化古镇，由北至南先后融合京津、燕赵、齐鲁、中原、淮扬、吴越等地域文化形态于一体，有力推动中国古代政治、经济、文化的南北交融、东西互动，有力凝聚了中华民族底气、志气与骨气，成为彰显中华民族独特的精神标识，也向全世界揭示了伟大国家、伟大文化和伟大工程的内在联系（周琪，2019；谢光前，2019；连冬花，2017）<sup>③～⑤</sup>，生动展示了中华文明

① 陶建平.浅论地理环境的变化与印度哈拉帕文明的消失[J].咸宁师专学报，1996（3）：53-54.

② 陈慕琳，胡娟，邱小梅.湖北省非物质文化遗产空间分布的影响因素分析[J].华中师范大学学报（自然科学版），2019，53（3）：415-424.

③ 周琪.大运河文化带建设的三个维度[J].江南大学学报（人文社会科学版），2019，18（4）：5-9.

④ 谢光前.再议"生生不息"是运河文化的根本精神[J].江南大学学报（人文社会科学版），2019，18（4）：10-17.

⑤ 连冬花.文化自信视阈下中国大运河世界遗产的保护创新[J].江南大学学报（人文社会科学版），2017，16（5）：92-96.

在人类文明进程中所做出的杰出贡献。

## 二、"百花齐放"的精神家园

文化在以中国式现代化全面推进中华民族伟大复兴的新征程中发挥着基础性、主体性和持续性作用，是中国式现代化建设的理论源泉、智力支持和精神动力。大运河时空跨度长，地域面积广，遗产类别多，文化价值高，历史和现实相互交融，蕴含着深厚的精神内涵，承载着丰富的时代价值。大运河以其庞大的时空尺度，联系贯穿不同的城市和乡村，不仅促进交通运输、城镇繁荣和乡村生产，而且在不同历史时期推动农业文明、工业文明、生态文明的进步更新，推动中华优秀传统文化不断转化为符合时代精神与人们喜闻乐见的文化产品，为人们不断提供丰富多样的精神食粮，成为滋养浸润当代社会的美好精神家园。大运河无时无刻不在对整个流域的思想认识、价值信仰、民风习俗、生产方式、社会生活等产生潜移默化的濡化影响，造就出独特的社会群体和相对独立的文化形态，构成一种动态的开放的复杂的文化系统（王永波，2002；熊海峰，2019）[1][2]。

## 三、"经纬中国"的转掉之机

大运河是联系沟通中国南北的水上动脉和生态安全廊道，时刻发挥着沟通交流、保障安全的战略功能。大运河的开凿、变迁与贯通，率先形成大运河交通带，实现物流、客流、商流、技术信息流的彼此交换，从根本上促进了运河沿线农业经济、工商业经济的兴盛与繁荣，继而形成大运河经济带并促成全国统一大市场。大运河经济带奠定大运河政治带、文化带形成繁盛的基础，也使得大运河成为长期维系中国社会统一和稳定局面的战略纽带[3]。梁启超曾对大运河在国家南北大一统格局中所发挥的关键功能作过评论："夫在昔之燕，不足重轻也如彼，而今则海宇之内，敛袂而往朝者，七百余年。他地视之，瞠乎其后者，何也？其转掉之机，皆

---

① 王永波.运河文化的运动规律及其启示[J].东南文化，2002（3）：64-69.
② 熊海峰.大运河的当代价值[N].经济日报，2019-6-8.
③ 安作璋.中国运河文化史：上册[M].济南：山东教育出版社，2006：654.

在于运河。中国南北两大河流，各为风气，不相属也。自隋炀浚运河以连贯之，而两河之下游，遂别开交通之路。夫交通之便不便，实一国政治上变迁之最大原因也。自运河既通以后，而南北一统之基础，遂以大定。此后千余年间，分裂者不过百年耳。"① 因此可以说，大运河打通了经纬中国的"任督二脉"，成为塑造和维持中国统一局面和民族命运共同体不可替代的战略基础。

当前，大运河的南北两端又分别与长三角、京津冀两大城市群相互联系，西北与陆上丝绸之路中原城市群相接，东南则与海上丝绸之路浙闽一带联系，大运河同样成为打通与联络"一带一路"倡议、长三角区域一体化国家战略的重要轴线。统筹大运河相关资源有序合理开发利用，在南北方向上优化我国区域空间结构，也将进一步驱动我国南北文化在新时代的又一次大交流、大融合和大繁荣，为畅通以国内大循环为主体、国内国际双循环相互促进的新发展格局提供新空间、新资源和新动力。

## 四、"包容开放"的交流纽带

自古以来，大运河不仅是全国各个民族交融互动的主通道，也是中外文明交流互鉴的大纽带。根据《中国印度见闻录》记载，后梁末帝贞明二年（916年），波斯湾人阿布·赛义德·哈撒（Abu Zaid Hassan）记述了他的友人伊本·瓦哈卜（Ibn Wahab）由广州府北上，历时两个月，来到克姆丹（Khumdan，唐都城长安）朝觐唐僖宗（873—888年在位）并与之长篇对话的经历。根据王健（2017）推测，伊本一行要在两个月内从广州到长安，最有可能的一条路线便是由广州经泉州取道仙霞关至杭州，尔后沿大运河北上直抵，也可能是西方人在大运河上有文献记载的最早的旅行②。北宋熙宁年间（1068—1077年），日本高僧成寻（1011—1081年）渡宋入华，求法参佛，于杭州沿着大运河泛舟北上，渡江济淮，前往东京（罗志，2022）③。元代的《马可·波罗游记》详细记载了杭州、苏州等多个大运河沿线城市，无疑成为

---

① 梁启超.饮冰室文集之十《中国地理大势论》[M].上海：中华书局，1936：83.

② 王健.积淀与记忆：古代西方旅行家书写大运河[J].江南大学学报（人文社会科学版），2017，16（1）：25-34.

③ 罗志.试述北宋日僧成寻笔下的淮安大运河：以域外史籍和地方史志材料为中心[J].地域文化研究，2022（2）：55-63.

迄今为止影响力最为广泛的大运河域外成果（李刚，谢燕红，2020）[①]。意大利传教士利玛窦、苏禄国王和英国马戛尔尼使团、朝鲜使者崔溥、日本僧人策彦周良等不论是北上还是南下，都取道或借道运河（张环宙，沈旭炜，2013）[②]。大运河成为欧美商旅、使者和传教士的首选交通要道。在大运河的内部交通和丝绸之路的外部联系的同时作用下，东北亚、东南亚的泛汉字文明圈逐渐成型，欧洲兴起了中国热，穿丝绸服、喝中国茶、建中国园、赏中国瓷成为当时主流社会的一种时尚（周琪，2019）[③]。大运河对全球人类文明互鉴产生深远影响，有力促进了中国与世界的互动交流；同时也造就了大运河统一性、包容性、扩散性、开放性的特征（安作璋，2006）[④]，成为中华民族留给世界的宝贵财富，生动塑造了可信、可爱、可敬的中国形象。

## ▼ 五、"高质发展"的战略举措

打造大运河文化带，是新时代以习近平同志为核心的党中央总揽全局、高瞻远瞩作出的一项重大决策部署，与京津冀协同发展战略、长江经济带发展战略和"一带一路"倡议具有同等重要的意义。《大运河文化保护传承利用规划纲要》提出的一条主线，即要以大运河文化保护传承利用为引领，统筹大运河沿线区域经济社会发展。

大运河流经我国东部地区，贯通南北，战线长，腹地深，是我国社会经济最发达、发展动力最强劲、潜力空间最强大的区域之一。从国家层面统筹推进大运河文化带建设的初衷考量之一，便是要打破一亩三分地，让大运河沿线城市能够以大运河为情感纽带和共同目标同向发力，共同促进更大范围的交流、融合（姜师立，2020）[⑤]。同时，大运河文化带这一战略部署和顶层设计的提出持续推进，为沿线各省市探索高质量发展新路径，以及沿线各区域多产业实现协同发展，提供了难得的

① 李刚，谢燕红.江南运河世界形象的塑造与生成：基于近代域外游记的研究[J].档案与建设，2020（9）：66-73.

② 张环宙，沈旭炜.外国人眼中的大运河[M].杭州：杭州出版社，2013.

③ 周琪.大运河文化带建设的三个维度[J].江南大学学报（人文社会科学版），2019，18(4)：5-9.

④ 安作璋.中国运河文化史：上册[M].济南：山东教育出版社，2006.

⑤ 姜师立.用运河文化引领沿线区域高质量发展[J].群众，2020(24)：50-51.

政策窗口期与改革机遇期（孙静，王佳宁，2020）[①]。

高质量推进大运河文化带建设，就是要以习近平总书记大运河文化保护传承利用重要指示为根本遵循，把马克思主义基本原理同大运河的具体实际相结合，同大运河所承载的中华优秀传统文化相结合，创造性转化、创新性发展大运河在其历史演变过程中逐步凝练、升华形成的文化基因和精神内核，以文化为引领统筹大运河沿线区域经济社会的全面发展（汪群，陈杰，2019）[②]。作为新时代全面展示中国特色社会主义制度优越性的重要窗口，党中央、国务院赋予了浙江高质量发展建设共同富裕示范区的光荣使命。"深入推进大运河国家文化公园、大运河文化带建设"成为浙江打造新时代文化高地，丰富人民精神文化生活的重要建设内容（新华社，2021）[③]。

① 孙静，王佳宁.大运河文化带文化产业发展的省际比较与提升路径[J].财经问题研究，2020（7）：50-59.

② 汪群，陈杰.推进大运河文化带江苏段建设与国家区域发展战略的有效衔接[J].常州工学院学报（社科版），2019，37（6）：1-5.

③ 新华社.中共中央 国务院关于支持浙江高质量发展建设共同富裕示范区的意见[EB/OL].[2021-6-10].中央人民政府网站，http://www.gov.cn/zhengce/2021-06/10/content_5616833.htm.

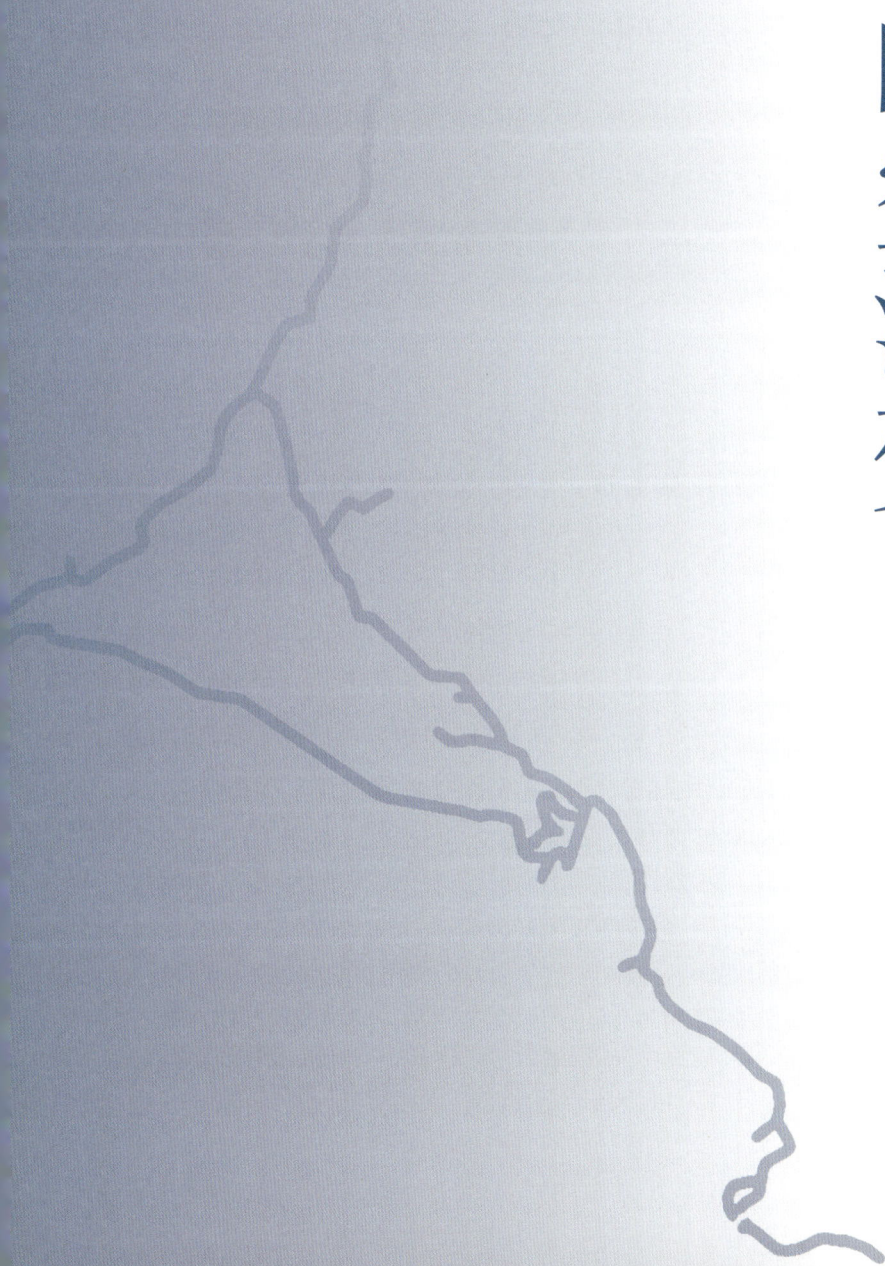

第三章

时空流变

浙江位于中国大运河的最南端。大运河从苏州吴江入浙江后，取道嘉兴、杭州连通钱塘江，依循浙东运河经绍兴、宁波后入东海，故谓大运河（浙江段）是"通江达海"。正确认识大运河（浙江段）的基础现状，是大运河文化带建设的一项前提性工作。本章基于水系格局和历史变迁时空两个维度，对大运河（浙江段）的基本特征进行概况梳理。结合文献梳理，对江南运河的起源、贯穿走向、官河地位由来以及浙东运河地位跃升等话题进行了聚焦讨论。

# 第一节　大运河（浙江段）水系格局

大运河（浙江段）位于浙北杭嘉湖平原和宁绍平原，流经钱塘江与太湖两大流域，包括江南运河（浙江段）和浙东运河，涉及钱塘江、苕溪、钱清江、曹娥江、姚江、甬江、慈江等众多大小水系。

## 一、江南运河（浙江段）

江南运河北起江苏镇江小京口，经常州、无锡，循太湖东岸抵苏州，在苏州吴江区平望镇莺脰湖分东、中、西三线，在浙江境内呈现"一脉三枝下江南"格局（图3.1）[①]。

### （一）东线

为古运河线，经苏州吴江区平望镇莺脰湖（图3.2），沿盛泽镇后进入浙江嘉兴王江泾镇长虹桥流入月湖（南湖）（图3.3），后折桐乡石门湾（图3.4）、崇福横街段（图3.5）、大麻三镇，经杭州临平区博陆、运河（图3.6）、塘栖、崇贤（图3.7）诸

---

① 笔者注：对于江南运河是否存在东、中、西三线之分，社会各界依然存在一定的观点争议。有研究人员认为江南运河只有一条，江南水网中、西线是几百年前就有的漕运河道，但并非京杭运河。本书采用《中华人民共和国地名词典·浙江省》（1988年商务印书馆出版，陈桥驿主编）中对江南运河的概念界定。具体可参考：孙飞翔，沈秀红.是运河遗忘了嘉兴，还是嘉兴遗忘了运河？[N].嘉兴日报，2006-05-26.

图3.1 江南运河东、中、西三线示意图

（来源：沈旭炜 绘）

图3.2 江南运河苏州吴江区平望莺脰湖

（来源：沈旭炜 摄，2022.3.2）

图3.3 嘉兴月湖历史街区

（来源：沈旭炜 摄，2020.10.21）

镇（街道）入杭州。从嘉兴市区环城河西丽桥经杭州塘栖至坝子桥段又称为杭州塘，亦称嘉杭运河，为元明清时期江南运河东线主航道所在。在崇福镇与长安镇过长安闸接上塘河通杭州临平区、拱墅区，过映月桥与今京杭大运河主航道交汇于武林门码头东侧。

**图3.4　桐乡石门湾**

（来源：沈旭炜 摄，2023.9.7）

**图3.5　江南运河桐乡崇福横街段**

（来源：沈旭炜 摄，2023.9.7）

**图3.6　大运河临平运河街道五杭集镇段**

（来源：沈旭炜 摄，2019.10.18）

**图3.7　大运河临平崇贤鸭兰村段**

（来源：沈旭炜 摄，2020.8.5）

## （二）中线

经苏州吴江区平望镇莺脰湖沿盛泽镇后进入浙江嘉兴秀洲区新塍镇地界，至桐乡市乌镇景区，此段运河亦为苏浙两省的行政界线所在。在乌镇纳双林塘（又名湖嘉申复线）后循湖州市南浔区练市、善琏两镇和德清县新市、新安、雷甸三镇南下，汇杭州塘于杭州市临平区塘栖镇。

中线为1981年所定京杭运河规划线浙江省境内正线。

## （三）西线

经平望镇莺脰湖入苏州市吴江区震泽、八都两镇后向西流入浙江湖州南浔区地界，纳东宗线通江南运河中线汇于练市镇。经旧馆、织里、八里店三镇至吴兴区月河街道，此段称为顿塘。此后折向南，又分流为两支。其一经八里店镇钱山漾遗址、和孚镇，纳双林塘通中线乌镇镇；再经菱湖、钟管两镇于德清乾元镇汇入东苕溪，该支又名老龙溪。其二由吴兴区道场乡折而向南，经吴兴区东林镇、德清县洛舍镇，于乾元镇纳老龙溪后而折南，沿下渚湖湿地入杭州市余杭区仁和街道。本支称东苕溪，于东隐寺附近再分为两派：一派南下经良渚街道至拱墅区祥符街道于小河直街汇入京杭大运河，此段称西塘河（图3.8）；另一派向西经良渚、瓶窑两街道后再分为北、中、南三苕溪。

西线为1958年所定京杭运河浙江省境内规划线。

**图3.8　西塘河与京杭大运河主航道交汇口**
（来源：沈旭炜 摄，2021.03.23）

江南运河位于长江三角洲地区，横贯太湖腹地，与太湖各水系纵横沟通，海拔多在10m以下，河段纵比降约为0.01‰，航运条件良好。该地区雨水丰沛，气候温暖湿润，河网密布，自古就以水路为重要交通方式，同时也是主要的农业经济区。此外，江南地区主要城市沿江南运河分布，形成以运河为骨干、城河为节点的运河体系。

江南运河浙江段流经区域为浙北杭嘉湖平原，地貌为太湖边的浅碟形洼地，地势低平，平均海拔仅3m（吴淞高程），地势大体自西南向东北倾斜，具有典型的江南水乡地貌。河网密度平均12.7km/km²，是中国河网最稠密的地区。江南运河浙江段补水水源主要有杭州西湖、钱塘江、东苕溪和太湖。

## 二、浙东运河

作为浙江重要的内航交通干线，浙东运河北通杭嘉湖平原、东经宁绍平原出大海，由人工河道和自然河道相互衔接而成，堪称"天工人巧各取半"。浙东运河北起钱塘江南岸，隔钱塘江与江南运河相望，南接四明山和会稽山地，流经绍兴，跨曹娥江、姚江，东至东海海滨，至宁波甬江后注入东海，与海上丝绸之路相连，沟通钱塘江、曹娥江、甬江三大干流。浙东运河流经区域为宁绍平原，主要流经河流湖泊为曹娥江、姚江、甬江、绍兴鉴湖、东湖和宁波四明湖等。浙东运河在曹娥江以西属于鉴湖水系，补水水源有平原南部山区下泄河流和浙东运河之南的湖泊；在曹娥江以东属于甬江水系，补水水源为流域范围内两侧支流的汇入。浙东运河历史上多次修浚改建，迄今仍是浙东运输重要路线。

浙东运河由杭州滨江区西兴街道进入萧山区地界后，经萧山区城厢街道和衙前镇进入绍兴市柯桥区钱清镇，与浦阳江下游的一支钱清江（今杭甬运河主航道）相交后继续向东南经绍兴湖塘街道、柯桥街道进入绍兴市越城区东浦街道境内，与绍兴古城护城河相连通。后经陶堰街道进入上虞区东关街道、曹娥街道，与曹娥江交汇。浙东运河自杭州西兴至绍兴上虞曹娥江段又名萧绍运河（图3.9）。

**图3.9　浙东运河示意图**

（来源：沈旭炜　绘）

浙东运河流经上虞曹娥江后，分成南北两线。北线现称浙东运河上虞至余姚段，简称虞余运河。古代为沟通曹娥江水系与姚江水系而开掘，同时也为避潮，"路虽不便，然免候潮之难"。全长25km，西起曹娥江东岸上虞百官街道高丰社区（现上虞区航道服务中心），经驿亭镇五夫长坝进入宁波余姚市，再经牟山镇、马渚镇，过曹墅桥注入姚江。20世纪80年代曾作为浙东运河甲线，现为六级航道，平均宽22m，水深1.5m。其中，虞余运河余姚段始建于宋代，是利用当地的湖泊沼泽，经人工整理后形成的运河，为姚江最大的支流。全长11.4km，宽40～60m，水深2～3m。沿途有牟山江、青山江、奖嘉隆江、贺墅江等汇入。虞余运河北侧紧挨牟山湖，中间以湖塘相隔，在湖塘上开数个水闸以调控水源，故此段虞余运河又名湖塘江。宋代，牟山湖水域面积25023亩，在余姚31处湖泊中排名第二。如今其他湖泊或淤废或垦殖，仅存牟山湖一处，水域面积为5000亩（宁波市社会科学院，2021）[1]。

南侧运河西起曹娥江东岸今梁湖街道外梁湖村江坎头自然村，向东流经梁湖街道、丰惠镇，至通明船闸汇入通明江（姚江上虞段），此段又名四十里河。后与北支虞余运河于曹墅桥相汇后向东流入余姚城区。姚江流经余姚城区后，江面进一步加宽，至丈亭镇已达200余米。姚江在丈亭镇分出支流慈江，慈江又名小江、后江、丈亭江，自西向东，在慈城南面分出支流刹子港，在小西坝连通姚江。为避免姚江潮汐对航运的影响，南宋时开挖慈江至刹子港河段。元延祐《四明志》载："乘潮多风险，故舟行每由小江，小江即后江也。"慈江至刹子港河段，现在统称为浙东运河宁波段，也称浙东运河慈江段。西起丈亭三江口，经慈城东至镇海甬江，全长49km。此河道20世纪80年代曾作为浙东运河乙线，现航运功能已减弱，为等外级航道。姚江主干流经大隐镇出余姚市后进入宁波市区，成为江北、海曙两区界河。后姚江与奉化江、宁波三江口汇合成甬江（图3.10），最后于镇海区招宝山东面汇入东海。

与浙东运河曹娥江以西段基本由人工挖掘不同，浙东运河曹娥江以东余姚至宁波段充分利用姚江、甬江这些天然河道与人工河道及湖泊洼地，不仅节省工程量，同时也充分保证了运河水源。这种天然江河与人工塘河并行结合、复线运行、因势取舍的设计构筑理念与航运方式，堪称天工人巧。

---

① 宁波市社会科学院.宁波与大运河天工人巧：虞余运河与慈江[EB/OL].[2021-8-6].甬派客户端，https://new.qq.com/rain/a/20210806a06elz00.

**图3.10 姚江与奉化江、甬江三江口**
（来源：沈旭炜 摄，2020.6.23）

浙东运河工程体系形成于唐宋时期，是古代通江达海、连通内河与外海的纽带。为了适应现代社会经济的发展，在浙东运河古河道和天然河流所构成的水网基础上，浙江于20世纪50年代开始扩建，2002年再次扩建，形成了杭甬运河。杭甬运河是长江三角洲地区高等级航道网中的一条骨干航道，2013年底杭甬运河穿萧甬铁路航道工程通过交工验收，实现全线贯通。杭甬运河自杭州三堡船闸，经钱塘江、浦阳江、西小江、曹娥江、四十里河、姚江、甬江，终于宁波甬江入海口，全长239km，全线按四级航道标准建设，水道宽度60～100m，平均水深2.5m，可通航500t级船舶。沿线建有杭州新坝船闸、绍兴塘角船闸、大库船闸及通明船闸、宁波蜀山船闸和姚江船闸六座船闸（何笑，2016）[①]。

## 第二节　大运河（浙江段）历史变迁

涉及大运河历史流变的话题术语，如河道变迁、清淤疏浚、诗词歌赋等，往往趋于宏大叙述，亦有相当多的学术著作对此做了梳理，本书不再赘述。那么，如何捕捉和反映大运河的历史流变及其质地问题，本书借鉴在运河水生态环境监测实践中采用水质监测断面的方法，选取若干富有代表性的历史断面来尝试对大运河的历史全貌进行刻画。

---

① 何笑.浅析杭甬运河全线贯通对区域经济发展的作用[J].中国水运（下半月），2016，16（1）：75-76.

## 一、江南运河（浙江段）

### （一）关于江南运河最早河段的争议

如果征诸有文字记载的历史，我国最早的人工运河，当推江南运河（富耀南，2019）[1]。目前，学者们对江南运河最早的开挖河段存在较多的争议，主要分为2种观点主张。其中之一是邗沟说。传统观念认为，中国大运河最早的河段始建于周敬王三十四年（公元前486年）吴王夫差开凿的邗沟，并得到了主流古籍文献的佐证。以中国社会科学院考古研究所刘涛（2017）为代表，通过对《左传》《太平寰宇记》《水经注》《禹贡锥指》古籍的考究，验证并支持邗沟在大运河历史变迁中的历史地位[2]。无锡市古运河研究会富耀南（2019）在《江南运河考》一文中认为，现在有的学者始终守成，将邗沟（公元前486年）视为中国大运河的发端或原生长点，值得商榷。这样就人为地把中华民族开挖人工运河的历史限定在2500年之内[1]。孙志亮（2022）同样指出："一般认为吴王夫差开凿的邗沟是中国最早的运河，但从相关文献记载的时间上看，不管是楚庄王时代的荆汉运河、巢肥运河，还是夫差之父阖闾开掘的胥溪（胥河），可能都早于邗沟。伯渎河的开掘则比这些运河还要早600年左右。"

这里说的伯渎河，也就是学界主张的第二种观点——伯渎河说。部分学者认为伯渎河是江南运河最早开凿的河道。伯渎河相传由春秋时期吴国第一代君主泰伯（一作太伯）在梅里（今江苏省无锡市梅村）建勾吴古国时所开凿修建（图3.11），主要是为了灌溉、排洪。伯渎河又称泰伯渎、太伯渎、泰伯渎。东汉吴郡太守糜豹在其撰写的《泰伯墓碑铭》记载："吴於是筑城以为藩卫，穿浍渎以备旱潦。"[3]但在该铭文中并没有提及"伯渎河"相关字眼。伯渎河的文字记载最早见于北宋欧阳修等撰写的《新唐书》，卷四十《志第三十一地理五》记载："无锡。望南五里有泰伯渎，东连蠡湖，亦元和八年，孟简所开。"北宋《太平寰宇记》卷九二记载道："太伯渎，西带官河（指运河），连范蠡渎，入苏州界。澌塞年深，粗分崖岸。元和

---

[1] 富耀南.江南运河考[J].档案与建设，2019（3）：69-70.

[2] 刘涛.春秋至隋代邗沟早期运道变迁[N].中国社会科学报，2017-10-09（5）.

[3] 天下吴氏.泰伯墓碑铭 东汉·吴郡太守糜豹[EB/OL].[2018-9-19]天下吴氏官网，http://www.tianxiawushi.com/plus/view.php?aid=3450.

八年，刺史孟简大开漕运，长八十七里，水旱无虞，百姓利之。"南宋《咸淳毗陵志》卷十五《山川》等对此亦有记载。蔡桂林（2007）在长篇历史纪实文学《千古大运河》中将大运河的"第一筐土"倒在了春秋时期开挖的伯渎河上，也支持这一立场①。薛焕炳、曹雨平（2020）认为位于常州与苏州之间的"吴古故水道"即江南运河，最早同样可以追溯至伯渎河②。

**图3.11　无锡伯渎河与伯渎桥**
（来源：沈旭炜 摄，2021.3.2）

### （二）江南运河"官河"的确定

隋大业六年"冬，十二月，己未"，隋炀帝"敕穿江南河，自京口至余杭八百余里，今浙西运河自杭州达镇江府入大江是也。镇江，古京口也。帝改杭州为余杭郡。广十余丈，广，古旷翻。使可通龙舟，并置驿宫、草顿，欲东巡会稽。帝改越州复曰会稽郡。会，古外翻"③。开始从国家层面对江南运河整治拓宽，并设置驿站、草顿等由官方出面建设修缮的配套设施，一举奠定了江南运河"官河"的历史地位

---

① 蔡桂林.千古大运河[M].北京：文化艺术出版社，2007：11.
② 薛焕炳，曹雨平.江湖汇秀地 东南名士邦：中国大运河常州段的历史地位、人文特征刍议与运河文化带建设的建议[J].常州工学院学报（社科版），2020，38（5）：1-7.
③ [宋]司马光.资治通鉴[M].北京：中华书局.1956：卷第一百八十三·隋纪五·炀帝大业六年.

（图 3.12）。需要指出的是，古代帝王的年号和史书古籍中的年月日期，均是按照传统阴历计算，隋大业六年冬十二月己未（初三），阴历是庚午马年，按照万年历查询并换算为阳历计算的话，应该是公元 611 年 1 月 21 日。现在部分文献中将"敕穿江南河"的"隋大业六年"等同于公元 610 年，而忽视了阴历与阳历之间的时间算法问题，所以准确表述应该是公元 611 年。

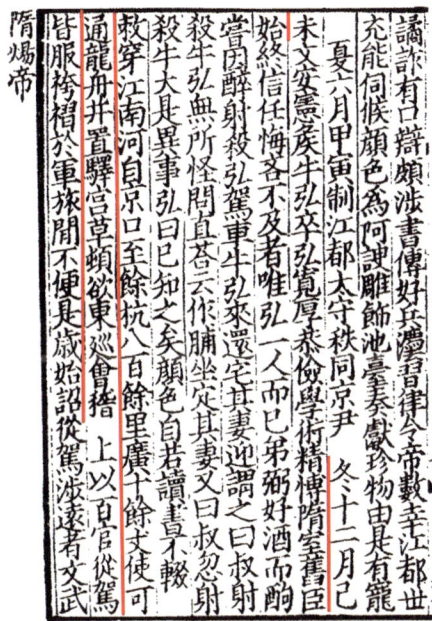

**图 3.12　四部丛刊初编缩本《资治通鉴》中对于江南运河的记载**

（来源：本研究整理）

经过唐宋两朝贤君能臣的持续整治，江南运河逐渐成为维系国家政权和国民生计的重要水上要道之一，被奉为官河。在前述北宋《太平寰宇记》卷九二中也有"太伯渎，西带官河"的记载，这里的官河指的就是江南运河。

唐穆宗长庆二年（822 年）七月，白居易为躲避朝廷党争自请外任，由中书舍人职出杭州刺史，途中写下《舟中晚起》一诗："日高犹掩水窗眠，枕簟清凉八月天。泊处或依沽酒店，宿时多伴钓鱼船。退身江海应无用，忧国朝廷自有贤。且向钱塘湖上去，冷吟闲醉二三年。"此诗在字面上虽未直接谈及运河，但却不难推断并想象出当时诸如白居易一样的行政官员从长安"向钱唐湖"方向水上舟行的画面，舟中枕簟铺底，倚水窗晚起，泊处、酒店、钓鱼船纷纷入镜。其二，此诗也从侧面向我们反映出，当时的行政官员来往南北，仰仗的交通方式主要是运河水路，印证了江南运河官河的地位。白居易十月到任杭州，长庆三年（823年）阴历八月初一，履新不到一年又赴上塘河畔的皋亭山祈福求雨，写下《祭龙文》，《钦定全唐文》卷六百八十对此文有所记载[①]。长庆四年（824年）三月十日，白居易又作《钱塘湖石记》，也记载了"官河"的说法："自钱塘至盐官界应溉夹官河田，须放湖入河，从河入田。"从白居易的诗词散文中，可以看到当时的江南运河在国家政权稳定和百姓生活民生中所扮演的重要角色。这一点，同样在苏轼所写的《申三省起请开湖六条状》中得到反映。宋哲宗元祐四年（1089年），苏轼第二次"通判杭州，访问民间疾苦。父老皆云：'惟苦运河淤塞。远则五年，近则三年。'"于是苏轼"自十月兴工，至今年四月终，开浚茅山、盐桥二河。……见今公私舟船通利。"

### （三）维系南宋朝廷的生命线

及至天水一朝建炎南渡，宋高宗赵构与抗金部队更是沿着江南运河匆匆忙忙、几番上上下下，江南运河成为建立和稳固南宋政权的生命线。《宋史》记载，建炎三年（1129年），"帝被甲驰幸镇江府。……癸丑，游骑至瓜洲。……甲寅，次常州。……丙辰，次平江府。……己未，次秀州。……壬戌，驻跸杭州。"韩世忠"三月，以所部发平江。……舟行载甲士，绵互三十里。……次临平，贼将苗翊、马柔吉负山阻河为阵，中流植鹿角，梗行舟。世忠舍舟力战。……帝手书'忠勇'二字，揭旗以赐。"从这些记载中可以看出，江南运河成为当时维系南宋朝廷核心政权安危的真正的国祚之河。

宋孝宗乾道五年（1168年）十二月，陆游被授夔州（今重庆奉节一带）通判，于次年闰五月十八日从故乡山阴（今绍兴）动身赴任，写下《入蜀记》。他在《入蜀记》中描述了途中所见的河道景致，并如是点评了江南运河的历史地位，"自京口抵钱塘，梁陈以前不通漕，至隋炀帝始凿渠八百里，皆阔十丈。夹冈如连山，盖当时所积之土。朝廷所以能驻跸钱塘，以有此渠耳。汴与此渠，皆假手隋氏，而为吾宋之利，岂亦有数邪？"（图3.13）有学者对这些古代帝王巡视运河的历史文献梳理

---

① 笔者注：《钦定全唐文》原文记载白居易祈雨时间为"维长庆二年岁次癸卯八月癸未朔二日甲申"，经查证，"长庆二年"为壬寅年，长庆三年为癸卯年，且八月初一为癸未，初二日为甲申，均吻合。且长庆二年十月白居易才至杭州上任。故原文中的"长庆二年"疑为笔误，应为"长庆三年"。

后发现，这些帝王进城、驻跸的场所同样是当时城市或乡村的关键性地标，并进一步影响城市空间的演变发展和城市景观有意图地被形塑[①]。

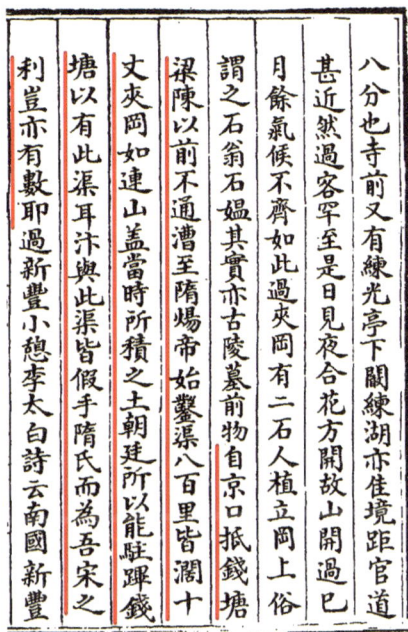

**图3.13　陆游《入蜀记》对江南运河的记载与点评**
(来源：本研究整理)

## 二、浙东运河

### （一）早期发展

浙东运河是连接陆上丝绸之路和海上丝绸之路的重要纽带，最早的历史可追溯到春秋时期越国开凿的"山阴故水道"。浙东运河所在的地区，就是北魏学者郦道元所谓"万流所凑、涛湖泛决、触地成川、枝津交渠"的"东南地卑"之地（《水经注·卷二十九》）。浙东运河本身即萧绍虞平原上数量庞大的内河网中的几段，这个庞大的内河网，是古代劳动人民为了灌溉与舟楫的需要而陆续挖掘的。要明确指出它们是何代何人所凿，实际上十分困难。吴、越地处江南水乡，"以船为车，以楫为

---

① Qingwen Rong，Jianguo Wang.Interpreting heritage canals from the perspective of historical events：a case study of the Hangzhou section of the Grand Canal，China[J].Journal of Asian Architecture and Building Engineering，2021，20（3）：260-271.

马"（《越绝书·卷八》），说明在春秋时期，这一带的水上交通便已缔结成网。《越绝书·卷八》载，"山阴古水道，出东郭，从郡阳春亭，去县五十里。"其实就是指从绍兴城到曹娥江的一段河道，这也是现存的有关浙东运河的最早记载（图3.14）。

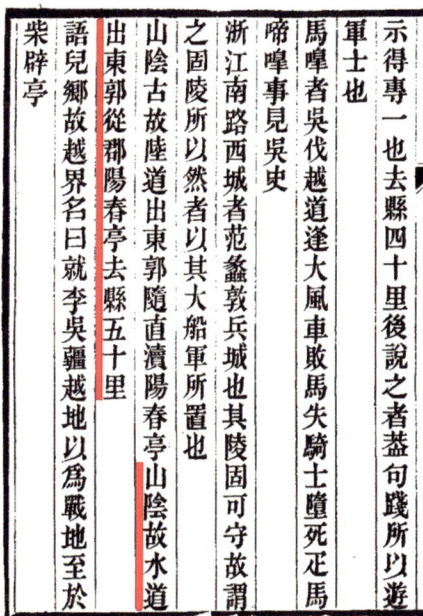

图3.14 《越绝书》中有关浙东运河的最早记载

（来源：本研究整理）

西晋永嘉年间（307—313年），会稽郡山阴县人（今浙江绍兴）贺循退居家乡，守节不出。同时在会稽组织当地居民开挖修浚运河，即萧绍运河。河道由绍兴西郭门向西，经钱清、柯桥至萧山西兴，并沟通山阴故水道、曹娥江及通往宁波的河流，浙东运河首次全线得到贯通。

### （二）地位跃升

尽管浙东运河自晋至唐有所建树，但毕竟只是一条区域性的运河航道，其重要性完全不能与汴河、江南运河等一些所谓的"官河"相比。直至南宋，由于政治经济形势的改变，浙东运河的地位和重要性与日俱增。建炎三年（1129年）九月，金军再度南下，《宋史·本纪第二十五·高宗二》详细记载了建炎南渡期间宋高宗依循和依靠浙东运河从杭州经越州（今绍兴）到明州（今宁波）入海以逃避金军追击的线路：宋高宗于十月"复如浙东，庚寅（11月28日），渡浙江。……壬辰（11月30

日），帝至越州。"十一月"己巳（1130年1月6日），帝发越州，次钱清镇。庚午（1月7日），复还越州。……癸酉（1月10日），帝如明州。"十二月"丙子（1月13日），帝至明州。……壬午（1月19日），定议航海避兵。……己丑（1月26日），帝乘楼船次定海县。"建炎四年，宋高宗又通过浙东运河原路北返，并在运河的中心越州绍兴府驻跸近9个月。《宋史》又载："辛酉（4月28日），御舟发温州。……癸未（5月20日），帝驻越州。"绍兴二年（1132年），"壬寅（1月29日），帝发绍兴。……丙午（2月2日），帝至临安府。"并于绍兴八年（1138年）正式定临安为行在所。浙东运河遂成为南宋时期维系中央王朝政权稳定和经济来源的战略要道，诸如漕米、食盐和其他物资的运输和官私商人等的往来，都依靠这条运河。又因南宋帝后陵园设在绍兴，帝后梓宫的搬运，也是非水路莫办，全赖浙东运河进行。这里需要特别指出的是，早在北宋，日本、朝鲜等海外国家来我国，已经取道明州、越州。南宋建都临安，临安与日本、朝鲜等国就更有所来往。临安濒临钱塘江北岸，这些来往本来可借钱塘江进行，但是由于钱塘江江口泥沙壅塞，航行素来困难，于是浙东运河就成为南宋首都临安与海外联系的重要交通要道[1]。这也就是北宋会稽嵊县人士姚宽在其著《西溪丛语》中所言："海商船舶畏避沙滩，不由大江[2]，惟泛余姚小江，易舟而浮运河，达于杭、越矣。"

随着浙东运河政治地位的上升和经济重要性的与日俱增，关于浙东运河的文献记载一时大量出现，河道和沿河堰坝设备也随之有所改进。如南宋嘉泰年间（1201—1204年）进士施宿（1164—1222年）所撰《会稽志·卷第四》载："三江斗门，在县东北八里。三江说不同，俗传浙江、浦阳江、曹娥江皆汇于此。旧有堰，今废为斗门。东南通镜湖运河，北达于海。"《会稽志·卷第十》载萧绍运河："运河在府西一里，属山阴县，自会稽东流经县界五十余里，入萧山县。《旧经》云：'晋司徒贺循临郡，凿此以溉田。'"此处所言《旧经》乃指北宋大中祥符年间（1008—1016年）所修的《越州图经》[1]。该卷又载四十里河："运河，在县南二百二十步，源出七里湖、渔门浦，自阜李湖[3]皆汇于河。西抵梁湖堰，东之通明堰，各三十五里。"这些古籍史料对研究浙东运河意义重大。

① 陈桥驿.浙东运河的变迁 [A]//唐宋运河考察队.运河访古 [C].上海：上海人民出版社，1986：33-42.

② 笔者注："大江"指钱塘江。

③ 笔者注：阜李湖，即皂李湖，位于今绍兴市上虞区梁湖街道东南方，是上虞区第一大淡水湖，水域面积约有1500亩。

浙东运河虽然从南宋以来随着航运的频繁而加强了河道的整治及沿河堰坝的修建，但运河的航行条件仍然不理想。由于浙东地区地势南高北低，河流多为南北向，因此，东西走向的浙东运河需要穿越多条自然河流。因为浙东运河被阻隔于钱塘江（又称浙江）、钱清江、曹娥江三条潮汐河流之间，而会稽县境内的一段利用东湖（古代鉴湖的一部分）通航，上虞通明以东又利用了姚江，各段水位高下不同。为维持不同区域的水位并使船只能够通过水位不同的河段，运河中修建了许多碶闸和堰坝设施。堰坝的设置和船货的盘驳，又无形之中增加和浪费了劳力成本，降低了航道整体的运输效率和速度。嘉泰《会稽志·卷第十》载通明江和通明堰曰："通明江，在县东十里，源出余姚江，其西自运河入于江。有堰曰通明堰，蔡舍人肇明州谢上表云：'三江重复，百怪垂涎。七堰相望，万牛回首。'旧自杭经越至明，凡三绝江，七度堰，此其一也。"这里所谓三江指的是钱塘江、钱清江和曹娥江这三条潮汐河流，七堰则指的是西兴堰、钱清北堰、钱清南堰、都泗堰、曹娥堰、梁湖堰和通明堰（图3.15）。这些堰坝，船舶小者可以牵挽而过，大者则必须盘驳，牵挽过堰也必须等待潮汐方能成行。如在宋宁宗嘉泰元年（1201年）设置的钱清新堰，"官舟行旅沿沂往来者如织"。因运河在钱清江低潮位时高出钱清江一丈余，必须候潮启闸，方能通过船舶。由此常因"潮汐西下，壅遏不前，则纷然鬭授，甚至殴伤堰卒，革日继夜不得休。"（嘉泰《会稽志·卷第四》）南宋诗人陆游曾作《发丈亭》一诗，描述来往绍甬两地的运河船舶在余姚丈亭镇候潮而行的情景，其一曰："姚江乘潮潮始生，长亭却趁落潮行。参差邻舫一时发，卧听满江柔橹声。"其二曰："玄云垂天暗如漆，橹声呕轧知船行。南风忽起卷云去，江月已作金盆倾。"宋淳熙年间（1174—1189年），上虞四十里河上始建通明北堰，以专通盐船。因"海潮自定海历庆元府（今宁波市）城南抵慈溪，西越余姚至北堰，几四百里，地势高仰，潮至则回，如倾注。盐运经由，需大汛。若重载当锧，则百舟坐困，旬日不得前。"于是在嘉泰元年增设通明南堰，"分导壅遏，通官民之舟。而通明北堰专通盐运。"（嘉泰《会稽志·卷第四》）会稽都泗堰，虽然与潮汐河流无关，但鉴湖内外，水位差距不小，所以也是沿河一处要害。当年赵构奔逃时，匆忙间船舶竟无法过堰，赵构曾亲自下令破堰而过。至于大舟重载，就必须赖牛力进行盘驳。所以各堰都备有大量役牛，这就是前文"蔡舍人肇"表中所说的"万牛回首"了。

**图3.15　浙东运河堰闸设施示意图**

（来源：沈旭炜 绘）

　　总体而言，南宋以降，一方面是浙东运河河道通航条件有了改善，另一方面是沿河城邑在经济上有了较大的发展。浙江运河北端的杭州，经历元、明、清各代，均为浙江省城所在，而运河东端（通过姚江）的宁波在这段时期逐渐发展成为浙江最大的港埠。浙东运河沿线其他城镇，如绍兴、余姚等地，也都成为一方富庶之区。当时在这一带游历的人，曾目睹这条运河中"舟行如梭"，而且是"有风则帆、无风则牵、或击或刺，不舍昼夜"，交通繁盛，可见一斑。

　　元代至清代，浙东运河重要性有所下降，但仍然保持畅通。直到近代，在新式交通方式的冲击下，浙东运河的通航作用才逐渐弱化[1]。

---

① 陈桥驿.浙东运河的变迁[A]//唐宋运河考察队.运河访古[C].上海：上海人民出版社，1986：33-42.

第四章

要素构成

　　浙江是中国大运河中全线通航、至今仍在活化利用的省段之一。大运河在浙江流经嘉、湖、杭、绍、甬5个地级市，源远流长，覆盖要素种类多样，是大运河文化带建设条件相对较好的河段之一，承载着向世界展示中华文明生命力、浙江文化活力的重大历史使命。大运河不仅奠定了浙江尤其是环杭州湾地区城镇的基本格局，孕育了浙江特有的地域精神和文化特质，为浙江的当代社会经济发展提供了源源不竭的动力；而且牵系着21世纪海上丝绸之路倡议和长三角区域一体化国家战略。另一方面，作为至今依然在发挥巨大战略价值的活态线性遗产，大运河涉及城乡建设、水利交通、生态环境、文物保护、非遗传承、文化旅游等多个领域，成为保护与发展矛盾反复交锋的一个啮合地带，面临着遗产保护压力巨大、传承利用质量不高、资源环境形势严峻、生态空间挤占严重、合作机制亟待加强等突出问题和困难。本章以《大运河申遗文本》为主要依托，结合文献研究，梳理分析大运河（浙江段）世界遗产的基本构成、遗产价值、其他运河遗产和相关历史遗存，并对大运河文化和旅游资源的分类框架进行了优化和梳理。最后，通过调研分析了大运河（浙江段）目前存在的主要困难与问题。

# 第一节　世界文化遗产

## ◤ 一、基本构成

　　大运河文化带建设任重道远。中共中央办公厅、国务院办公厅联合印发的《大运河文化保护传承利用规划纲要》明确提出"共抓大保护、不搞大开发"的理念，不仅承载着发展理念的深刻变革，而且有利于以文化遗产、河道水系、生态环境保护为重点，推动形成大运河文化保护传承利用新模式。大运河（浙江段）世界文化遗产以钱塘江为界，总体上可以划分为江南运河（浙江段）和浙东运河两段，被列入世界遗产的河道实际长度总计为327km。其中，江南运河（浙江段）长189km，包括苏州塘等7项遗产河段和长安闸等8处遗产点。浙东运河遗产河道长138km，包括西兴运河等7项遗产河段和西兴过塘行码头等5处遗产点（图4.1、表4.1、表4.2）。

**图4.1　大运河（浙江段）世界遗产点分布图**

（来源：徐露晨 绘）

**大运河（浙江段）世界遗产点段概况**　　　　　　　　　　　表4.1

| 遗产河道 | 包含河段 | 遗产点 |
|---|---|---|
| 江南运河（浙江段） | 苏州塘（苏嘉运河） | 长安闸<br>杭州凤山水城门遗址<br>杭州富义仓<br>长虹桥<br>拱宸桥<br>广济桥<br>杭州桥西历史文化街区<br>南浔镇历史文化街区 |
| | 杭州塘 | |
| | 崇长港 | |
| | 上塘河 | |
| | 杭州中河 | |
| | 龙山河 | |
| | 江南运河南浔段（頔塘故道） | |
| 浙东运河 | 西兴运河 | 西兴过塘行码头<br>八字桥<br>八字桥历史文化街区<br>古纤道<br>庆安会馆 |
| | 绍兴城内运河 | |
| | 护城河 | |
| | 山阴故水道 | |
| | 浙东运河上虞-余姚段（虞余运河） | |
| | 慈江 | |
| | 刹子港 | |
| 总计 | 14段 | 13处 |

来源：本研究整理。

大运河（浙江段）各地级市遗产河道长度统计　　　　表4.2

| 地市 | 遗产河道 | | 长度（km） | 起讫点 |
|---|---|---|---|---|
| 杭州 | 江南运河<br>嘉兴—杭州段 | 杭州塘 | 42.6 | 杭州嘉兴分界至杭州坝子桥 |
| | | 上塘河 | 27.7 | 杭州嘉兴分界至杭州坝子桥 |
| | | 中河 | 6.1 | 自杭州坝子桥至凤山门 |
| | | 龙山河 | 4.6 | 自凤山门至钱塘江北岸 |
| | 小计 | | 81.0 | — |
| | 浙东运河<br>杭州—绍兴段 | 滨江段 | 2.0 | 自钱塘江南岸至滨江萧山分界 |
| | | 萧山段 | 22.0 | 滨江萧山分界至杭州绍兴分界 |
| | 小计 | | 24.0 | — |
| | 合计 | | 105.0 | — |
| 宁波 | 浙东运河<br>上虞—余姚段 | 余姚段 | 10.4 | 起自宁波绍兴界，经牟山、马渚两镇，至新斗门闸 |
| | 浙东运河宁波段 | 余姚段 | 10.6 | 自丈亭沿慈江至慈城夹田桥，再向南经刹子港，至小西坝入姚江，以慈江大闸为界 |
| | | 江北段 | 11.4 | |
| | 合计 | | 32.4 | — |
| 湖州 | 江南运河南浔段 | | 2.0 | 西起祇园寺旧址，东至分水墩 |
| 嘉兴 | 江南运河<br>嘉兴—杭州段 | 苏州塘 | 18.98 | 浙江省运河界碑至市区北丽桥 |
| | | 嘉兴环城运河 | 6.6 | 由运河、秀水、濠河以及与其相连的西南湖组成 |
| | | 杭州塘 | 60.0 | 嘉兴—桐乡崇福—余杭区运河镇新宇村 |
| | | 崇长港 | 7.5 | 自桐乡崇福镇至海宁长安镇 |
| | | 上塘河 | 16.5 | 嘉兴杭州分界至海宁长安镇 |
| | 合计 | | 109.58 | — |
| 绍兴 | 浙东运河<br>杭州萧山—绍兴段 | 柯桥段 | 24.3 | 钱清至望城西桥段、陶堰段 |
| | | 绍兴市区段 | 29.4 | 城西桥至皋埠段（含环城河） |
| | | 上虞区东关段<br>（萧曹运河） | 10.7 | 东关街道担山村东至曹娥街道老坝底堰坝 |
| | 小计 | | 64.4 | — |
| | 浙东运河<br>上虞—余姚段 | 上虞段 | 13.6 | 百官街道赵家坝东至驿亭镇长坝 |
| | 合计 | | 78.0 | — |
| 总计 | | | 327.0 | — |

来源：本研究整理。

## 二、江南运河（浙江段）遗产价值分析

江南运河，曾称江南河、浙西运河，又俗称官河或官塘。江南运河（浙江段）是中国大运河各个段落中延续使用时间最长的河段之一，展现了自春秋至现代杭嘉湖平原的运河网络体系完整演变历程。其中，杭州凤山水城门是目前大运河全线申报成功的仅有的两处水城门之一[①]；嘉兴上塘河的长安闸首创了运河闸澳制，是现存唯一被国际工业遗产保护委员会在《国际运河古迹名录》所记载的复闸例证[②]。杭州富义仓是目前申报成功的元明清运河中仅有的仓储设施遗存。江南运河（杭州段）和江南运河（南浔段）的多个历史文化街区，反映了历史上大运河对沿线区域发展产生的强大影响力，以及大运河在世界城市史上典范城市的形成发展所具有的实质性联系。大运河沿线的历史文化街区是历史遗存、人文景观集中的地段，集中了大量历史建筑与传统民居，与大运河关系紧密，证明了大运河突出的人文价值，也造就了江南运河沿线的特色景观。

### （一）主线选址规划

从隋代至清代（公元7—19世纪末），江南运河长期是我国中央政权维系地方，也是江南地区漕粮、赋税财政的主要通道。尤其是两宋时期，国家经济重心已经完成向太湖地区的转移，在《宋史》卷三百三十七有"国家根本，仰给东南"的记载，以及"苏湖熟，天下足"的民谚说法。江南运河虽然在历史上经历过多次疏浚整治，但其主要的河道线路走向一直保持相对稳定。这也反映了江南运河在前期线路勘察和规划选址时，科学分析比较了不同区域的地形条件，一方面确保运河线路

---

① 笔者注：另一处水门是位于江苏省苏州市姑苏区的盘门，周敬王六年（前514年）吴王阖闾命伍子胥所筑。

② 笔者注：《国际运河古迹名录》中记载复闸（Side Ponds）的原文描述为"Water supply was the canal engineer's main problem，and there are hints in the documentation that the Grand Canal in China used side ponds to save water.Side ponds were built such that their level was half-way between the upper and lower levels of the lock. When emptying，the first half of the locking water could then be fed into the side pond，and this water could be used subsequently for filling the first half of the lock." 资料来源：https：//docslib. org/doc/5856206/the-international-canal-monuments-list。

整体上能够在最优的纵比降水平上实现平稳过渡，另一方面能够充分依托长江、钱塘江、太湖的自然条件，确保大运河在长达一千多年的变迁中始终拥有充足的水源补给，以基本稳定的航道线路保持大规模的航运通行。

### （二）支线河道工程

江南地区水网密布，人口稠密，城镇聚集。为了适应这一客观现实需求，江南运河设置了多条支线河道工程，如西线的顿塘故道、连接中线和西线的双林塘等，以发挥交通、灌溉、供水等多重功能。不同的支线河道在不同历史时期的功能侧重也可能会有所不同。支线河道的开凿建设和缔结成网，既成为江南运河重要的补给水源，为沿线土地灌溉供水；又作为部分主线河段的替代性备用航道和江南运河的延伸，极大提高了整体通航保证率和交通水网的辐射范围。江南运河支线河道多元功能的特点，充分体现了江南运河规划的综合利用导向以及工程运用管理的灵活性，即以最少的设施建设实现最大的综合效益。

### （三）塘路工程

由于江南运河所在的太湖流域地势低洼、河网密集、集水丰沛，水平面往往高于耕田。古代劳动人民采取障堤坪田的方式进行改土治水，由此形成众多的塘路。我国很早就有筑堤障湖的记载，如先秦时代筑有蠡塘、胥塘、吴塘，西汉筑有皋塘，三国筑有青塘，晋代筑有荻塘等。塘路在古籍中简称塘，此"塘"非蓄水的陂塘。"塘"即外御洪涝、中通排灌、亦通航行的堤岸，因此又可以称作陵水道。太湖的西面半圈环山，源短流促，东面半圈地势低洼，湖水盛涨时向东南方下泄，所以在西部高仰地带，自古即以塘坝蓄水为主，东部低洼地区即以塘浦圩田为主，至今已有千余年历史（黄锡之，1988）[①]。其中，唐代修建的吴江塘路最为关键。隋炀帝"敕穿江南河"时，"开濬（通"浚"）河道，其深阔者，固无处加工。至浅狭浮涨处，其土必堆积两旁，想塘岸之基始于此"（乾隆《吴江县志·卷四十一·经略一》）。唐德宗贞元年间（785—805年），苏州刺史于頔又主持修筑了自平望西至湖州南浔的太湖障堤——顿塘，并"缮完堤防，疏凿畎浍，列树以表道，决水以溉田"（乾隆《吴江县志·卷四十一·经略一》）。除荻塘以外，吴江塘路自北而南还包

---

① 黄锡之.太湖障堤中吴江塘路的历史变迁[J].苏州大学学报，1988（3）：115-117.

括古塘、石塘、官塘和土塘（图4.2）。"其西行者曰荻塘。……古塘，自元和县七里桥至观澜铺，九里。石塘，自观澜铺至彻浦铺，十二里。官塘，彻浦铺至八斥大浦桥，十二里。土塘，自平望镇安德桥至秀水县王江泾，三十里。"（《吴江县志·卷六·塘路》）其中，吴江境内六十三里，震泽分辖二十三里，共计八十六里。五塘的建成，标志着太湖的东面与南面已完全有障水堤岸所连接。

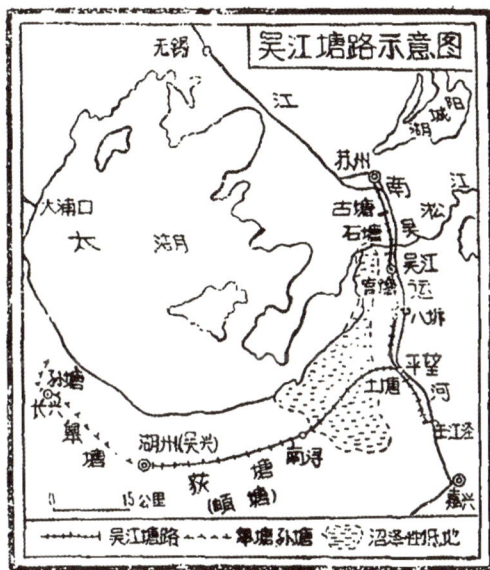

**图4.2　吴江塘路示意图**

（来源：黄锡之，1988）

始建于唐而完成于宋的吴江塘路结束了江南运河中段吴江至平望一带河湖不分的历史，从此船行不再受太湖风浪波涛影响。后来逐渐演变为运河西堤与堤上纤道。塘路上设置很多通泄太湖洪水的口门，向吴淞江泄水。江南运河遂与太湖隔开而自成系统，发挥着航运交通和输水调水作用。塘路工程的兴建当与江南运河漕运及便驿休戚相关，为此历代统治者均加固、修缮。乾隆《吴江县志·卷六·塘路》载：太湖东南吴江一带"古无塘路，舟行不能牵挽，驿递不通。唐宋以来，监司守令始课民辇土石为塘，由是数十百里无风涛患，公私便之"。江南运河塘路工程的完成，标志着江南运河作为独立的人工工程体系的最终完成。

## （四）复闸和澳闸工程

江南运河自古就采用了技术先进、管理有序的复闸和澳闸工程，是中国古代高超的水利工程设计、施工、管理技术成就的重要体现。为解决行船过闸时缺水河段水量损失大的问题，唐宋时期江南运河曾经多次将闸改建为坝，但也造成了船只翻坝费时费力的问题。宋代复闸的创造很好地解决了以上多个矛盾和问题，它的出现是航运工程设计的巨大进步。复闸运用水位可以调节的闸室来衔接上下游高差，实现船只的平稳过渡，闸门联合运用也大大减小了船只过闸的水量损失，这对水源经常不足的河段意义重大。复闸的工程构造、工作原理与现代船闸完全相同。欧洲直到300多年以后才出现类似工程。长安闸便是江南运河典型的建有水澳的复闸，由"三闸两澳"组成，现存于嘉兴海宁市境内，是研究我国宋代水闸建筑工艺的重要实例，也是大运河沿线留存年代最早、系统最完整的澳闸实物之一（图4.3）[①]。

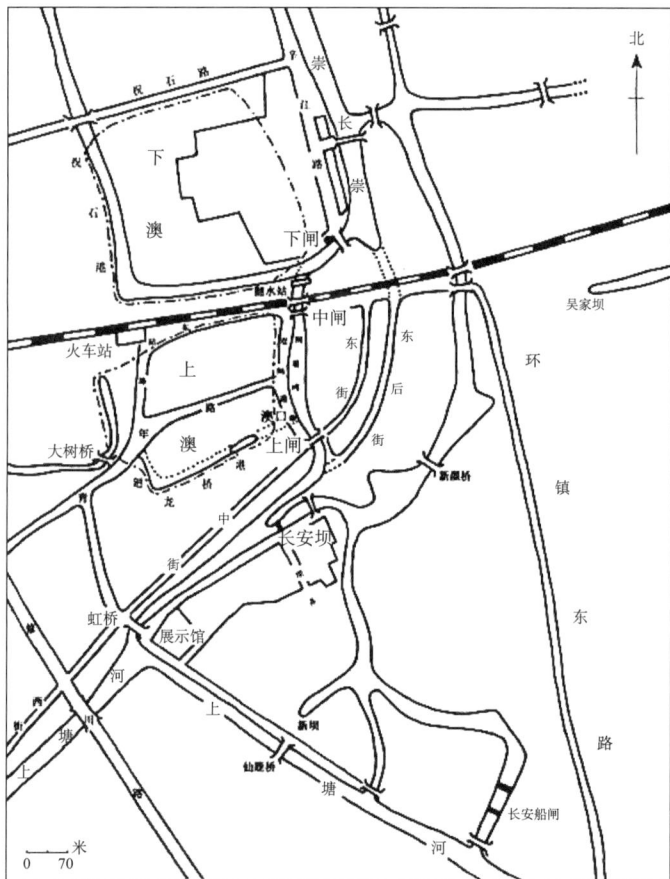

图4.3　长安闸分布图 [①]

---

① 郑嘉励，楼泽鸣，张宏元，等.江南运河长安闸遗址的调查与发掘[J].东方博物，2013（3）：26-33，4.

### （五）漕运管理制度

大运河在元代裁弯取直，从根本上奠定了元明清三代以及今日京杭大运河河道的基本格局，运河漕运管理制度也随之创立，并随着河道的变化、社会需求的驱动以及政权的更替而不断演替①。明代江南运河的管理由中央政府统一实施，清代主要归地方分别管理。江南运河除每年例行的漕运任务外，所承载的商船、民船运输量占大运河全线运输总量的比例要远远超过其他河段。为了方便对这些漕运进行征税管理，明宣宗宣德四年（1429年），户部沿大运河由南往北依次设置了杭州北新关、苏州浒墅关、扬州、淮安、临清、河西务（今天津武清区）、崇文门7处钞关。明朝初年，因白银不允许直接交易，包括缴税也只能用纸钞。如杭州运河钞关设置于北新关，上为桥，收陆路商贾之税，下为水门，收水运商船之税。类似杭州这样的运河钞关的设置，也从侧面反映了当时国家围绕运河漕运专门建立的管理制度体系的完善性。

### （六）江南运河对城镇发展的影响

江南地区一直是我国经济、文化比较发达的地区，江南运河主线自北向南串联了常州、无锡、苏州、嘉兴、杭州等太湖地区乃至全国的重要城市，对城镇发展繁荣起到了显著推动与支撑作用。江南运河对城镇形成发展的影响，主要表现在自然环境和社会形态两方面。城市乡镇最初因运河而起，尔后沿河扩张。运河为城市和乡村提供水路交通联系，形成运河穿过城区并与城河水系相沟通的格局。作为江南运河体系的重要组成，城河往往具有城市输水、排涝的功能。南北沟通的大运河与城河相通，作为城市水系的调蓄，使城河功能得到更好发挥。

城市运河的沟通促进了城市的发展，城市的繁荣反过来也对运河功能的发挥具有促进作用。如位于京杭大运河主航道与西塘河、余杭塘河交汇口的杭州北新关，在元代时就因为夜市繁盛而入选"钱塘八景"之一，即北关夜市（图4.4）。明人高得旸在《北关夜市》中描绘这一带繁华景致，"北城晚集市如林，上国流传直至今。青苎受风摇月影，绛纱笼火照青阴。楼后饮伴联游袂，湖上归人散醉襟。阛阓喧阗如昼日，禁钟未动夜将深。"明代诗人郎瑛在《七修类稿·北关夜市》一诗中对北

---

① 钟行明.元明清大运河管理制度的演进[J].运河学研究，2018（1）：98-131.

新关的夜市景象描绘得更为细腻："地远那闻禁鼓敲，依稀风景似元宵；绮罗香泛花间市，灯火光分柳外桥。行客醉窥沽酒幔，游童笑逐卖饧箫；太平气象今犹古，伫听民间五裤谣。"清雍正《西湖志》卷三记载了北新关当时繁华的夜市场景："盖水陆辐辏之所，商贾云集。每至夕阳在山，则樯帆卸泊，百货登市，故市不于日中而常至夜分，且在城闉之外，无金吾之禁，篝火烛照如同白日，凡自西湖归者，多集于此，熙熙攘攘，人影杂沓，不减元宵灯市。"明万历通宝特大花钱背面的"北关夜市"钱图是历代钱币上首次出现的风景名胜图案（图4.5），将"风景"与"钞票"合二为一的做法也延续影响至今。

图4.4　[明]杨尔曾《新镌海内奇观·第四卷·咏钱塘十胜·北关夜市》

**图4.5 明万历通宝特大花钱（右图背面为北关夜市）**

## （七）江南运河对20世纪初中国近现代工业发展的影响

江南地区是中华民族工商业较早发展的地区。依托运河带来的运输便利，20世纪上半叶在常州、无锡、苏州、杭州附近兴起和发展了一批民族资本的工厂和企业。运河与这批近现代民族工商业遗产关系是相互依存、相互促进的。近现代民族工商业依靠运河兴起和发展。同时，近现代民族工商业遗产形成运河沿岸多样的有地域特色的景观风貌。其中包括杭州通益公纱厂（图4.6）、湖州南浔古镇的丝业会馆等。

**图4.6 通益公纱厂内部保留完整的运输面粉的滑道**
［来源：杭州市京杭运河（杭州段）综合保护委员会］

## 三、浙东运河遗产价值分析

浙东运河不仅是古代南北货物运输交流的重要通道，也是中外文明交流互鉴的国际纽带。唐宋以来，高句丽、日本等慕名而来的僧侣大多由这条水路北上进入中原。浙东运河起点西兴码头见证了京杭大运河沟通浙东运河、钱塘江的交通枢纽地位。萧绍运河的古纤道是在申报世界遗产过程中仅有的两处纤道遗存之一（另一段为位于江南运河吴江段的古纤道）。浙东运河上虞至余姚段是联系曹娥江和姚江的重要河段，促进了沿线城镇的兴盛繁荣。浙东运河宁波段是避免潮汐影响而建造的航道，反映了水利、潮汐、航运技术在宋代的重要变化，并且是浙东运河的入海段。宁波三江口是中国大运河的南端终点，也是大运河连接海上丝绸之路的起点所在。

### （一）线路规划

特定的自然环境，赋予了浙东运河独特的工程技术特点。浙东运河的线路充分利用了浙东地区自然条件，将河道开凿于山前平原上，基本依循等高线的走向布局。人工河段的海拔高程基本控制在4～6m，总体上能够确保运河的水流平稳、水量充足不走泄、河道畅通，保障了航运的长期稳定运行，并且可以保持运河河道尽量远离海岸线，使运河尽可能避免海潮直接侵扰和钱塘江湾的变迁影响，继而保障了运河整体安全。相对大运河各河段而言，浙东运河出现的问题是最少、运行最稳定的一段运河。这一方面与浙东地区的自然地理环境的优越性有关，另一个重要方面就是运河线路规划的科学性。

### （二）交流与繁荣的纽带

浙东运河有效地把陆上主要贸易线路延伸到东海岸，这不仅使南方生产与北方消费相联系，而且刺激了运河流经地区的专业化分工和地域特色经济的集聚发展。凭借将宁波与杭州联系起来的浙东运河水路，宁波实际上成为大运河的南端终点。由于杭州湾和长江口的浅滩和潮汐影响，来自中国东南的远洋大帆船大多在宁波卸货，转驳给具有通航运河及其他内陆航道功能的小轮船或小帆船，再由这些小船转运到杭州、长江沿岸港口以及中国北方沿海地区。长江下游地区的产品则运集宁波出口，远销世界各国。宁波港和浙东运河，实际上为中国大运河提供了河海联运、接轨内外贸易的优良水道与港埠，是中国大运河连接世界大通道的南端国门。

# 第二节　其他运河遗产

其他运河遗产指的是未被列入《世界遗产名录》，但在展现大运河（浙江段）城市演进、经济发展、文化交流等方面发挥重要效能，具有较高历史、艺术、科学、社会价值的文化遗产，是浙江大运河文化带的重要组成部分。根据这些遗产的表现形式和规模特点，可将其划分为水利水运工程遗产、运河聚落文化遗产和非物质文化遗产等。

## ◤ 一、水利水运工程遗产

位于河道上的水利水运工程遗产，是维持大运河航运功能的需要，是大运河所经历的技术变迁的实证，它们不仅真实记录了大运河浙江段发展演进的历史，而且完美展现了古人的聪明智慧和高超技艺。本书梳理了大运河（浙江段）的水利水运工程遗产，共分为河道，水源，船闸、坝、堰、升船机，古桥梁，码头，纤道，古代运河设施和管理机构遗存，水利管理设施，运河相关的古代祭祀文化遗存等9类（表4.3）。

水利水运工程遗产　　　　　　　　　　　　　　　　　　表4.3

| 序号 | 遗产类别 | 遗产内容 | 数量 |
|------|----------|----------|------|
| 01 | 河道 | 杭州余杭塘河、杭州古新河、绍兴四十里河梁湖段故道、绍兴丰惠城内河段、绍兴十八里河、绍兴蒿坝引水河 | 6 |
| 02 | 水源 | 绍兴古鉴湖遗址 | 1 |

| 序号 | 遗产类别 | 遗产内容 | 数量 |
|---|---|---|---|
| 03 | 船闸、坝、堰、升船机 | 杭州三堡船闸、杭州龙山闸旧址、杭州德胜坝、嘉兴杉青闸遗址（含分水墩、落帆亭）、杭州萧山排灌闸站、绍兴曹娥江两岸堰坝遗址（含百官坝遗址、大坝遗址、梁湖堰坝遗址、顶坝底遗址、拖船弄闸口遗址、赵家升船机、曹娥老坝底堰坝）、虞余运河水利航运设施（含绍兴五夫长坝及升船机、绍兴驿亭坝、绍兴西陵门闸坝遗址、绍兴泗洲塘村闸坝、宁波西横河闸、宁波斗门升船机闸、宁波斗门爱国增产水闸）、四十里河闸坝遗址（含绍兴通明闸坝遗址、绍兴无量闸）、十八里河水利航运设施（含绍兴新通明坝、宁波云楼下坝、宁波余上团结闸）、姚江水利航运设施（含宁波大西坝旧址、宁波小西坝旧址、宁波压塞堰遗址、宁波大浦口闸、宁波姚江大闸）、蒿坝清水闸及管理设施、绍兴三江闸（含新、老三江闸） | 12 |
| 04 | 古桥梁 | 杭州桂芳桥、杭州隆兴桥、杭州欢喜永宁桥、杭州祥符桥、杭州东新桥、杭州坝子桥、杭州萧山回澜桥、嘉兴桐乡司马高桥、嘉兴闻店桥、嘉兴秀城桥、嘉兴秋泾桥、湖州潘公桥、湖州双林三桥、绍兴太平桥、宁波通济桥、宁波高桥 | 16 |
| 05 | 码头 | 宁波三江口码头运口遗址（含渔浦门码头遗址、和义门瓮城遗址、和义路海船遗址） | 1 |
| 06 | 纤道 | 浙东运河纤道（含杭州萧山段、绍兴渔后桥段、绍兴皋埠段、绍兴上虞段） | 1 |
| 07 | 古代运河设施和管理机构遗存 | 杭州水利通判厅遗址、杭州洋关旧址、杭州仓前粮仓、嘉兴造船厂旧址、宁波庆安会馆、宁波安澜会馆、宁波钱业会馆、宁波永丰库遗址、浙海关旧址 | 9 |
| 08 | 水利管理设施 | 绍兴山会水则碑 | 1 |
| 09 | 运河相关的古代祭祀文化遗存 | 绍兴马臻墓、绍兴大王庙 | 3 |

来源：本研究整理。

## ▎二、运河聚落文化遗产

运河聚落文化遗产指在运河形成发展过程中，与运河生产生活密切相关的沿运河分布的历史文化城镇、历史文化街区、历史地段和传统村落等（李永乐等，2021）①。这些因"运"而生、因"运"而兴的城、镇、村作为特殊的运河文化遗产，

---

① 李永乐，孙婷，华桂宏.大运河聚落文化遗产生成与分布规律研究[J].江苏社会科学，2021（2）：
　182-193，244.

既是活态运河发展的见证者和运河文化的传承者，又是区域经济社会发展的主体（高媛婧，2023）[①]。

本书在李永乐等学者的研究成果优化基础上，对大运河（浙江段）的首次聚落文化遗产进行了分类梳理。为了便于操作，本书将分类标准中的历史文化城镇进一步细分为历史文化名城和历史文化名镇，并将历史文化名村和传统村落归并为一类（在实际申报工作中也的确存在部分村落重复申报的情况），形成表4.4中新的5种分类标准。在聚落文化遗产对象的遴选上，本书主要以国务院公布的历次国家历史文化名城名录，住房和城乡建设部等公布的历次中国历史文化名镇名村名录、中国传统村落名录，浙江省人民政府公布的历次浙江省历史文化名镇名村街区名录，浙江省民政部门公布的历次浙江省千年古镇（古村落）地名文化遗产名录为参考依据，并结合研究团队前期田野调查和实践经验作了部分增补。这些聚落文化遗产完整演绎了以大运河及其支流为主轴，依循原始人类聚落→乡村聚落→城镇聚落（历史街区）→城市聚落的演替规律，蕴含了与大运河相关的各种类型的物质与非物质文化遗产。

运河聚落文化遗产不仅成为当代人们寄寓乡愁的独特载体，更是地域历史文化集中繁衍生息的文化空间。大运河（浙江段）沿线分布有与运河建设、交通、商业、生产生活密切相关，历史风貌和传统格局保存完好的聚落单元。根据本书初步统计，大运河（浙江段）沿线正式登陆国家、省各级名录的聚落文化遗产共76项（表4.4），其中从地域分布看，嘉兴15项，湖州12项，杭州19项，绍兴7项，宁波23项；从遗产类型分布看，国家级、省级历史文化名城7项，历史文化名镇19项，历史文化街区29项，历史地段10项，传统村落/国家历史文化名村11项。

运河聚落文化遗产　　　　表4.4

| 地市 | 历史文化名城 | 历史文化名镇 | 历史文化街区 | 历史地段 | 传统村落/国家历史文化名村 |
|---|---|---|---|---|---|
| 嘉兴 | 嘉兴（2011年增补）[2]、海宁[2] | 乌镇（1）[1]、盐官镇（5）[1]、新塍镇[3]、长安镇[4]、石门镇[5]（崇福镇） | 海宁市南关厢[3]、海宁市干河街[5]、海宁市横头街[5] | 马家浜遗址 | 南湖区新民村〖5〗、海宁市路仲村〖5〗、乌镇镇民合村〖5〗[5]、桐乡市马鸣村〖6〗 |

[①] 高媛婧.从文化线路到文化网络：文化生态视角下大运河（鲁苏浙段）特色历史城镇发展战略研究[D].上海：华东理工大学，2023：2.

续表

| 地市 | 历史文化名城 | 历史文化名镇 | 历史文化街区 | 历史地段 | 传统村落/国家历史文化名村 |
|------|------|------|------|------|------|
| 湖州 | 湖州（2014年增补）[1] | 南浔镇（2）[1]、新市镇（4）[3]【1】、双林镇（7）、菱湖镇（7）（练市镇） | 衣裳街历史文化街区、小西街、状元街 | 钱山漾遗址 | 南浔区荻港村（6）〖1〗[4]、吴兴区义皋村〖3〗、南浔区港胡-新兴港村〖4〗（吴兴区潞村） |
| 杭州 | 杭州（1） | 塘栖镇[1]、衙前镇[1]、余杭街道【1】、西兴街道【2】 | 清河坊[5]、中山中路[5]、小营巷[5]、西兴老街[5]、思鑫坊[5]、小河直街[5]、拱宸桥[5]、笕桥路[5]、泗水坊[5]、五柳巷[5]（仓前老街）（水北街）（大兜路历史街区） | 良渚古城遗址、吉如遗址、玉架山遗址、跨湖桥遗址 | — |
| 绍兴 | 绍兴（1） | 安昌镇（2）[1]【1】、东浦镇（3）[1]、柯桥街道[1]、丰惠镇[6]（上虞区驿亭镇）（柯桥街道钱清镇） | （八字桥历史街区）（鲁迅故里历史街区）（前后观巷历史街区）（越子城历史街区）（石门槛历史街区）（西小河历史街区）（西小河历史街区） | （曹娥江流域）小黄山遗址 | 越城区东浦村〖5〗（上虞区驿亭村） |
| 宁波 | 宁波（2）、余姚[1] | 慈城镇（2）[1]、临山镇[5]（丈亭镇） | 海曙区秀水街[5]、海曙区南塘河[5]、海曙区郁家巷[5]、海曙区月湖[5]、海曙区伏跗室[5]、江北区天主教堂外马路[5]、鼓楼公园路[6]、郡庙天封塔[6]、余姚武胜门[6]、余姚府前路[6]、余姚保庆路[6]、桐乡武庙街[6]、桐乡永宁街[6] | 河姆渡遗址、井头山遗址、田螺山遗址 | 江北区半浦村[5]、海曙区大西坝村[5]、镇海区十七房村〖6〗[6] |

来源：本研究结合国家、省有关部门发布的名录进行整理。在本表中，"括号+阿拉伯数字"表示相应批次的国家级历史文化名城名镇名村名录，如"杭州（1）"表示杭州是首批列入"国家历史文化名城名录"的城市。以此类推，"空心方头括号'〖〗'+阿拉伯数字"表示相应批次的中国传统村落名录。"方括号'[]'+阿拉伯数字"表示相应批次的浙江省历史文化名镇名村街区名录。"方头括号'【】'+阿拉伯数字"表示相应批次的浙江省千年古镇（古村落）地名文化遗产名录。括号内项目，如"（崇福镇）"，为本研究所建议增补的，只作参考，不纳入统计。

图4.7 新市镇

（来源：沈旭炜 摄，拍摄时间：2009.7.23）

图4.8 虞余运河驿亭村

（来源：沈旭炜 摄，拍摄时间：2021.8.19）

运河聚落文化遗产在某种程度上揭示了大运河情境中人地关系反映在空间上的演变规律，对于完整还原和充分解读大运河文化保护传承利用的概念内涵与共性特征具有一定的启示意义。目前，对于运河聚落文化遗产的理论研究尚分散于单点式的案例研究，从整体层面聚焦运河聚落文化遗产的空间地理、社会关系和产业经济等领域的研究尚待进一步深入观察和深度凝练。需要指出的是，在浙东运河沿线，至今尚有诸如西兴、衙前、驿亭等大量运河聚落单元，依然保存着较为完整的河道、建筑、水工设施遗存等风貌，及其运河居住生活、农业生产等环境（图4.7、图4.8）。如何让这些运河聚落"璞玉"始终以一种接近原生态的方式进入更多的社会视野中，将是未来研究可以重点倾斜的一个讨论方向。

## 三、非物质文化遗产

河流水文影响人类"择水而居"和水运交通，继而对非物质文化遗产在日常生活中的萌发、繁衍、交流与创新形成关键影响，使得非物质文化遗产在沿河方向上的分布体现出显著的亲水性特征[①]。除物质文化遗产外，大运河沿线还存在并流传着璀璨的非物质文化遗产"明珠"，文化典籍、民间故事、风土人情成为大运河的

---

① 陈慕琳，胡娟，邱小梅.湖北省非物质文化遗产空间分布的影响因素分析[J].华中师范大学学报（自然科学版），2019，53（3）：415-424.

宝贵文化财富[①]。

根据联合国教科文组织2003年第32届大会通过的《保护非物质文化遗产公约》中的定义，"非物质文化遗产指被各群体、团体、个人视为其文化遗产的各种实践、表演、表现形式、知识体系和技能，以及有关的工具、实物、工艺品和文化场所。各群体和团体随着所处环境、与自然界关系和历史条件的变化，使这种代代相传的非物质文化遗产不断得到创新，同时使他们自己具有一种认同感和历史感，从而促进文化的多样性，激发人类的创造力。"根据此定义，大运河非物质文化遗产指的是分布在大运河沿线区域范围内，且其形成、发展、传播、传承或演变与运河存在必然联系，受到运河本体或运河功能的直接或间接影响的非物质文化遗产[②]。根据相关统计，本书遴选了大运河（浙江段）具有代表性的非物质文化遗产（表4.5）。

大运河（浙江段）代表性非物质文化遗产　　　　　　　　　　　表4.5

| 遗产类别 | 遗产内容 |
|---|---|
| 传统技艺 | 黄酒酿制技艺、湖笔制作技艺、石桥建造技艺、含山轧蚕花、五芳斋粽子制作技艺、王星记制扇技艺、西湖龙井绿茶制作技艺、余杭清水丝棉制作技艺、张小泉剪刀锻造技艺、余杭纸伞制作技艺、乌篷船制作技艺 |
| 民俗 | 元宵钱王祭、余杭滚灯、运河元宵灯会、宁波妈祖信仰、嘉兴三塔踏白船、网船会、嘉兴端午习俗、鉴湖三月赛龙舟、南湖船拳、绍兴背纤号子、径山茶宴、水乡社戏 |

来源：本研究整理。

孙一升、郑学勇、潘益翔等（2023）提出历史声景资源的概念和"资源—场景—声音"的转译方法，指出大运河杭州段拥有运河戏曲、运河渔歌等丰富的历史声景资源，但未得到足够重视和充分利用。他们通过探讨大运河杭州段的声景观历史变迁过程及机制，整合历史声景资源，重现历史声音元素，为大运河国家文化公园增强历史文化底蕴等实践操作和相关领域研究打开了一个特殊视角[③]。

---

① 白硕.大运河沿岸非物质文化遗产现状、问题与对策[J].人口与社会，2018，34（6）：33-43.

② 言唱.大运河非物质文化遗产的活态保护与活化利用[J].海南师范大学学报：社会科学版，2020，33（3）：136-140.

③ 孙一升，郑学勇，潘益翔，等.大运河国家文化公园声景观历史变迁研究：以大运河杭州段为例[J].建筑与文化，2023（7）：233-235.

# 第三节 相关历史遗存

　　大运河文物遗存是大运河千年历史的真实印记，是大运河文化最重要的物质载体[1]。在大运河两岸分布着一些能够见证大运河历史发展进程、与运河经济和文化发展历史直接相关的不可移动文物，以及某些在地理关系上见证大运河沿线重大历史事件、重要历史人物活动、重要社会文化发展的历史遗存，它们并非一般意义上的运河遗产，而是运河历史进程的亲历者，可被称为运河相关历史遗存。据统计，大运河（浙江段）相关历史遗存共19项，包括古遗址2项，古建筑5项，石刻7项，近现代重要史迹及代表性建筑5项（表4.6）。

相关历史遗存 表4.6

| 遗产类别 | 遗产内容 |
|---|---|
| 古遗址 | 杭州塘栖镇乾隆行宫遗址、绍兴东湖石宕遗址 |
| 古建筑 | 杭州闸口白塔、杭州凤山水城门、湖州含山塔、宁波彭山塔、嘉兴三塔（图4.9） |
| 石刻 | 杭州塘栖乾隆御碑、嘉兴许村奉宪严禁盐枭扳害碑、嘉兴西水驿碑、嘉兴长安镇新老两坝示禁勒索碑（图4.10）、湖州旧馆颐塘碑亭、绍兴山会水则碑（图4.11）、宁波航运水利碑刻（含镇海澥浦老街奉宪勒石、庆安会馆天后宫碑记、天一阁碑林） |
| 近现代重要史迹及代表性建筑 | 杭州通益公纱厂旧址及高家花园、南浔丝业会馆及丝商建筑、嘉兴文生修道院和天主教堂、嘉兴汪胡桢旧居、宁波和丰纱厂旧址 |

来源：本研究整理。

---

[1] 高灿灿.大运河文化带建设视野的大运河济宁段文物遗存内涵和价值研究[J].中国民族博览，2021（20）：211-213，216.

THE THREE PAGODAS AT KASHING, ON THE GRAND CANAL　Photograph by Charles H. Keogh

Construction of this noted waterway, running from Hangchow to Tientsin is supposed to have been begun in 486 B. C. For centuries it was used to transport tribute rice to Peking. It is crossed by many beautiful stone bridges and lined with pagodas and memorial arches. The sails of the Grand Canal junks have been aptly described as "one-fourth matting, one-fourth holes, and one-half miscellaneous material."

图4.9　1926年美国出版的以嘉兴三塔作封面的《国家地理》杂志

图4.10　嘉兴长安镇新老两坝示禁勒索碑
（来源：沈旭炜 摄，拍摄时间：2020.10.21）

图4.11　绍兴山会水则碑
（来源：沈旭炜 摄，拍摄时间：2023.9.5）

## 第四节　文化旅游资源

　　文化旅游资源的挖掘、梳理与开发，是大运河彰显生命力和持续吸引力的关键。对大运河沿线文化资源和旅游资源进行整合，构建水路交通、历史遗产、生态景观、休闲游憩等"多廊合一"的大运河文化带，同样是大运河（浙江段）空间格局的主轴所在和重心所倚。

## ▰ 一、分类框架的优化

分类就是要掌握个性和共性[①]。文化旅游资源的科学分类与价值评估，是支持文化旅游精品开发的基础依据，应予以高度关注[②]。人们对文化旅游资源的理解普遍存在着一个循序渐进的过程。首先被重视的是具有历史文化价值的文物、遗产遗迹等，然后人们逐步认识到文化旅游资源还包括很多活动性资源[③]。在实践中，因研究主体、使用目的或出发点不同，对文化旅游资源的分类方法不尽相同。荷兰学者威尔·蒙斯特（Wil Munsters）结合当地特色，提出了一个文化旅游资源的一般性分类方法[④]，将文化旅游资源划分为静态、动态两个基本大类。这一框架的分类引用频率较高，但在实际操作过程中，依然部分存在概念不准确、层次不清、细分覆盖面不足等问题，需要对其进行一个本土化的优化过程。在蒙斯特框架的基础上，本书结合相关研究和行业实践对分类框架作出适当的合并、精简、调整、补充，形成文化旅游资源分类体系，主要有以下几点：

（1）将文物古迹中的"城堡和宫殿"这一欧洲特有的建筑形态优化，并更改为宫殿建筑。

（2）在博物馆分类中，原框架博物馆类下只有"民俗文化博物馆""艺术博物馆"两个子类，由于博物馆行业发展迅猛，该分类显然已经不能完全覆盖我国博物馆今日丰富之形态。因此，按照周庆明（2018）的观点[⑤]，本书将原框架中的博物馆两个子类调整为综合博物馆、专题博物馆、特色博物馆三类。

（3）在主题公园分类中，原有历史文化公园、考古类主题公园、建筑公园三种形态只有考古类主题公园能够在国内找到相应形态，而且对于旅游景区（景点）、

① 费孝通.民族社会学调查的尝试[J].中央民族学院学报，1982（2）：3-10.

② 许春晓，胡婷.文化旅游资源分类赋权价值评估模型与实测[J].旅游科学，2017，31（1）：44-56.

③ 戴代新.我国文化旅游资源保护与利用的误区及对策：以宜宾市僰文化旅游开发研究为例[J].同济大学学报（社会科学版），2010，21（1）：46-51，78.

④ Munsters W.Cultural Tourism in Belgium[A]//Richards G.Cultural Tourism in Europe[C]. CAB International，Wallingford，UK，1996：136-137.

⑤ 周庆明.民办博物馆与中国博物馆的多元时代[A]//陕西省海峡两岸交流促进会，陕西省博物馆协会.第五届民办博物馆发展西安论坛论文集[C].西安：第五届民办博物馆发展西安论坛，2018：188-193.

旅游度假区、文化场所、旅游乡村等我国特有的国土空间单元缺乏考察。因此，本书以文化旅游接待单元替代主题公园，并将主题公园降维至小类中，删除原有建筑公园、历史文化公园两类，保留考古类主题公园，新增旅游景区（景点）、旅游度假区、生态型公园（含森林、湿地、湖泊等）、旅游特色小镇、旅游乡村等小类。

（4）删除原框架中的"节事和吸引物"亚类及"开放纪念日"小类。

## 二、运河文化旅游资源梳理

大运河（浙江段）文化底蕴深厚，文化旅游资源赋存丰富，具有得天独厚的文化旅游发展基础。在上述分类框架优化的基础上，本书对浙江大运河主航道沿线范围内的主要文化旅游资源单体进行了梳理（表4.7）。

大运河（浙江段）文化旅游资源　　　　　　　　　　表4.7

| 大类 | 亚类 | 小类 | 主要单体名称 |
|---|---|---|---|
| 吸引物 | 文物古迹 | 宗教建筑 | 杭州香积寺、张大仙庙、凤凰寺，江干清真寺，萧山竹林寺、东岳庙、余杭塘栖水南庙、五杭禹皇禅寺，嘉兴长虹古寺（一宿庵）、血印禅寺、精严讲寺，湖州南浔广惠宫，绍兴云栖寺，宁波庆安会馆、江北天主堂等 |
| | | 公共建筑 | 嘉兴长虹桥、三塔，杭州拱宸桥、广济桥，绍兴八字桥等 |
| | | 历史建筑 | 杭州高家花园、洋关、富义仓、中心集施茶材会旧址，大兜路历史街区、桥西历史街区、小河直街历史街区，湖州南浔张石铭故居、刘氏梯号、小莲庄、嘉业堂、文园、张静江故居，绍兴八字桥历史街区，嘉兴月河历史街区等 |
| | | 宫殿建筑 | 杭州南宋皇城遗址等 |
| | | 公园和园林 | 杭州青莎公园、LOFT公园、浙窑公园等，嘉兴人民公园、范蠡湖公园，宁波绿岛公园、永丰公园、新三江口公园，绍兴蕺山公园、瓜渚湖公园等 |
| | | 防御工程 | 杭州凤山水城门等 |
| | | 考古遗址 | 杭州西兴永兴闸遗址，嘉兴杉青闸遗址、长安闸遗址、茶禅寺遗址等 |
| | | 工业考古建筑 | 杭州大河造船厂、通益公纱厂、国家厂丝仓库、杭州钢铁厂、宁波和丰纱厂等 |
| | 博物馆 | 综合博物馆 | 浙江省博物馆、绍兴博物馆等 |
| | | 专题博物馆 | 浙江自然博物馆，浙江科技馆，中国京杭大运河博物馆，杭州工艺美术博物馆群，嘉兴南湖革命纪念馆，绍兴浙东运河博物馆（图4.12）、绍兴黄酒博物馆，宁波帮博物馆等 |
| | | 特色博物馆 | 杭州运河谷仓博物馆、西兴过塘行码头专题陈列馆，嘉兴粽子文化博物馆，绍兴浙东运河古纤道遗产展示馆、柯岩船文化馆，宁波浙东海事民俗博物馆等 |

续表

| 大类 | 亚类 | 小类 | 主要单体名称 |
|---|---|---|---|
| 吸引物 | 线路 | 文化—历史线路 | 浙东唐诗之路等 |
| | | 艺术线路 | 杭州运河走运徒步线等 |
| | 文化旅游接待单元 | 主题公园 | 杭州乐园、绍兴东方山水乐园等 |
| | | 考古类主题公园 | 杭州良渚遗址公园、宁波河姆渡遗址等 |
| | | 旅游景区（景点） | 湖州南浔古镇（5A），杭州京杭大运河·杭州景区（4A）、塘栖古镇（4A）、皋亭山风景区（4A），嘉兴南湖景区（5A）、乌镇景区（5A），绍兴东湖景区（4A）、柯岩风景区（4A）、迎恩门风情水街，宁波老外滩景区（4A）等 |
| | | 旅游度假区 | 湖州太湖国家级旅游度假区、南浔古镇省级旅游度假区，嘉兴运河文化省级旅游度假区、乌镇—石门省级旅游度假区，绍兴鉴湖省级旅游度假区等 |
| | | 旅游乡村 | 嘉兴乌村等 |
| | | 文化场所 | 浙江省展览馆、运河文化广场、西湖文化广场、武林广场，嘉兴望吴门广场，宁波大剧院、宁波图书馆、钱业会馆、江北区文化中心等 |
| 节事活动 | 文化历史节事 | 宗教节日 | 道教中元节，基督教圣诞节等 |
| | | 世俗节日 | 元宵节、清明节、端午节、中元节、七夕节、中秋节等 |
| | | 民间节日 | 杭州正月初五拜财神，杭州运河婚典等 |
| | 艺术节事 | 艺术展演 | 杭州小热昏表演等 |
| | | 艺术节日 | 杭州大运河国际诗歌节、杭州大运河文化节、杭州走运大会、杭州中国大运河庙会等 |

来源：本研究整理。

**图4.12　绍兴浙东运河文化园（左图）和园区内的浙东运河博物馆（右图）**

（来源：沈旭炜 摄，拍摄时间：2023.9.5）

# 第五节　现状调研分析

作为具有2500多年历史的活态遗产，中国大运河地理空间跨度大，延续使用时间长，文化遗产资源多，经济发展基础好，是中华民族繁荣兴盛的历史见证。同时，大运河保护传承利用具有高度特殊性与复杂性，是一项巨大的系统性工程。长期以来，大运河系统性、全方位的遗产保护依然不足，展示和阐释大运河所承载的中华优秀传统文化的深度依然不够，全球范围内的影响力和吸引力依然有限，围绕大运河实体的空间管控、环境保护、产业发展、城乡建设、体制机制等工作依然有待完善，以文化为引领推动区域高质量发展任务仍然艰巨。作为"流淌着的活着的世界遗产"，大运河文化保护传承利用面临巨大压力。

为进一步了解和掌握浙江大运河文化带建设现状，课题组于2019—2023年，先后对宁波、绍兴、湖州、嘉兴等地相关部门开展座谈交流与走访调研，结合日常遗产安全监测与工作巡查，对大运河（浙江段）保护利用现状进行了现场调研（图4.13），对各个遗产点段详细的介绍进行整理，具体参见附录。

（a）宁波庆安会馆（2020.6.23）　　　　（b）湖州南浔古镇（2020.11.12）

**图4.13　课题组调研大运河（浙江段）**

（来源：课题组成员　摄）

## ◤ 一、监测保护均衡不一

根据国家文物局统筹安排与相关要求,大运河(浙江段)各城市结合自身特点,进一步强化大运河世界文化遗产的保护传承利用工作,主要包括完善保护管理机制,推进机构建设,完善监测管理机构;加强法治建设,制定专项保护管理办法;落实协商管理机制,完善多部门保护管理长效机制;编制专项保护管理规划及本体维修、环境整治与展示利用等设计方案,实施妥善保护管理;设立世界遗产标志,明确遗产区及缓冲区保护范围等。

目前,浙江省本级和各大运河沿线城市均已经明确各自的遗产保护管理机构,大运河监测机构的具体设置在各个遗产城市存在一定的差异,在专业人员编制配置上也存在不平衡的情况。省本级和各遗产城市目前均已经确定各自的大运河世界遗产保护监测机构,杭州设置了专职管理监测机构,嘉兴、南浔则设置了兼职的管理监测机构,绍兴和宁波则未明确管理监测机构,由文物考古部门兼职负责协调大运河世界遗产的保护与日常监测工作。除杭州保护管理人员配备专职外,其他城市专职于大运河世界遗产保护的专业技术人员在数量上显得相对紧张(表4.8)[①]。

大运河(浙江段)运河遗产地保护管理机构和监测机构概况　表4.8

| 地区 | 保护管理部门 | 保护监测机构(部门) | 监测机构类型 | 监测机构编制数量(个) |
|---|---|---|---|---|
| 省本级 | 浙江省文物局 | 浙江省文物考古研究所(浙江省世界文化遗产监测中心) | 兼职 | 63 |
| 杭州 | 杭州市园林文物局[杭州市京杭大运河(杭州段)综合保护委员会] | 杭州市京杭运河(杭州段)综合保护中心 | 专职 | 25 |
| 湖州(南浔) | 南浔古镇管理委员会 | 湖州市南浔区文物保护管理所 | 兼职 | 5 |
| 嘉兴 | 嘉兴市文物保护所 | 大运河嘉兴段遗产监测中心 | 兼职 | 5 |
| 绍兴 | 绍兴市文化广电旅游局(绍兴市文物局) | 绍兴市文化广电旅游局(绍兴市文物局)文物处 | 兼职 | 5 |
| 宁波 | 大运河(宁波段)遗产保护管理委员会 | 宁波市文物保护管理所 | 兼职 | 5 |

来源:本研究整理。

―――――――――

[①] 浙江省文物考古研究所(浙江省世界文化遗产监测中心).大运河(浙江段)文化遗产保护修复工程研究报告[R].2017-7.

## ■ 二、遗产保护压力不小

与一般的单体文物相比，大运河及沿线的文物不论是在遗产类型上还是遗产规模上都是非常多元和庞杂的。正因其文物类型、级别、年代的错综复杂和巨大差异，导致其保存状况也千差万别。"重申报，轻保护"是大运河文物保护面临的一大问题。在运河申遗期间开展的部分文物保护工作在申遗成功后并未进一步做好维护，导致文物遗产的生存状况出现一定程度的恶化。此外，大运河涉及产权单位和管理部门众多，部门多头管理造成效率不高，相关法律、法规、标准体系尚不健全；频繁上马的建设项目影响文化遗产保护等现象较为普遍；投入保障有待强化，文化遗产保护投入保障机制有待进一步完善。

### （一）遗产景观保护

国家文物局指导各遗产组成部门按照《大运河环境景观保护与协调导则（草案）》，对大运河遗产景观保护的空间格局和高度轮廓进行保护，严格控制可能涉及大运河的各类建设活动，确保大运河突出普遍价值、真实性、完整性得到妥善保护。真实性问题主要归因于遗产资源物质起源的或本质的以及其随着时间而发生的变老、变化，容易遭受来自历史阶层破坏、现代元素替换以及新元素介入等威胁（王元、艾冬梅，2010）[①]。从实际工作情况来看，大运河（浙江段）全线遗产景观视锥缺少相关文件明确的确认，需要在未来的规划修编中完善。

此外，部分郊野段的景观控制堪忧，尤其是靠近中心城市或城镇的区段，由于城镇化的扩张和美丽乡村建设在操作层面对于标准的把握不一，大运河郊野段的历史遗产景观处于逐步被破坏或蚕食的威胁中。如课题组在调研萧绍运河某路段时，发现当地相关部门在推进美丽乡村建设对东关纤道及驳岸码头进行整治改造时，缺少对运河历史遗产原真性和完整性的充分考量，使用现代性痕迹较重的青石板和石柱护栏等材料对古运河驳岸进行城市景观式的铺装，与古纤道的衔接较为生硬（图4.14）。在古运河边类似的改造整治项目依然可见可闻，具体采取建筑材料进行整治维修只是问题表象，从中深层次折射的是相关部门和部分操作人员在对待古运河

---

① 王元，艾冬梅. 从中国大运河历史看大运河遗产突出的普遍价值[J]. 中国名城，2010（9）：47-51.

**图4.14　萧绍运河某街道美丽乡村建设下驳岸与古纤道的生硬衔接**

（来源：沈旭炜 摄，拍摄时间：2021.8.19）

文化遗产和乡村性文化时敬畏意识、尊重态度和专业知识的缺位甚至缺乏。同时，这也反映出在大运河文化保护传承利用协同治理机制的建立健全和有效落实推进上，依然任重道远。

在课题组调研过程中，根据当地工作人员反映，如果要推动大运河跨行政区划的保护利用，作为地方上的基层单位缺少足够的协调能力和配套资金。如果要局部性推进保护利用，很大程度上会陷入"有一段（资金）造一段"的局面，进而影响大运河整体风貌的协调性。尤其在一些原本经济条件基础就相对较好、人口集聚较大的河段，大运河保护利用实际工作推动起来更为困难。这从规划管理、资金配套等视角鲜明反映和刻画了影响大运河遗产景观整体风貌的原真生态。

## （二）建设项目管控

打造大运河文化带要坚持共抓大保护、不搞大开发的理念，省、市层面出台的地方条例对大运河遗产核心区的开发强度作出了严格的硬性规定。中共中央办公厅、国务院办公厅出台的《大运河文化保护传承利用规划纲要》和浙江省出台的《浙江省大运河文化保护传承利用实施规划》同时规定，京杭大运河和浙东运河主河道两岸2km范围为核心监控区，要严格保护自然生态和传统历史景观风貌，实行负面清单准入管理。

当前，大运河（浙江段）流经区域项目开发建设与大运河保护之间的矛盾依然比较突出。大运河两岸历史文化沉淀虽然深厚，但是与社会整体面上的文化自觉依然不成比例，部分河段依然存在以保护之名、行开发之实的现象，城市建设开发项目在某种程度上容易对大运河世界遗产及两岸的历史环境景观的保护构成较大的威胁。由于存在各部门的利益平衡问题，各级保护规划要求中的控制要求实现依然存在一定困难。文物部门与建设部门在各类遗产保护工作中已经磨合多年，仍然存在很多现实的权力分割问题[①]。一些涉及大运河遗产区和缓冲区的建设项目，由于缺少事前沟通，在项目实施开始后被动面对遗产被破坏、工程受影响的两难局面。譬如在浙东运河某区段的拆村建屋中，紧挨着河岸线拔地而起的高层住宅，与狭窄的古运河道形成明显的反差，也严重挤占了滨水公共空间的开放性和连续性，对大运河世界文化遗产保护管理造成负面影响（图4.15）。又譬如，某地区规划原为传统的工业、储运、码头和郊野村庄，后根据规划，该地区运河两岸土地利用性质调整

**图4.15　浙东运河沿岸的高层建筑**

（来源：曹岚 摄，拍摄时间：2021.3.3）

---

① 姚迪.巨系统文化遗产保护的探究及现实困境的思索：以大运河保护规划为例[J].城市规划，2010，34（1）：48-51.

转化，核心区块部分定位为文化设施用地，部分调整为高容积率的安置房、商品房等住宅类地产项目和商业综合体项目（图4.16）。譬如，课题组在调研过程中得知，大运河有20多公里穿越某市区，相关建设项目数量多且开工频繁。2019年体制改革后，该市规划部门管理归口由城乡建设委员会调整至规划和自然资源局，但涉及具体运河类相关建设项目的审批和管理程序尚未到位，依然以部门会议的形式替代审批程序。在例行规划审批时，规划管理部门会主动以审查会的形式征求文物部门意见，造成文物部门"一天平均五个会"的工作节奏。上述调研案例均说明，在大运河文化保护传承利用实践工作中，亟须在地市级乃至省级层面建立大运河世界文化遗产管控常态化协调机制。

**图4.16　运河沿岸的房地产项目建设**
（来源：曹岚 摄，拍摄时间：2021.4.28）

## ◤ 三、文旅融合深度不足

党的二十大报告提出，要坚持以文塑旅、以旅彰文，推进文化和旅游深度融合发展，文旅深度融合迈上一个崭新台阶。2022年11月，浙江省人民政府在第一时间印发《浙江省人民政府关于推进文化和旅游产业深度融合高质量发展的实施意见》，对全省文旅深度融合作出整体部署。大运河文化带的一个主要打造重心是，立足大运河沿线资源分布、规划功能和发展水平等实际情况，以文化和旅游产业为优先发展，全面梳理基本情况并解决资源环境、生态空间、合作机制等方面的系统性问题[①]。

大运河（浙江段）点多、线长、面广，具有流动的活态特点，同时也给大运河文化和旅游的深度融合带来了一定难度。大运河沿岸文化旅游资源众多，类型丰富，但线性分布在钱塘江南北两岸的5座城市，分属不同地区、不同部门、不同行业管辖。各城市、各资源点之间缺少日常维系沟通，规划之间缺少衔接。即使在同一个城市，因为管理部门众多，运河文化旅游深度融合也较为缺少整体协调意识和主动工作的积极性。如文物部门更多侧重从遗产保护的视角考虑运河文化旅游资源的保护，对于市场需求的系统性思考可能会偏弱。城市建设和旅游经营主体则更多专注物业最大化持有和经营指标考核，对运河历史文化的深入研究和活化转化可能力不从心。大运河的旅游缺少文化的足够浸润与持久支撑，文化和旅游深度融合有待破局。

就文旅深度融合的具体形式而言，类型单一、低层次、同质化开发，体验性、互动性、科技感不够等问题依然存在。以运河为主题的部分文化旅游项目显得简单粗放、形式单一，实质内容与运河文化关联度不高。运河所承载的中华优秀传统文化、非物质文化遗产的展示与传播效果一般，文旅融合深度与广度上均显不足。数字技术、文化创意、高科技元素在运河主题的文化旅游产品中应用不足，产业链纵向延伸不充分，运河旅游中的文化含金量不高。重硬件建设、轻软件提升的现象比较突出，传统文化资源与旅游体验结合不深，产业化能力较弱。参与运河旅游发展的优秀文化品牌不多，市场化运营的参与积极性和主动性不够，文化与旅游融合发展的速度和规模在很大程度上受到限制。运河旅游产品、工艺品、艺术作品表演等转化为文化产品的能力有限，缺乏具有竞争力及市场影响力的文旅深度融合精品。同时大运河文化旅游品牌体系、营销推广体系尚未建立，文化旅游影响力和吸引力远不能与世界级文化遗产相称。

博物馆，是文物的保存者和历史的记录者，是文化的"存储卡"和历史的"解码器"[②]。习近平总书记指出，一个博物馆就是一所大学校。要把凝结着中华民族传

---

① 孙久文，易淑昶.大运河文化带建设与中国区域空间格局重塑[J].南京社会科学，2019（1）：11-16，33.

② 罗建华.推动文物活化利用 传承弘扬中华文明[EB/OL].[2022-7-10].金羊网，http://sp.ycwb.com/2022-07/10/content_40907234.htm.

统文化的文物保护好、管理好，同时加强研究和利用，让历史说话，让文物说话。在大运河（浙江段）沿线，分布有大量的博物馆（类博物馆）建设项目，如中国京杭大运河博物院（在建）、绍兴浙东运河博物馆（2023年）、宁波河海博物馆（在建）、宁波塘河文化展示馆（2023年）。优秀的博物馆项目不仅是建筑本体，更需要有价值、高品质的藏品和展陈。前一阶段全国各地博物馆建设热已出现建筑堂皇、藏品不足的问题，在浙江大运河文化带建设过程中也有着同样的隐患。因此，大运河文化保护传承利用"四梁八柱"规划体系之一的《大运河文化和旅游融合发展规划》提出，要紧扣高质量发展主题，引导大运河文旅融合从自由生长走向规范发展，从各自为政走向协调发展，从同质化竞争走向创新发展。这为从博物馆的突破口推动大运河文化旅游深度融合发展提供了方向。

## 四、协调合作力度不强

大运河是大型活态线性文化遗产，至今依然承担着航运、泄洪、灌溉、生态、旅游、休闲等功能。大运河文化保护传承利用工作以遗产保护为基础，涉及建设、规划、文化、交通、水利、农业等多个部门。由于大运河文化统筹兼有保护、传承、利用三重目标，因而其运行与实践主体势必是多元复合的，政府、社会组织、个人参与其中的角色各不相同[1]，总体上呈横向多部门联合、纵向分层级委托的管理模式[2]。

从具体情况看，大运河"九龙治水""各自为政""各自为战"的局面依然存在，保护主体、管理主体、开发主体和使用主体彼此联动较弱，大运河（浙江段）的实际建设工作分散在不同属地、不同部门、不同领域。如物质文化遗产保护归属于文物部门负责，非物质文化遗产保护则归口于文化和旅游部门，河道、水工设施保护及防洪等归属于水利部门，航道安全和船舶管理则归属于交通运输部门，水质污染控制与生态监测则归口于环保部门，国土空间规划和利用则归属于规划与自然资源部门。大运河流经省、市、区不同属地，与属地政府又存在一定的利益均衡问

① 吕梦倩.大运河（浙江）文化带建设研究[J].中国工程咨询，2017（11）：29-30.
② 付琳，曹磊，霍艳虹.世界遗产运河保护管理中的公众参与研究[J].广东工业大学学报（社会科学版），2021（8）：53-58，65.

题。这些部门之间的协调机制能否建立，建立到何种程度，牵头部门确定为谁，直接关系到大运河文化保护传承利用的实际成效，也决定了大运河保护的未来目标与方向①。如果缺乏明确的或对称的统筹协调机制，往往容易导致部门间沟通不流畅、执行不高效、落地不到位等问题出现。根据课题组调研，有负责人在论及大运河部门协调时提到，一方面，为了解决"多头部门多头管"的问题，县里面从各个部门抽调骨干人员成立了大运河文化带建设专班，但因为机构的特殊性，在与其他地方部门进行业务对接和调研联系时，往往很难找到直接对口的相应部门。另一方面，由于编制管理趋严，成立的专班也属于临时机构性质，负责相关业务工作的协调而缺少实质性的管辖权，在实际工作中增加了协调工作量和管理难度。"一条河有多少部门在管理，文化和文物我们是管牢的，这个红线是多少就是多少。现在河道'四改三'，交通运输部门有审批权限，他们说不能做就是不能做。这里又是洪水排放区，水利部门要管牢。包括大运河这片又是大量的永农，规划与自然资源部门、农业部门这么多单位，当然最主要还是发展改革部门立项的问题。所以，真的是很难管理。"

要解决"九龙治水"的难题，便需要高层级的统筹协调机制。《浙江省大运河世界文化遗产保护条例》第四条规定，省和相关设区的市、县（市、区）人民政府负责本行政区域内大运河遗产保护工作，建立健全保护综合协调机制。《浙江省大运河文化保护传承利用实施规划》提出强化组织保障，建立省级工作协调机制。在实际工作中，由于大运河文化带和大运河国家文化公园的建设是跨区域、跨部门、跨行业的一项大型综合性文化战略，不仅要建立灵活的运作机制，更需要建立常态化的统一体制，才能从根本上起到"压舱石"的作用。

## ◥ 五、公众保护意识不够

### （一）文物破坏现象依然存在

全社会对于大运河作为世界遗产的认识依然不到位，保护工作没有引起足够的应有重视。大运河作为航运水道，一直由各地水运或交通运输部门分段管理，管理

---

① 姚迪.巨系统文化遗产保护的探究及现实困境的思索：以大运河保护规划为例[J].城市规划，2010，34（1）：48-51.

人员和工程技术人员一般对大运河历史文化不甚了解，对大运河的文化综合价值更无从知晓，更存在法人违法、非文物部门以外的文保意识不强等问题，严重影响地区经济的发展。浙江大学人文学院"运河文化与城市发展研究"课题组在2001年的调研中曾指出，杭州运河文化建设存在诸多问题：由于人文历史学者的前期研究成果和考古部门的调查报告中的中肯建议未被采纳，导致现有运河沿岸绝大多数历史建筑被拆除；历史整体风貌在近十年内消失，现有的运河历史文化载体（如河驳、河堤、河埠、河坝、河桥等）正在遭到毁灭性的建设更新；运河沿岸城市化迅速、运河两岸的房地产业使原有景观被蚕食严重[①]。时至今日，有的地区将大运河文化带建设简单理解为文化部门、文物部门的事情，其他部门参与热情和参与度不高。有的地区政府部门对大运河文化带建设积极性高，但未能有效发动企业、社会组织和广大群众参与到大运河文化带建设中。有的地区具有争先进位的魄力，但缺乏与其他运河城市共建共享的胸襟[②]。大运河主河道沿线各地对大运河的保护意识较弱，很多人并不认为大运河也是历史文化遗产，尽管有关专家学者不断呼吁，改道拆毁以及毁旧建新等现象仍然时有发生。

### （二）公众参与意识弱

大运河成功申遗至今已多年，但是依然有一定比例的社会公众对大运河的遗产和文化价值认识不够。课题组在日常实践工作中曾参与浙东运河（萧山段）的破坏纤道、挖断驳坎等文物执法案件，在问询时一些违法单位经常辩解，"这支家门口的官河，何时变成了文物"，文物保护意识之薄弱可见一斑。2023年7月，课题组成员曾在浙江外国语学院旅游管理、中国语言文学等大一班级中组织的一次关于文化遗产保护志愿服务的随堂问卷调研中（$N=187$），问及浙江的世界文化遗产数量时，只有44.39%的样本准确勾选了备选项（3项）；问及浙江的世界自然遗产数量时，只有21.39%的样本准确勾选了备选项（1项）；87.7%的样本群体未曾有过与文化遗产保护相关的志愿服务经历。从以上不难发现，即使在学习认识能力相对较高的大学生群体中，有关世界文化遗产的一些基本认知以及通过志愿服务接触文化

---

① 阙维民.浙江大学人文学院积极参与杭州运河文化建设呼吁抢救运河杭州段的历史文化风貌[J].浙江大学学报（人文社会科学版），2002，32（2）：138.

② 黄杰.强化大运河文化带建设系统性整体性协同性[J].群众，2018（10）：33-34.

遗产的实际占比情况并不乐观，也折射出整体社会面对文化遗产保护公众参与程度不高的现状特征。因此，加强宣传引导，提高社会公众参与度，打造共建共享共治的参与平台，成为浙江大运河文化带未来亟待建设的重要内容之一。

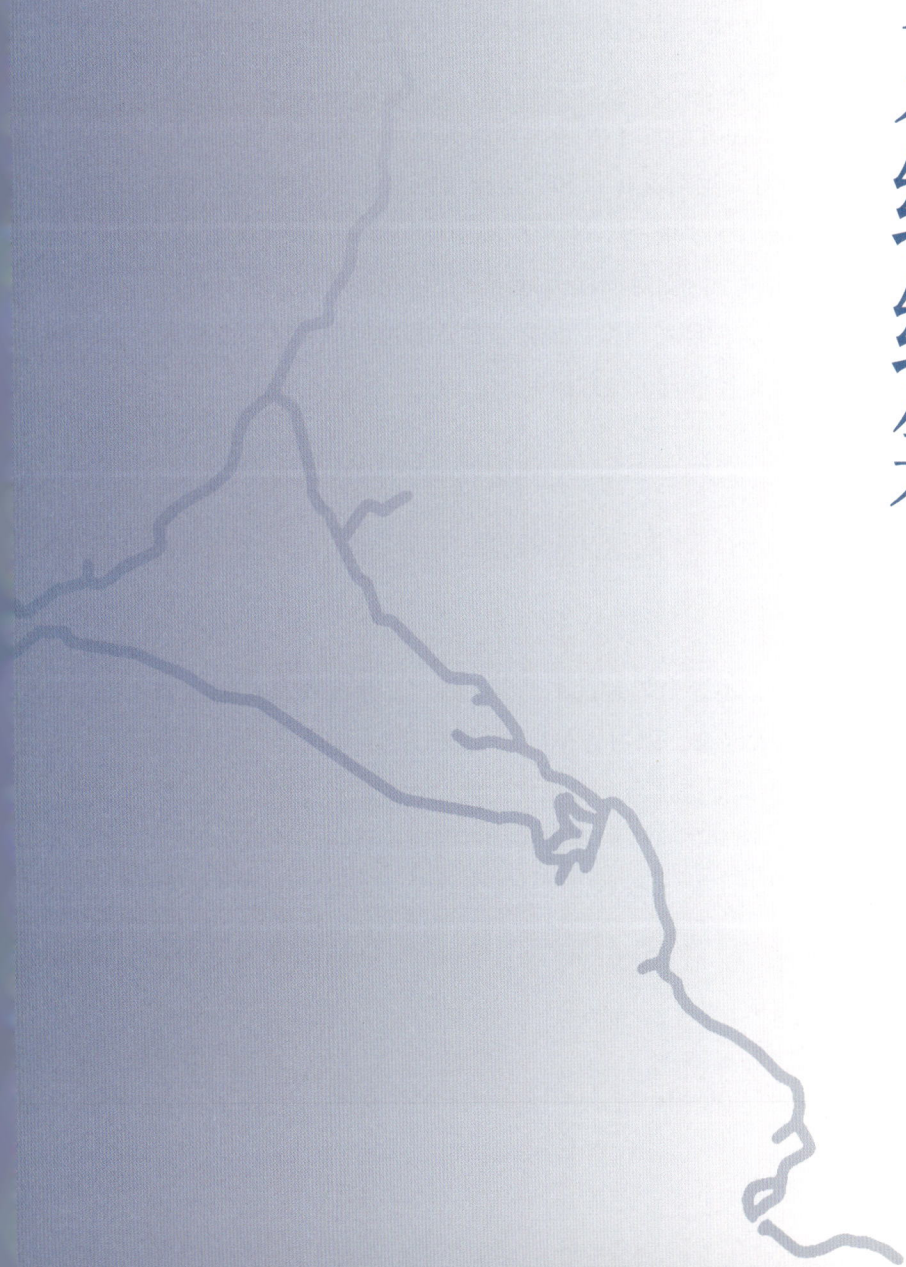

第五章

系统统筹

沿海、沿江、沿河建设文化带，是世界文化发展的一个普遍趋势[①]。打造大运河文化带，是我国第一个依托面带状空间的以中华传统优秀文化转化与创新为主要导向的国家战略。大运河的开凿，不仅打破地理空间与文化圈层的壁障，促进运河系统内部各个要素的相互运动及其与外部系统的交流交换，活化历史资源，促成一个系统的、复杂的、协同的、动态的有机整体。习近平总书记于2017年作出重要指示，大运河是祖先留给我们的宝贵遗产，是流动的文化，要统筹保护好、传承好、利用好。特别强调"统筹"二字，揭示了大运河文化带建设系统性的同时，也昭示了实际建设过程中的工作复杂性。"统筹"意味着从大运河文化带的资源配置到顶层设计，从战略规划到战略实施，都应该将其视作一个系统工程和整体目标去研究和打造。浙江大运河文化带建设要心怀"国之大者"，打造大国"之"河。本章通过系统理论的概念学习，提出并研究了大运河开放的复杂巨系统的内涵特征及其空间结构，并从宏观层面对大运河文化带和大运河国家文化公园的统筹协调机制、顶层设计和项目支持进行了梳理阐释，重点剖析了杭州模式；从空间范围、战略定位、规划格局和保护区划4个层面对浙江大运河文化带建设的顶层设计进行了解读。最后根据相关规划文件，按照遗产保护地带、重点管控地带和优化发展地带3个层面对大运河遗产的空间管控进行了梳理研究。

## 第一节　大运河系统

"不谋万世者，不足谋一时；不谋全局者，不足谋一域。"（清·陈澹然《寤言》·卷二《迁都建藩议》）党的十八大以来，以习近平同志为核心的党中央坚持运用系统观念和系统方法全面统筹、协调推进社会主义现代化建设各方面各领域工作，形成了一个系统全面、逻辑严密、内涵丰富、内在统一的科学理论体系。这既为运用系统方法提出了新要求，也为坚持系统观念奠定了坚实基础[②]。习近平总书记关于

① 张航."共建共治共享"视角下江苏省大运河文化带治理创新的困境与对策[J].南京邮电大学学报（社会科学版），2018，20（4）：47-55.
② 刘军.系统观念是具有基础性的思想和工作方法[N].人民日报，2022-5-23.

系统思维的重要论述，也有利于帮助政府管理部门、文物保护机构、建设开发主体和理论研究工作者从系统思维的视角切入与扩散与大运河文化带建设的相关工作，以更好发挥系统观理论对大运河文化带建设实践工作的全局指导作用。在大运河文化带打造和大运河国家文化公园建设过程中，唯有切实坚持系统观念、运用系统方法，深刻认识大运河实践中错综复杂的新矛盾、新挑战、新机遇，将坚持系统思维作为统筹大运河文化保护传承利用需要牢牢把握的主脉络，综合平衡、统筹兼顾、科学施策，加强前瞻性思考、全局性谋划、战略性布局、整体性推进，才能不断增强大运河文化带高质量建设工作的系统性、预见性和创造性，才能有效打开工作局面。

## 一、系统的定义与应用

系统是由相互作用和相互依赖的若干组成部分结合形成的具有特定功能的有机整体[①]。系统观念是一种建立在辩证唯物主义和现代科学发展基础上的重要的哲学范式，既体现唯物辩证法关于联系、整体、发展的观点，又体现系统论关于结构、功能、要素、开放性的理念。开放的复杂巨系统（Open Complex Giant System）是系统科学中的一个核心概念，最早由学者马宾发起研究，于20世纪80年代末得到我国系统工程和系统科学事业的开拓者和奠基者、著名科学家钱学森的总结与提炼[②]。根据组成系统的子系统数量和种类的多少以及它们之间关联系统的复杂程度，钱学森将系统分为简单系统和巨系统两大类。在巨系统中又分为简单巨系统和复杂巨系统。若子系统数量非常大（如成千上万、上百亿、万亿），子系统种类很多并且有许多层次结构，各层次结构之间关联关系又很复杂，高度非线性，这个整体系统又与外界有能量、信息或物质的交换，则可以称之为开放的复杂巨系统[③]。

开放的复杂巨系统普遍存在于自然界、人自身以及人类社会之中，典型如人脑系统、生物体系统、地理系统、宇宙星系系统等。层次结构是开放的复杂巨系统的

---

① 钱学敏.钱学森关于复杂系统与大成智慧的理论[J].西安交通大学学报（社会科学版），2004，24（4）：51-57.

② 赵生才.开放的复杂巨系统的理论与实践[J].科技政策与发展战略，1997（9）：1-6.

③ 钱学森，于景元，戴汝为.一个科学新领域：开放的复杂巨系统及其方法论[J].自然杂志，1990（1）：3-10，64.

重要特征之一①。钱学森所构建的开放的复杂巨系统理论为复杂性科学研究提供了重要的系统理论②。该概念一经推出，便被社会各界广泛接受并应用于社会各个领域。就本书而言，大运河符合钱学森所提出的"开放的复杂巨系统"的特征定义③。上述系统思维及其研究方法，与本书具有较高的理论适切性，为大运河开放的复杂巨系统的后续研究提供了一个新的索引方向。

## 二、大运河开放的复杂巨系统

大运河是一个开放的复杂巨系统，具有多要素、长时序、多尺度等特征，可以从整体层面和子系统层面进行解构。

### （一）整体层面

从整体层面而言，大运河文化属于一种跨水系、跨地区的区域性文化系统，动态开放性是其典型特征，大运河文化带中的"大""运河""文化""带"等几个关键字都不同程度揭示了这一特征。建设大运河文化带，面对的是中国五千年来人类活动最活跃，人口分布最密切，生产生活最发达的区域，涉及多个领域、区域和部门，其复杂性和艰巨性也将是前所未有的④。因此，大运河文化带不是一次所谓的"打造"工程，更是一次科学严谨的文化实践，是一项庞大的、影响广泛而又意义深远的系统工程和文化强国战略⑤。

### （二）子系统层面

大运河在悠久的时空隧道中行进穿梭，孕育演变了河道水系、水利工程、生活习俗、物质遗存、生态景观、城乡社会等多个子系统。这些子系统的结构层次、组

---

① 于景元.钱学森关于开放的复杂巨系统的研究[J].系统工程理论与实践，1992（5）：8-12.

② 黄欣荣.钱学森系统思想及其在智能时代的意义[J].钱学森研究，2019（1）：38-56.

③ 姚迪.巨系统文化遗产保护的探究及现实困境的思索：以大运河保护规划为例[J].城市规划，2010，34（1）：48-51.

④ 王健，王明德，孙煜.大运河国家文化公园建设的理论与实践[J].江南大学学报（人文社会科学版），2019，18（5）：42-52.

⑤ 单霁翔.大型线性文化遗产保护初论：突破与压力[J].南方文物，2006（3）：2-5.

成要素及其功能兼具确定性与随机性、有序性与无序性等特征，总体上基本沿循一个由低级到高级、由简单到复杂的螺旋式交错上升的复杂轨迹在不断变化。从其相互关系看，这些子系统本身与周围其他子系统的不同层级、不同界面以不同方式相互影响并相互作用，无时无刻不在进行着物质、能量、信息等多种要素的交换。在这样的开放过程中，还有可能呈现出新特点、新机制、新功能、新层次和新质变，以致形成错综复杂的新系统。如秦宗财（2022）从载体、意义、产业、传播、制度五个维度将大运河国家文化公园的建设整体解构为制度规范系统1级子系统和人文生态系统、文化意义系统、文旅产业系统、文化传播系统4个2级子系统（图5.1）；并认为，对大运河的认知应该超越"仅仅停留在只是文化遗产"的传统观念，大运河也是"联结我国东部地区南北方地理的生态廊道，具有鲜明的自然生态系统和文化生态系统的自然与文化双遗产"[①]。

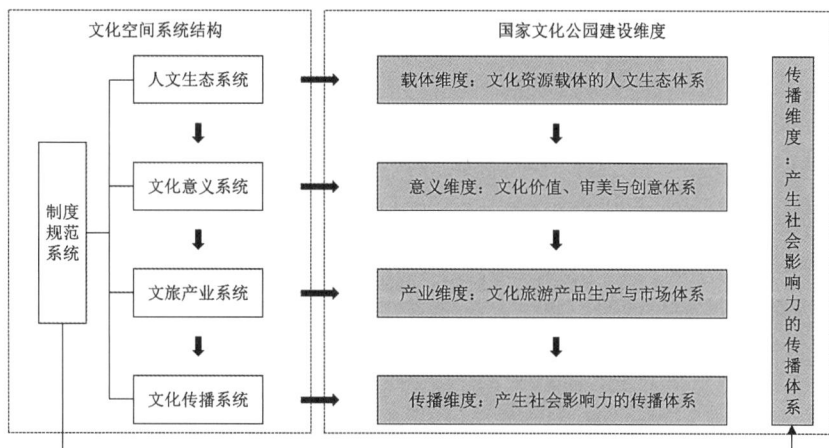

**图5.1　大运河国家文化公园建设的系统构成** [①]

在以往文献回顾基础上，本书认为大运河是一种开放的复杂巨系统，本质上属于一种包含自然生态系统、社会系统、经济系统及各个子系统在内的复杂社会复合生态系统。值得注意的是，从历时性维度看，大运河嵌入不同历史时期的社会环境，因此在对其进行系统分析时，不能将其从当时的社会环境中独立剥离开来或者用"此时"所处的社会立场去考察"彼时"的研究对象。大运河从时间序列的发生上看，也应该被视为一种完整的由不同历史横截面构成的子系统。

---

[①] 秦宗财.大运河国家文化公园系统性建设的五个维度[J].南京社会科学，2022（3）：162-170.

## 第二节　宏观统筹与制度安排

西方学者关于制度共有8种解说，其中规则说占据主体地位，该学说认为制度是由组织制定的普遍有效的正式规则，包括法律、法规、体制、建制、政策、政令、纪律、规章等具体形态①。从这一定义看，制度是一种由国家或社会组织提供的宏观的公共产品，决定着不同社会群体的资源、地位和权力的适当分配②。相较于惯例、习俗、道德等非正式规则，制度可以使社会生活主要领域获得整合、秩序和稳定的高度的社会承诺，并为社会关系和利益的明确化提供人们所认可的程序和形式③。党的十八大以来，以习近平同志为核心的党中央领导集体通过深化改革顶层设计，坚持全国一盘棋，更好发挥中央、地方和各方积极性，形成了一系列有利于统筹协调、系统集成、各方协同的制度体系，实现发展质量、结构、规模、速度、效益、安全相统筹，成为推进大运河文化带打造和大运河国家文化公园战略落实的坚强保障。

### ▍一、统筹机制

2017年2月，习近平总书记在视察北京通州时强调，保护大运河是运河沿线所有地区的共同责任。同年6月，习近平总书记在中共中央办公厅研究室调研报告《打造展示中华文明的金名片——关于建设大运河文化带的若干思考》一文上作出重要批示：大运河是祖先留给我们的宝贵遗产，是流动的文化，要统筹保护好、传承好、利用好。习近平总书记的批示语重心长，对大运河文化保护传承利用寄予厚望。这份调研报告同时还建议，要建立强有力的协调管理机制，将大运河保护与申遗省部际会商小组变为大运河文化带建设省部际会商小组，负责大运河文化带建

① 韩东屏.制度的本质与开端[J].江汉论坛，2014（9）：34-39.

② [德] 马克斯·韦伯.经济与社会[M].约翰内斯·温克尔曼，整理，林荣远，译.北京：商务印书馆，1997.

③ 杨立华，杨爱华.三种视野中的制度概念辨析[J].中国人民大学学报，2004（2）：115-121.

设协调管理工作。实行总体规划、统筹协调、整体保护、分段管理、各自开发的管理运行模式。

该份调研报告中提及的大运河保护和申遗省部际会商小组，成立于2009年4月。该小组由国务院牵头，京、津、冀、苏、浙、皖、鲁、豫8个省（市），文化部、国家发展改革委、财政部、国土资源部、环境保护部、住房和城乡建设部、交通运输部、水利部、国务院法制办、国家测绘局、国家文物局、教科文全委会、国务院南水北调办13个部委联合组成，在大运河申遗过程中发挥了重要的省部级层面的协调机制功能，有力确保了大运河申遗这一国家行动的整体推进。

其实早在2007年，国家文物局便在扬州设立了中国大运河联合申报世界文化遗产办公室，负责协调、带动大运河沿线城市建立运河遗产保护管理合作、协商和对话机制。2014年申遗成功后，该办公室更名为大运河遗产保护管理办公室，负责协调、组织、实施大运河全线遗产保护管理。

为加强系统性、全方位的大运河文化遗产保护和国家文化公园建设，推动大运河传统优秀文化创造性转化和创新性发展，必须首先建立强有力的协调管理机制。在习近平总书记作出批示后，中宣部、国家发展改革委、文化和旅游部、文物局等部门立即行动，开始合力推动大运河文化带和大运河国家文化公园的建设。2018年9月，全国政协文化文史和学习委员会"推动大运河文化带建设重点提案督办"调研组赴北京、天津、河北三地展开调研，为推动大运河文化带建设建言献策[1]。2019年2月，中共中央办公厅、国务院办公厅印发《大运河文化保护传承利用规划纲要》。这对于深入贯彻习近平总书记关于大运河文化保护传承利用重要指示批示精神，充分挖掘大运河丰富的历史文化资源，更好建设大运河文化带具有重要战略意义。这既是一份统筹保护、传承、利用大运河文化的纲领性文件，也是各地做好大运河文化保护传承利用工作的行动指南。6月14日，国务院办公厅印发《大运河文化保护传承利用工作省部际联席会议制度》，以加强跨地区、跨部门协作，加强对大运河文化保护传承利用各项工作的统筹协调。7月24日，中央全面深化改革委员会审议通过《长城、大运河、长征国家文化公园建设方案》，标志着大运河文化带建设正式上升为国家战略。

---

[1] 李冰洁.让千年大运河"活起来"：全国政协"推动大运河文化带建设重点提案督办调研"综述[N].中国政协报，2019-1-14.

2019年6月，国家发展改革委报请国务院同意，于第一时间牵头成立大运河文化保护传承利用工作省部际联席会议工作机制。该机制的主要职责是，在党中央、国务院领导下，深入贯彻落实《大运河文化保护传承利用规划纲要》，加强对大运河文化保护传承利用各项工作的统筹协调，研究审议相关重要政策、年度计划、工作总结和其他重要事项，指导做好重大任务、重大工程、重大措施的组织实施，协调解决跨地区、跨部门的重大问题，完成党中央、国务院交办的其他事项，着力将大运河打造成为宣传中国形象、展示中华文明、彰显文化自信的亮丽名片。联席会议由国家发展改革委、中央宣传部、文化和旅游部等17个部门，以及北京、天津、河北、江苏、浙江、安徽、山东、河南8省（市）组成。由国家发展改革委主要负责同志担任召集人，中共中央宣传部、国家发展改革委、文化和旅游部有关负责同志担任副召集人。联席会议办公室设在国家发展改革委。

2019年7月24日，习近平总书记主持召开中央全面深化改革委员会第九次会议，审议通过《长城、大运河、长征国家文化公园建设方案》。会议指出，建设长城、大运河、长征国家文化公园，对坚定文化自信，彰显中华优秀传统文化的持久影响力、革命文化的强大感召力具有重要意义。要结合国土空间规划，坚持保护第一、传承优先，对各类文物本体及环境实施严格保护和管控，合理保存传统文化生态，适度发展文化旅游、特色生态产业[①]。国家文化公园概念的提出是中国遗产话语在国际化交往和本土化实践过程中的创新性成果，也是中国在遗产保护领域对国际社会作出的重要贡献[②]。2019年12月，中共中央办公厅、国务院办公厅正式印发《长城、大运河、长征国家文化公园建设方案》。根据该文件，中宣部牵头成立国家文化公园建设工作领导小组，发挥中共中央宣传部、国家发展改革委、文化和旅游部、国家文物局等部门职能优势，定期召开工作座谈会，形成推进合力。并设立专家咨询委员会，提供决策参谋和政策咨询。同时，在文化和旅游部设立国家文化公园建设工作领导小组办公室，中共中央宣传部、国家发展改革委、文化和旅游部有关司局共同做好日常工作，协调中央有关部门和沿线省份，有力有序推进各项任务落实。沿线8省（市）结合各地实际，先后成立由党委、政府主要负责同志担任

---

① 新华社.习近平主持召开中央全面深化改革委员会第九次会议强调 紧密结合"不忘初心、牢记使命"主题教育 推动改革补短板强弱项激活力抓落实[N].光明日报，2019-7-25.

② 李飞，邹统钎.论国家文化公园：逻辑、源流、意蕴[J].旅游学刊，2021，36（1）：14-26.

组长的工作领导小组，建立并不断健全本地区大运河文化带和大运河国家文化公园建设的领导体制（表5.1）。其中，成立最早的是2017年8月的北京市推进全国文化中心建设领导小组和安徽省大运河文化带建设领导小组，最新调整的是2022年3月的江苏省大运河文化带暨长江国家文化公园建设工作领导小组。河南、安徽、浙江三省成立的领导小组均为大运河文化保护传承利用或大运河国家文化公园建设专职机构；其余省（市）在结合各省实际的基础上，将大运河文化带和大运河国家文化公园建设工作与长城、长江、黄河等国家文化公园建设相互统筹推进。此外，各有关部门和地方建立通水通航、空间管控、生态环境问题整治等专项工作机制，共同研究解决重大专项问题。

**8省（市）大运河文化带和大运河国家文化公园建设领导体制** 表5.1

| 省（市） | 报道时间 | 领导小组名称 | 领导小组组长 | 备注 |
| --- | --- | --- | --- | --- |
| 北京 | 2017年8月 | 北京市推进全国文化中心建设领导小组 | 北京市委书记 | 领导小组下设大运河文化带建设组和国家文化公园建设专项工作组，统筹推进大运河国家文化公园建设 |
| 天津 | 2020年4月 | 天津市大运河文化保护传承利用暨长城、大运河国家文化公园建设领导小组① | 市委常委、常务副市长 | |
| | 2019年5月 | 天津市大运河文化保护传承利用领导小组② | 市委常委、常务副市长 | |
| | 2017年12月 | 天津市大运河文化带建设规划编制领导小组 | 市委常委、常务副市长 | |
| 山东 | 2020年12月 | 山东省国家文化公园建设工作领导小组 | 山东省委常委、宣传部部长 | 山东省国家文化公园建设主要包括黄河、大运河、齐长城 |
| 河北 | 2018年12月 | 河北省推进京津冀协同发展工作领导小组 | 河北省委书记、省人大常委会主任 | |
| 河南 | 2019年12月 | 河南省大运河文化保护传承利用暨大运河国家文化公园建设领导小组 | 河南省委常委、常务副省长 | |

---

① 天津市人民政府办公厅.天津市人民政府办公厅关于调整成立天津市大运河文化保护传承利用暨长城、大运河国家文化公园建设领导小组的通知[EB/OL]. [2020-4-27].天津市人民政府官网，http：//www.tj.gov.cn/zwgk/szfgb/qk/2020site/9_10site/202006/t20200606_2660406.html.

② 天津市人民政府办公厅.天津市人民政府办公厅关于成立天津市一体化在线政务服务平台建设和管理协调小组等议事协调机构及调整部分议事协调机构的通知[EB/OL]. [2019-5-27].天津市人民政府政务服务办公室官网，http：//zwfwb.tj.gov.cn/zwgk/zcwj/sjzcwj/202009/t20200928_3939794.html.

| 省（市） | 报道时间 | 领导小组名称 | 领导小组组长 | 备注 |
|---|---|---|---|---|
| 安徽 | 2020年 | 安徽省大运河国家文化公园建设保护领导小组 | 安徽省委常委、宣传部部长，副省长 | 皖文旅函〔2020〕328号 |
| | 2017年8月 | 安徽省大运河文化带建设领导小组 | 安徽省委常委、组织部部长、常务副省长 | |
| 江苏 | 2022年3月 | 江苏省大运河文化带暨长江国家文化公园建设工作领导小组 | 江苏省委书记 | |
| | 2018年6月 | 江苏省大运河文化带建设工作领导小组 | 江苏省委书记 | |
| 浙江 | 2020年5月 | 浙江省大运河国家文化公园建设工作领导小组 | 浙江省委常委、宣传部部长 | |

来源：本研究整理。

说明：本表除有标注出处之外的信息均根据百度搜索引擎平台新闻报道整理，其中的"公开报道时间"只能说明在该时间段已经出现领导小组的名称与相关信息，并不能说明是相关机构最早成立的时间。部分领导机构已在实际运作但可能未被公开报道或未被本次研究检索。

## 二、顶层设计

顶层设计是系统工程学的一个概念，指的是运用系统论的方法，从全局的角度对某项任务或某个项目的各方面、各层次、各要素的统筹规划，以集中有效资源，高效快捷地实现目标[①]。顶层设计是将理念付诸实践的蓝图，也是一项工程整体理念的具体化。顶层设计追根溯源，统揽全局，在最高层次上寻求问题的解决之道。这一工程学概念正成为当代中国新的政治名词，已经被国内外社会各界广泛应用于政治、军事、经济与社会管理的各个领域，成为政府统筹内外政策和制定国家发展战略的重要思维方法。

### （一）国家部署

为了更好统筹大运河文化保护传承利用，推进大运河国家文化公园建设，党中央、国务院高屋建瓴、审时度势，把握大运河的本质特征与时代意义进行顶层设

① 高姝娜.坚持顶层设计引领 依法推进农垦改革[J].农场经济管理，2022（1）：3-9.

计，科学谋划大运河国家文化公园建设方案。大运河国家文化公园虽然名叫公园，但与传统的城市公园以及以自然保护为主的国家公园存在内涵差异，它的核心是"文化"，本质上并非"建设工程"而是"文化工程"①。2019年2月，中共中央办公厅、国务院办公厅印发的《大运河文化保护传承利用规划纲要》从文化遗产保护传承、河道水系治理管护、生态环境保护修复、文化和旅游融合发展、城乡区域统筹协调、保护传承利用机制创新6个方面提出重点任务，具体设计了文化遗产保护展示、河道水系资源条件改善、绿色生态廊道建设、文化旅游融合提升4项工程，以及精品线路和统一品牌、运河文化高地繁荣兴盛2项行动。

2019年12月，中共中央办公厅、国务院办公厅印发《长城、大运河、长征国家文化公园建设方案》。该建设方案指出，建设国家文化公园是国家实施的重大系统工程。要到2023年底基本完成建设任务，使长城、大运河、长征沿线文物和文化资源保护传承利用协调推进局面初步形成，权责明确、运营高效、监督规范的管理模式初具雏形，形成一批可复制推广的成果经验，为全面推进国家文化公园建设创造良好条件。为加快推进大运河国家文化公园建设，2021年8月8日，国家文化公园建设工作领导小组印发《大运河国家文化公园建设保护规划》，要求各相关部门和沿线省份结合实际抓好贯彻落实。本规划整合大运河沿线8个省市文物和文化资源，按照"河为线、城为珠、珠串线、线带面"的思路优化总体功能布局，深入阐释大运河文化价值，弘扬大运河时代精神，加大管控保护力度，加强主题展示功能，促进文旅融合带动，提升传统利用水平，推进实施重点工程，着力将大运河国家文化公园建设成为新时代宣传中国形象、展示中华文明、彰显文化自信的亮丽名片。

此外，国家发展改革委联合文物局、水利部、生态环境部、文化和旅游部分别编制了文化遗产保护传承、河道水系治理管护、生态环境保护修复、文化和旅游融合发展4个专项规划，指导沿线8省市编制了8个地方实施规划。4个专项规划和8个地方实施规划于2020年9月27日正式印发，基本构建了中央统筹、省负总责、分级管理、分段负责的工作格局。至此，大运河文化保护传承利用"四梁八柱"的规划体系已经形成（图5.2），也意味着大运河国家文化公园建设的顶层设计的框架

---

① 郭新卓.大运河国家文化公园建设的传播发展路径分析[J].新闻研究导刊，2021，12（13）：236-238.

已经基本架构完成<sup>①</sup>。

所谓四梁八柱，"四梁"指的是大运河4个分领域的专项规划，是大运河文化保护传承利用各专项领域工作的全局性、支撑性指引。具体包括：

（1）由国家文物局、文化和旅游部、国家发展改革委编制的《大运河文化遗产保护传承专项规划》，聚焦大运河物质和非物质文化遗产，着力实现大运河文化遗产全面保护传承，焕发运河遗产新活力。

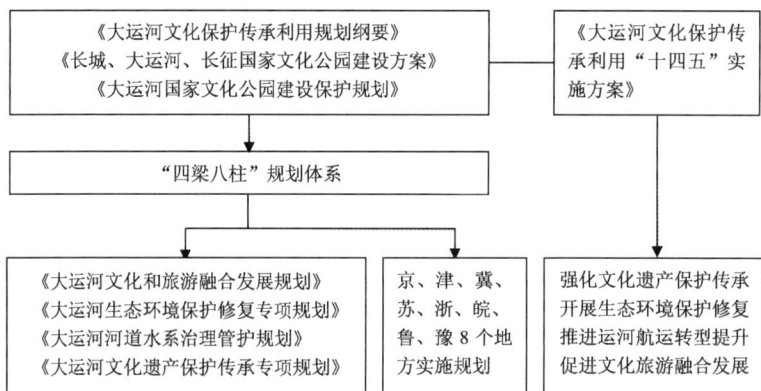

**图5.2　大运河文化保护传承利用与大运河国家文化公园建设顶层设计架构图**

（来源：李晓蓓 绘；沈旭炜 修改）

（2）由水利部、交通运输部、国家发展改革委编制的《大运河河道水系治理管护规划》，从水资源、水生态、岸线及航运四个方面关注大运河河道水系治理与管护，致力打造绿色暗蓝运河。

（3）由生态环境部、自然资源部、国家发展改革委和国家林草局编制的《大运河生态环境保护修复专项规划》，从生态空间、生态系统及环境质量三方面对大运河生态环境修复提出要求，助力建设运河绿色生态廊道。

（4）由文化和旅游部及国家发展改革委编制的《大运河文化和旅游融合发展规划》，从公共服务、优质产品、精品路线和统一品牌四个层面着力推进文旅融合，提升运河经济社会综合效益。

---

① 国家发展改革委社会司.国家发展改革委就大运河文化保护传承利用配套规划有关情况举行发布会
[EB/OL]. [2020-10-21].国家发展和改革委员会官网，https://www.ndrc.gov.cn/xwdt/ztzl/dyhwhbhcz
ly/zcjd/202010/t20201021_1248599.html?code=&state=123.

"八柱"，则是指大运河8个省（市）实施规划。在中央指导下，京、津、冀、苏、浙、皖、鲁、豫大运河沿线省（市）编制了符合自身发展的运河相关保护规划条例，努力做到规划条例与中央精神高度对标对表，突出保护第一的基本原则，以文化为引领统筹相关领域发展，并立足地方特色资源和发展实际。

此外，为高水平推进"十四五"时期大运河文化保护传承利用和国家文化公园建设，国家发展改革委会同相关部门编制了《大运河文化保护传承利用"十四五"实施方案》并于2021年7月印发。该实施方案明确了运河文化保护传承利用的4方面47项具体任务，具体包括强化文化遗产保护传承、开展生态环境保护修复、推进运河航运转型提升以及促进文化旅游融合发展四方面的任务。同时，本实施方案进一步明确了重点推进项目及任务清单，提出到2023年，大运河相关世界文化自然遗产保护水平迈上新台阶，有条件的河段实现旅游通航，绿色生态廊道初具规模，大运河旅游精品线路和品牌初步创立，大运河国家文化公园建设保护任务基本完成。到2025年，大运河沿线各类文化自然遗产保护实现全覆盖，分级分类展示体系基本形成，力争京杭大运河主要河段基本实现正常来水年份有水，绿色生态廊道基本建成，大运河文化和旅游实现深度融合，"千年运河"统一品牌基本形成，大运河国家文化公园成为向世界传播中华文化的重要标志①。

### （二）浙江实践

法治是国家治理现代化的重要标志，也是夯实大运河文化保护传承利用的坚不可摧的长久基石。基于运河遗产要素保护的实际，制定地方性专项法规，既是大运河遗产保护制度性安排的内在要求，也是履行《世界遗产公约》义务的庄严承诺②。浙江是全国省级层面最早开始建章立制、依法依规保护大运河的省份。大运河申遗成功后，浙江段沿线城市从法律法规、保护规划等方面陆续开展地方保护实践（表5.2）。

大运河世界文化遗产保护体现的是共生与永续，核心是在充分了解和尊重大运

---

① 国家发展改革委社会司.国家发展改革委印发《大运河文化保护传承利用"十四五"实施方案》[EB/OL].[2021-7-19].国家发展和改革委员会官网，https：//www.ndrc.gov.cn/fzggw/jgsj/shs/sjdt/202107/t20210719_1290681.html?code=&state=123.

② 浙江省文物局.展示中华文明　体现文化活力：大运河综合保护实践的杭州探索[EB/OL].[2020-9-30].浙江省文物局官网，http：//wwj.zj.gov.cn/art/2020/9/30/art_1641244_58811587.html.

大运河（浙江段）保护体系建设　　　　　　　　　　　　　　　　表 5.2

| 项目 | | 内容 |
|---|---|---|
| 国际公约 | | 《保护世界文化和自然遗产公约》 |
| | | 《实施〈世界遗产公约〉操作指南》 |
| 法律法规 | 国家层面 | 《中华人民共和国文物保护法》（2024 年修订） |
| | | 《中华人民共和国文物保护法实施条例》（2017 年修订） |
| | | 《历史文化名城名镇名村保护条例》（2017 年修订） |
| | | 《中华人民共和国河道管理条例》（2018 年修订） |
| | | 《中华人民共和国水法》（2016 年修订） |
| | | 《中华人民共和国环境保护法》（2014 年修订） |
| | 部门层面 | 文化部《大运河遗产保护管理办法》（2012 年） |
| | | 文化部《中国世界文化遗产监测巡视管理办法》（2006 年） |
| | | 文化部《世界文化遗产保护管理办法》（2006 年） |
| | 省级层面 | 《浙江省大运河世界文化遗产保护条例》（2020 年） |
| | 地市层面 | 《杭州市大运河世界文化遗产保护条例》（2017 年） |
| | | 《嘉兴市大运河世界文化遗产保护条例》（2021 年修订） |
| | | 《绍兴市大运河世界文化遗产保护条例》（2019 年） |
| | | 《宁波市大运河世界文化遗产保护实施办法》（2023 年） |
| | | 杭州市园林文物局《杭州市大运河世界文化遗产影响评价实施办法》（2019 年） |
| | | 《绍兴古城保护利用条例》（2018 年） |
| 保护规划 | 部门层面 | 中共中央办公厅 国务院办公厅《大运河文化保护传承利用规划纲要》（2019 年） |
| | | 中共中央办公厅 国务院办公厅《长城、大运河、长征国家文化公园建设方案》（2019 年） |
| | 省级层面 | 《浙江省大运河文化保护传承利用实施规划》（2020 年） |
| | | 《大运河国家文化公园（浙江段）建设保护规划》（2022 年） |
| | | 《浙江省大运河核心监控区国土空间管控通则》（2021 年） |
| | | 浙江省文物局《大运河浙江段保护规划》（2021 年） |
| | 地市层面 | 《杭州市大运河世界文化遗产保护规划》（2019 年） |
| | | 《杭州市大运河文化保护传承利用暨国家文化公园建设方案》（2022 年） |
| | | 《杭州大运河国家文化公园规划》（2022 年） |
| | | 《嘉兴市大运河核心监控区国土空间管控细则》（2022 年） |
| | | 《杭州市大运河核心监控区国土空间管控细则》（2023 年） |
| | | 《湖州市大运河核心监控区国土空间管控细则》（2023 年） |
| 其他文件 | | 《大运河保护与申遗城市联盟关于保护大运河遗产的联合协定》（2012 年） |

续表

| 项目 | 内容 |
|---|---|
| 其他文件 | 绍兴市文化广电旅游局《绍兴市大运河世界文化遗产保护名录》(2021年) |
| | 《中国大运河(杭州段)世界文化遗产监测工作规范》(2018年) |
| | 《中国大运河(杭州段)世界文化遗产要素分类、代码与图式》(2018年) |
| | 《中国大运河(杭州段)世界文化遗产档案管理工作规范》(2020年) |
| | 《中国大运河(杭州段)世界文化遗产驳坎保护管理规范》(2022年) |

来源:本研究整理。

河文化带的资源状况的前提下,对大运河文化带资源进行整体保护,以实现人与自然的和谐共生以及永续利用。在杭州先行先试的基础上,嘉兴、绍兴、宁波等城市纷纷学习跟进,对大运河世界文化遗产保护进行地方性立法,从法律层面为大运河文化保护传承利用设置"指挥棒"和"高压线",护航奔流不息的古老大运河。2020年9月24日,在对杭州、嘉兴、绍兴等地密集调研的基础上,《浙江省大运河世界文化遗产保护条例》经浙江省十三届人大常委会第十四次会议审议通过,于2021年1月1日起正式施行。这也是国内第一部关于大运河世界文化遗产保护的省级地方性立法,为有效保护大运河提供了法治支撑,为全国贡献了浙江实践、浙江智慧。在浙江省级层面推出保护条例后,宁波、湖州等城市的大运河遗产保护立法工作正在有条不紊地推进中。

此外,浙江还从省、市、区3个层面相继出台了与大运河文化带、大运河国家文化公园相关的规划文件(表5.3),成为大运河文化保护传承利用和大运河国家文化公园建设的重要法定依据。

**大运河浙江段规划建设概况(按时间先后排序)** 表5.3

| 年份 | 级别 | 事件 |
|---|---|---|
| 2019.1 | 市级 | 《杭州市大运河世界文化遗产保护规划》获市政府批复 |
| 2020.4 | 省级 | 《浙江省大运河文化保护传承利用实施规划》正式发布 |
| 2020.8 | 市级 | 《绍兴市大运河文化保护传承利用暨国家文化公园建设方案》正式印发 |
| 2020.12 | 市级 | 《湖州市大运河文化传承利用暨国家文化公园建设实施方案》研究出台 |
| 2021.5 | 市级 | 《大运河(宁波段)文化保护传承利用实施规划》正式出台 |
| 2021.8 | 市级 | 《嘉兴市大运河世界文化遗产保护传承利用规划》专家咨询会召开 |
| 2022.1 | 省级 | 《大运河国家文化公园(浙江段)建设保护规划》正式印发 |

| 年份 | 级别 | 事件 |
|------|------|------|
| 2022.1 | 市级 | 《杭州市大运河文化保护传承利用暨国家文化公园建设方案》正式印发 |
| 2022.3 | 区级 | 《临平区大运河文化保护传承利用暨国家文化公园建设方案》正式印发 |
| 2022.1 | 市级 | 《杭州大运河国家文化公园规划》获市政府批复正式发布 |

来源：本研究整理。

### （三）杭州经验

杭州是在大运河文化保护传承利用顶层设计建设领域走在全国前列的地级市。针对大运河线性遗产多头管理无法完全匹配新型城镇化建设不断涌现的多元需求这一实际矛盾，杭州最早探索并成功实践"规划管控—标准指导—机制评估"三级管理体系。2017年4月，在历时三年多的广泛调研和充分论证的基础上，杭州在全国范围内率先出台《杭州市大运河世界文化遗产保护条例》，成为大运河沿线27个遗产城市中第一个颁布地方性保护条例的地级市。该条例首次以地方法规形式明确大运河相关管理职责，建立市区分级负责、部门协同统筹新机制，明确"事前评估、事中监测、事后督查"保护新要求，从根本上确保运河遗产保护工作找得到门、问得到人、办得了事。本条例专门构建了一套保护的责任体系，进行清单化管理，确保立法在具体的实施过程中具有很强的现实可操作性，为世界文化遗产保护提供了杭州探索和杭州智慧。本条例体现了一定的战略性、前瞻性，为省内乃至国内的大运河世界遗产立法工作提供借鉴。

根据《杭州市大运河世界文化遗产保护条例》，2019年1月，杭州市政府批复《杭州市大运河世界文化遗产保护规划》，这也是省内乃至国内经市级政府批复的首部大运河世界文化遗产保护规划。该规划以上位规划为指导，深入研究大运河遗产保护和管理，提出大运河杭州段遗产区、缓冲区分要素、分类、分段、分级管理要求。将大运河（杭州段）各遗产点段分水工遗存、附属遗存、相关遗产进行分要素保护管理；将大运河（杭州段）划分为现代城镇段、历史城镇段、郊野村庄段、自然生态段进行分段管理；将遗产区河道岸线划分为一类河道岸线、二类河道岸线、三类河道岸线进行分类管理；将缓冲区分为一级遗产区和二级遗产区，明确保护重点和要求。2022年，杭州市政府正式批复《杭州市大运河文化保护传承利用暨国家文化公园建设方案》和《杭州大运河国家文化公园规划》。杭州将依托十一条骨架河道，串联管控保护区、主题展示区、文旅融合区、传统利用区等四类功能空间，形成"山水群落、河岸双带、核心十园、特色百景"的大运河国家文化公园空间结构[①]。在实践过程中，不同的规划均基于便捷的操作考量，为遗产保护和城市发展找到"最大公约数"再次提供了"杭州经验"。

## ▎三、项目支持

项目（式）是开展大运河文化保护传承利用和大运河国家文化公园建设工作的重要抓手和有效载体。作为开放式的复杂巨系统，如何在宏大庞杂的大运河文化带打造过程中寻找到有效的载体抓手，将有形、无形，宏观、微观，静态、活态的各种系统和资源进行统筹优化整合，走出一条既契合国家顶层设计又贴合地方发展实际的大运河国家文化公园新路径，一直是同时摆在理论界和管理界面前的一个重大议题。

为更好推进大运河文化保护传承利用，加快建设大运河国家文化公园，2020年，国家发展改革委会同相关部门和地方编制《大运河国家文化公园重大工程项目建设方案》，围绕"馆""址""园""岸""遗""段""品""神"8个方面谋划和明确了一批重点项目及任务清单，并区分国家级和省级，安排了中央预算内投资予以适当补助[②]。2021年8月印发的《大运河国家文化公园建设保护规划》立足新形势新阶段新任务新要求，明确了6项重点任务和5类重点工程[③]。

### （一）六项重点任务

一是优化总体功能布局。按照"河为线，城为珠，珠串线，线带面"的总体思路，围绕大运河沿线8省（市），优化形成一条主轴凸显文化引领、四类分区构筑

---

① 肖淙文，吴佳妮.千年大运河 流淌向未来[N].浙江日报，2022-5-25.

② 张贺，陆娅楠.千年大运河 描绘新愿景[N].人民日报，2020-9-28.笔者注：根据《中央预算内投资补助和贴息项目管理办法》（2016版），投资补助是指国家发展改革委对符合条件的地方政府投资项目和企业投资项目给予的投资资金补助，重点用于市场不能有效配置资源，需要政府支持的经济和社会领域。

③ 新华社.坚持保护优先、增强文化自信、高质量推进大运河文化保护传承利用[N].人民日报，2021-10-28.

空间形态、六大高地彰显特色底蕴的大运河国家文化公园总体功能布局。"六大高地"指京津、燕赵、齐鲁、中原、淮扬、吴越六大中华地域文化。"四类分区"指重点建设管控保护区、主题展示区、文旅融合区、传统利用区4类主体功能区，以国土空间规划的三区三线为基底，在空间上形成由河至城、层层套叠的关系，共同构成大运河国家文化公园的总体空间格局（图5.3）。

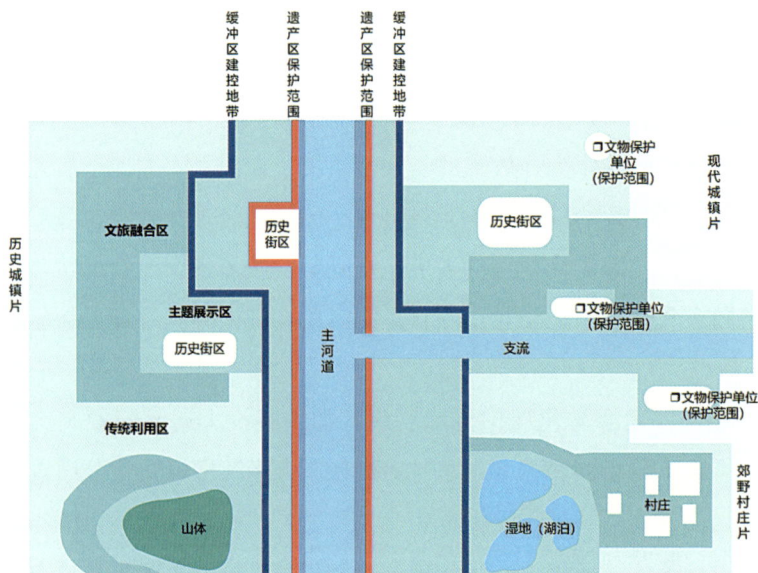

**图5.3　大运河国家文化公园四类功能区整体空间模式示意图**

（来源：杭州市京杭运河（杭州段）综合保护中心，杭州市规划设计研究院.杭州大运河国家文化公园建设空间专题研究[R]. 2021：37.在本研究基础上由汤曼群、沈旭炜负责重绘）

其中，重点建设管控保护区以"保护"为主，明确保护区界线及保护要求。主要由大运河世界遗产的遗产区，运河相关各级文物保护单位及文保点的保护范围，与运河相关的地下文物埋藏区、历史建筑、工业遗存等的保护范围，以及新发现发掘文物遗存临时保护区组成。重点建设管控保护区除了沿运河遗产河道连贯分布外，还有部分随文保单位散点分布在运河主线、复线附近。

主题展示区以"传承"为主，注重优化展示线路，完善服务设施。包含管控保护区，并在此基础上，拓展包含大运河世界遗产的缓冲区，运河相关各级文物保护单位及文保点的建设控制地带，与运河相关的历史建筑、工业遗存、历史文化街区的保护区划，以及与运河价值关联紧密的山体、湿地、桑蚕林等生态景观、农业景观空间，并由河道、绿道、山水通廊等带状串联，形成连贯的主题展示区域。

文旅融合区以"利用"为主，包含主题展示区，整合周边优质资源，以文化旅游为主导产业向周边的生态、农业、工业遗存、公共文化场所等资源空间拓展，整体推动地区发展。包含具备文旅发展潜力的就近城镇、村庄、产业平台等空间。

传统利用区涵盖大运河沿线合理利用区域和环境协调区域，主要为原住居民生产、生活区域。在该区域内，重点保护传统文化生态，适度发展旅游产业，构建文化气息浓厚、文化特色鲜明的人居环境、创业环境和发展环境。

二是阐释文化价值内涵。着力将大运河打造成为彰显千年历史的文化印记、滋润美好生活的文化力量、凝聚民族精神的文化精髓，大力弘扬大运河所蕴藏的民族团结追求统一、勤劳勇敢自强不息、开放包容兼收并蓄、人与自然和谐共生等时代精神。

三是加大管控保护力度。从明确管控保护要求、全面强化保护措施、显著提高保护水平等方面，提出建设管控保护区的主要考虑，明确重点管控保护对象。

四是加强主题展示功能。从构建多维展示格局、健全综合展示体系、丰富展示体验方式等方面，细化建设主题展示区的相关任务，明确提出34个核心展示园、19个集中展示带及特色展示点。

五是促进文旅融合带动。从加强优质产品开发、提升文旅发展质量、深化相关产业融合等方面，明确建设文旅融合区的具体举措，并用专栏提出文旅融合平台建设重点。

六是提升传统利用水平。从保存传统文化生态、推动发展绿色产业、规范生产经营活动等方面，构建推动传统利用区发展的策略路径。

## （二）五类重点工程

一是保护传承工程。重点推动建设一批重要遗址遗迹保护利用设施、一批大运河系列主题博物馆和特色专题文博场馆、一批特色古镇古村、一批红色纪念设施，并推进国家级非物质文化遗产保护传承利用。如位于江苏省扬州市三湾湿地公园西北侧的中国大运河博物馆，以"大运河给人民带来的美好生活"为主题，是集文物保护、科研展陈、休闲体验于一体的地方现代化综合性博物馆，也是大运河国家文化公园建设标志性项目。该馆占地200亩，总建筑面积79373.59m²，主体由博物馆和大运塔两部分组成，已于2021年6月16日建成开放。

二是研究发掘工程。重点打造高水平大运河研究平台，出版一批展现大运河文化价值和精神内涵的代表性出版物和重点文艺作品。如成立于2009年12月29日的杭州运河（河道）研究院，数十年如一日，构建起杭州运河（河道）文献集成、通史、辞典、丛书、研究报告"五位一体"的运河文化研究体系，截至2023年12月已开展省、市各级重大课题研究14项，编纂出版《杭州全书·运河（河道）丛书》75册、运河（河道）文献集成11册、运河（河道）研究报告6册①，以研究引领推动杭州运河综保工程保护、建设、管理、开发，为杭州大运河文化带的延续奠定了坚实的理论基础。

三是环境配套工程。重点推动建设一批以文化生态要素为核心的文化生态公园，打造融交通、文化、体验、游憩于一体的复合廊道，打造滨河生态屏障，并全面实施水环境监测治理。如2020年10月1日建成并正式对外开放的宿迁运河湾公园，全长约3.5km，建设面积42hm²，总投资约1.9亿元，重点打造了靳辅广场、苏玻广场等系列景观节点。该项目也成为宿迁一个大手笔的运河文化带项目。2022年4月，水利部会同北京、天津、河北、山东开展京杭大运河2022年全线贯通补水工作，经过南水北调东线北延工程供水、引黄水、本地水、再生水及雨洪水等多水源生态补水，部分河道长期断流的京杭大运河，百年来首次全线通水。清水复流、碧波荡漾、杨柳拂岸，古运河展新颜、焕生机②。

四是文旅融合工程。着力培育具有国际影响力的"千年运河"文化旅游品牌，打造省域及跨省大运河文化旅游精品线路，办好大运河特色主题活动。如淮安西游乐园是江苏省级重点文旅项目，通过深挖西游文化"富矿"，寻求古代神话与现代科技、历史元素与现代精神的完美链接，致力于打造具有鲜明中国文化特质的西游主题综合体验区。该项目总占地560亩，总投资22亿元，已于2021年7月10日正式开业。

五是数字再现工程。重点提升大运河国家文化公园主题展示区数字基础设施，建设大运河国家文化公园官方网站、数字云平台、数据管理平台等。如由江苏省文化投资管理集团负责实施、江苏省规划设计集团有限公司参与并承担的大运河国家文化公园数字云平台，被列入中共中央办公厅、国务院办公厅的《长城、大运河、长征国家文化公园建设方案》。该平台旨在通过数字云平台的建设，整合大运河沿

---

线文物、文化、生态、产业等资源，构筑运河文化产业生态圈，打造世界级运河文化品牌，形成大运河文化资源的保护和传承利用与沿线城乡发展、人民生活全面融合的格局。该平台（一期）已于2022年4月正式上线运行。

## 四、杭州模式

体制重于技术，环境重于政策[①]。诚如前述，杭州是大运河（浙江段）乃至全国范围内实践先行且具有代表性意义的城市，所创造的"杭州模式"经过实践的成功检验，得到政、学、业、文等社会各界的高度认同。"杭州模式"之所以能够取得历史性的成功，从根本上得益于从中央到地方各级党委、政府、人大、政协系统以及社会各界的高度重视和持续关心，得益于杭州本地人民群众对大运河综合保护工程的支持。"杭州模式"是"干在实处、走在前列、勇立潮头"浙江精神的鲜活写照，根据时代变化适时推进体制创新以适应不同阶段的工作重心与使命任务，就某种意义而言，也是杭州敢于抓住历史性契机进行自我突破创新并实现成功的重要原因之一。对杭州模式的研究具有较高的典型意义和推广价值。

### （一）基本概况

在京杭运河（杭州段）的综合治理领域，杭州明确提出"还河于民、申报世遗、打造世界级旅游产品"三大战略目标，高起点规划、高强度投入、高标准建设、高效能管理，从2006年至2012年连续7次推出"新运河"（表5.4）。截至2016年底，杭州市运河综保工程累计投资约320亿元，先后开展水体治理、绿道贯通、企业搬迁、棚户区改造、基础设施建设、环境提升等工作，累计征迁农户、居民6500余户，搬迁企业451家，完成保障房172万㎡、道路59条、桥梁18座、学校11所，完成三大历史街区、富义仓、拱宸桥等历史文脉保护点约29万㎡，沿岸公园绿化整治建设130万㎡，改造和提升杭州核心滨水区域品质，运河主城区两岸约23km游步道、景观带基本全线贯通，成为市民、游客休闲健身、游览观光的"休闲长廊"，惠及沿岸居民200多万。杭州运河综合整治与保护开发工程基本完成"还河于民""申报世遗"等阶段性历史任务，也成为全国大运河保护利用方面"规模最

---

① 王国平.保护运河 申报世遗[J].杭州通讯，2006（6）：4-9.

大、持续时间最长、投入资金最多、获益百姓最广、综合品质最高"的工程，成功
打造了得到社会各界高度肯定的大运河综合保护的"杭州模式"[1]。

杭州连推"新运河"概况　　　　　　　　　　　　　　　　　　　表5.4

| 年份 | 名称 | 主要内容 |
|---|---|---|
| 2006 | 首推"新运河" | 一馆（运河博物馆）；两带（运河左右两岸）；两场（西湖文化广场、运河文化广场）；三园（艮山公园等）；六埠（武林门埠等）；十五桥（拱宸桥等） |
| 2007 | 二推"新运河" | 一廊（三堡船闸输水廊道）；两带（向北、向东延伸景观带约1000m）；三居（章家坝居住区等）；四园（富义仓公园等）；五河（红旗河等）；六址（乾隆御碑等）；七路（小河路等）；八桥（长征桥等） |
| 2008 | 三推"新运河" | 3条水上旅游线路；漕舫；桥西历史街区（集居住、商业、创意产业和文化旅游于一体的旅游综合体）；运河主城区段亮灯工程 |
| 2009 | 四推"新运河" | 一寺（恢复香积寺）；一厂（大河造船厂工业遗存保护利用和运河旅游集散中心规划建设）；三区（桥西历史街区等）；三馆（中国扇博物馆、中国刀剪剑博物馆、中国伞博物馆）；五街弄（水北街等）；九路（大兜路等） |
| 2010 | 五推"新运河" | 一带（石祥路至金昌路运河景观带）；一园（乾隆御碑公园）；一馆（中国仓储博物馆）；二寺（新香积寺、塘栖大善寺）；二址（大河造船厂保护工程和国家丝绸仓库保护工程）；三居（塘栖"五街"等）；七路（运河西路等）；八街（大兜路步行街等） |
| 2011 | 六推"新运河" | 杭州工艺美术博物馆开馆、杭州青少年文化创意中心开班、"运河天地"开业、京杭大运河杭州段旅游活动月开幕 |
| 2012 | 七推"新运河" | 一寺（清真寺），一园（谢村公园），一创建（4A级景区），两带（运河文化带规划建设和运河景观带提升工程），两房（保障房和安置房建设），两河道（运河新城的蒋家河和塘栖新城的市河遗址恢复工程），三街（开放塘栖水南街、大兜路历史街区二期和小河直街历史街区三期），三场库（桥西农贸市场停车场、谢村公园公共停车场和大兜路国家厂丝仓库利用项目），七路（凤起东路、二号路、杭印路、水湘路、昙花庵路道路工程、金昌路、谢村路），七整治〔富义仓、通益公纱厂旧址、红雷丝织厂、大河造船厂、小河直街历史街区、桥西历史街区、河道（德胜桥—拱宸桥）等七项运河申遗整治工程〕 |

来源：杭州市京杭运河（杭州段）综合保护委员会。

## （二）污染整治阶段

在过去的十几年中，杭州市对京杭运河（杭州段）的综合保护机制创新一直没有停止过。1993年9月，杭州批准成立杭州市运河污染综合整治指挥部，以截污处理为根本措施，改善运河水质为目的[2]，减少岸上污染源排入。指挥部是我国特有

---

[1] 王国平.探索城市治理现代化的"重要窗口"[M].杭州：杭州出版社，2020：373.

[2] 编辑部.运河治水 苕溪禁鸭 企业"禁燃"杭州加强环境整治让边界水清天蓝[N].浙江日报，2008-3-4.

的政府投资重大工程时业主方的管理模式，从20世纪60年代初开始实行至今，是最常见的一种组织方式，如南水北调工程、虹桥交通枢纽、青藏铁路、众多跨区域的高速公路、桥梁，以及一些大学城的建设等重要基础设施、重大片区、工业集中区、跨区域类重大工程，采用的都是指挥部的管理模式。总体来看，指挥部是为组织协调某项建设工程而设置的临时议事协调机构，并且指挥部常常是与重点建设项目联系在一起，主要发挥跨部门的议事协调作用[①]。当时成立的杭州市运河污染综合整治指挥部隶属于杭州市城乡建设委员会（前身为杭州市基本建设委员会），行政上为正处级单位，负责大运河杭州段截污处理工程建设及综合整治工作。2001年，在历时八年之后，京杭运河（杭州段）截污基础工程完成，"三污系统"建成投入使用，总投资9.4亿元，杭州市运河污染综合整治指挥部也基本完成了历史使命。

### （三）综合整治与保护开发阶段

通过对京杭运河（杭州段）进行大规模的整治，拆除旧房、搬迁工厂、截污纳管、开辟绿地、拓宽道路，新建商业、旅游、文化设施，运河两岸治理取得了初步成效，为后续正式实施大运河综合保护工程奠定良好基础。2002年，杭州市第九次党代会召开，将大运河综保工程列入了21世纪城市建设的"十大工程"，郑重提出"还河于民、申报世遗、打造世界级旅游产品"三大战略目标。为了更好匹配新的战略目标和时代任务，加快京杭运河（杭州段）的综合整治与保护开发，杭州市委、市政府按照"统一领导、市区联动，政府主导、市场运作，坚持标准、自求平衡"原则，对大运河综合保护的运作体制进行了大胆创新。2003年4月，在杭州市运河污染综合整治指挥部原有处级行政编制基础上，杭州将其提格并重组正局级事业单位——杭州市京杭运河（杭州段）综合整治与保护开发指挥部，与市京杭运河（杭州段）综合整治和保护开发领导小组办公室合署办公。作为承担部分行政职能的事业单位，在市委、市政府的领导下，在领导小组授权下主持日常工作，市运河指挥部代表政府承担统一规划、统一协调、统一筹资的任务，组织实施部分重点项目。2003年12月，成立国有独资企业——杭州市运河综合保护开发建设集团有限责任公司（简称"杭州运河集团"），与市运河指挥部实行"两块牌子、一套班子"。

---

① 乐云，张云霞，李永奎.政府投资重大工程建设指挥部模式的形成、演化及发展趋势研究[J].项目管理技术，2014，12（9）：9-13.

作为国有独资公司，杭州运河集团的主要职责是通过市场化运作，搞好招商引资，吸引社会资金，为运河综合保护提供资金保障，系统解决好"钱从哪里来、地从哪里来、人往哪里去"尤其是"钱从哪里来"的核心关切问题。杭州采用"借地生财为主、财政投入为辅"的资金筹措方式，推进企业退二进三、城中村改造等市场化方式，多渠道筹措运河综保资金[①]。通过顶层规划的出台和高起点规划的优化调整，引领运河两岸的土地综合开发，提升运河区域内地块综合效益。

城市规划是政府调控城市空间资源、指导城乡发展与建设、维护社会公平、保障公共安全和公众利益的重要公共政策之一[②]。2005年1月，杭州市人民政府首先出台《京杭运河杭州段控制性详细规划》，规划用地范围包括：主城区段南起三堡船闸，北至石祥路，长约14km，两岸用地横向至第一条城市主干道，每侧平均500m；郊区段从石祥路段至余杭区塘栖镇水北地区，长约25km，两岸横向用地每侧控制在1000m左右（图5.4）。在做好顶层规划和机制创新的同时，加强土地出让工作，加快拆迁进程，强势推进城乡区域拆迁，破解企业征迁难题，确保重点项目实施。规划将这个范围内的土地整理后出让，以此来获得资金用于规划范围内运河综保工程重点项目的建设与推进，即通常理解的取之于民、用之于民，取之运河、用之运河。2006年9月，杭政储出［2006］20号地块即杭汽发原厂址地块的成功出让（即现武林一号小区），标志着京杭运河（杭州段）保护开发工程通过市场化运作的融资方式正式启动。该地块出让面积总计104070m²（约156.1亩），土地出让所得资金36.3亿元[③]，除部分被用于补偿搬迁企业外，其余大部分被用于大运河边的小河直街历史街区的改造与整治。"原来这些运河沿岸的老房后面有大片的工厂，已经下马了，或者因污染而搬迁了，政府把它们的用地卖掉，用于另建大楼，用卖地的钱来大修运河区的老房并不亏。"[④]因此可以看出，杭州运河综保工程所创新的运作模式，追求的自我平衡，平衡的不是一个项目，而是一个区域，平衡的不是一个行政单位，而是杭州这座城市。

---

① LILAC.杭州模式是如何炼成的？ 运河集团总经理郑翰献专访[J].风景名胜，2010（10）：18-21.

② 住房和城乡建设部.城市规划编制办法[EB/OL]. [2022-4-5].泌阳县人民政府官网，http：//www.biyang.gov.cn/web/front/news/detail.php?newsid=10234.

③ 叶建英，徐彦.绿城滨江拿下闹市宝地 杭汽发地块以36.3亿元出让[EB/OL]. [2006-9-30].浙江在线，https：//zjnews.zjol.com.cn/05zjnews/system/2006/09/30/007905640.shtml.

④ 舒乙.杭州是这样修老房子的[J].瞭望，2008（30）：61-62.

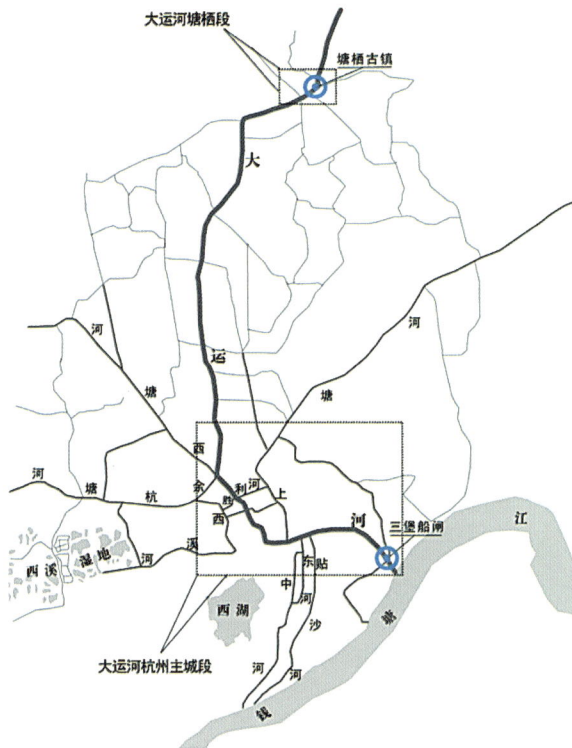

**图5.4　杭州运河综合规划范围示意图**

（来源：沈旭炜 绘）

　　2007年，杭州市京杭运河（杭州段）综合整治与保护开发指挥部更名为杭州市京杭运河（杭州段）综合保护委员会（简称"杭州市运河综保委"）（图5.5）。拱墅、江干、下城等运河流经的城区属地政府相应成立区级层面的运河指挥部，性质均为正处级区政府直属单位，主要职能是承担征地拆迁和部分基础设施或开发项目的建设。杭州市运河综保委、余杭区人民政府、余杭区塘栖镇人民政府三方共同出资，组建国有公司杭州余杭运河综合保护开发建设有限公司，主要负责京杭运河（余杭段）的综合保护和开发建设工作。市指挥部和区分指挥部各司其职，有效整合市、区力量，从市、区两级行政体制和市场配置上双向确保强力推进杭州运河综合保护工程。2008年，经杭州市政府批准，由杭州运河集团出资组建杭州运河集团投资发展有限公司，专门从事大运河杭州主城区段的土地开发与物业招商经营等业务。外加上2006年由杭州运河集团、杭州旅游集散中心与市港航局下属一家公司签署合资经营的杭州市水上公共观光巴士有限公司，共同构成大运河（杭州段）的现代公司治理框架体系。

**图5.5　杭州运河综合保护的"两块牌子"**
（来源：沈旭炜 摄，2013年左右）

在大量的基础设施和重大工程建设过程中，为更好挖掘和展示杭州运河历史文化，提升软实力，在杭州运河（河道）学研究理事会的组织领导下，2010年由杭州市运河综保委组建杭州运河（河道）研究院，由杭州市市区河道整治建设中心组建杭州运河（河道）研究院河道分院。杭州运河（河道）研究院作为运河（河道）学研究的专门机构，承担杭州运河（河道）学研究理事会秘书处工作。由杭州市运河综保委负责建立健全杭州运河（河道）研究会，作为杭州运河（河道）学研究的民间社团组织，由学科研究部门、社会研究机构、高等院校、专家学者等组成。按照"研究院＋研究会＋博物馆＋出版社＋全书＋专业机构"的总体架构要求，积极推进杭州运河（河道）学的研究工作。

此外，为了推进大运河联合申遗工作，早在2008年杭州市就成立了大运河保护和申遗工作领导小组，领导小组办公室设于市运河综保委，并从市运河综保委、市文物考古研究所、市区河道整治建设中心等部门抽调若干名业务骨干，集中办公，负责大运河杭州段申报世界遗产的联络协调等日常业务工作。2009—2011年，由市运河综保委负责改建杭一棉（通益公纱厂）、浙江红蕾丝织厂、桥西土特产仓库，先后建成开放中国刀剪剑博物馆、中国扇博物馆、中国伞博物馆、杭州工艺美术博物馆，共同组成杭州工艺美术博物馆群，既成为市民游客研学教育、日常休闲、遗产旅游的重要目的地，也成为杭州保护与利用工业遗产的封面级城市典范，得到了专家学者们的普遍关注，并对其实践经验进行了理论升华凝练①。可以说，构建大运河综合保护"杭州模式"的初衷是"保护和利用好这条千古运河，让它恢复往日的繁荣富足，呈现当初的万种风情，铺陈曾经的绚丽文化，延续悠长的历史文脉，与西湖、西溪和钱塘江一起，构筑杭州江河湖海溪的城市格局，重显五水贯通的水城神韵"②。杭州模式最大的体制特点，就是最大程度实现了政府主导力、市场配置力和社会创造力的"三力合一"，同时充分调动了政府部门、市场主体、专家智库和民间力量的多个主体的积极性，也最终通过实践赢得了社会各界的高度肯定（图5.6）③④。

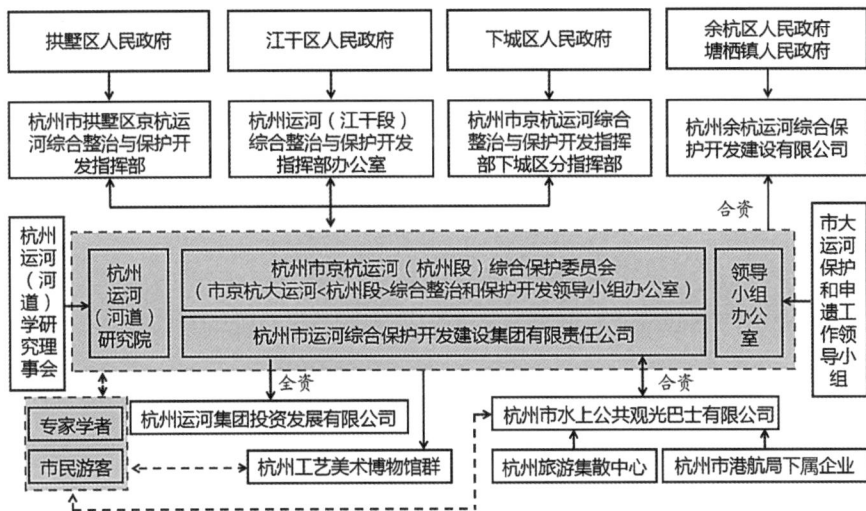

**图5.6 杭州市大运河综合保护体制运行图（2003—2014年）**

（来源：沈旭炜 绘）

2013年9月22～26日，联合国教科文组织世界遗产委员会的咨询机构——国际古迹遗址理事会（ICOMO）专家莉玛·胡贾女士对中国大运河世界文化遗产申报

---

① 张环宙，沈旭炜，吴茂英.滨水区工业遗产保护与城市记忆延续研究：以杭州运河拱宸桥西工业遗产为例[J].地理科学，2015，35（2）：183-189.

② LILAC.杭州模式是如何炼成的？ 运河集团总经理郑翰献专访[J].风景名胜，2010（10）：18-21.

③ 王国平.保护运河 申报世遗[J].杭州通讯，2006（6）：4-9.

④ 张兆曙.城市议题与社会复合主体的联合治理：对杭州三种城市治理实践的组织分析[J].管理世界，2010（2）：46-59，187.

项目杭州段进行现场考察评估后给予高度评价："杭州对运河历史文化的保护和传承深入而细致。杭州大运河管理十分到位，这不仅是杭州的荣耀，也折射出其他大运河沿线城市的管理水平。杭州大运河活态遗产的保护与整个区域之间紧密结合，市民共享的举措让人震撼。通过此次考察，发现中国为大运河做出了许多努力和贡献，全世界将为中国的大运河感到骄傲。"（图5.7）

**图5.7　国际古迹遗址理事会专家莉玛·胡贾女士在杭州现场评估大运河申遗项目**
［来源：杭州市京杭运河（杭州段）综合保护委员会］

### （四）文化保护传承利用阶段

2014年中国大运河成功申报世界文化遗产后，按照"事企分离、管办分开"的原则，杭州市委、市政府做出了调整市运河综保委（市运河集团）机构和体制的决策，将原来的"一套班子、两块牌子"调整为"两套班子、两块牌子"。一是保留杭州市京杭运河（杭州段）综合保护委员会牌子，归并到杭州市园林文物局，杭州工艺美术博物馆随市运河综保委一并划归市园文局管理。由于当时杭州市园林文物局与西湖风景名胜区管理委员会实行的也是"一套班子、两块牌子"的管理体制，所以归并后相当于实行的是"一套班子、三块牌子"，原有"两块牌子"不变，增挂一块市运河综保委的牌子。与此同时，根据当时正在起草的《杭州市大运河世界文化遗产保护条例》精神，下设一个正处级的事业单位杭州市京杭运河（杭州段）综合保护中心，主要负责承担大运河世界文化遗产监测管理、相关立法和协调管理、京杭运河河长制工作协调、运河世界文化遗产宣传教育、杭州运河学研究等职能。二是在对行政体制作出调整的基础上，保留杭州运河集团，作为市政府直属国有企业，并将杭州运河集团纳入市政府国有资产监督管理委员会的监管体系，作为杭州市承担大运河保护传承利用重大国家战略的载体平台和土地一级市场开发建设主体，负责京杭运河规划范围内土地开发利用、公共配套设施建设、项目建设和运营管理、资本运作等工作，为运河综合整治与保护开发提供相应的资金保障（图5.8）。

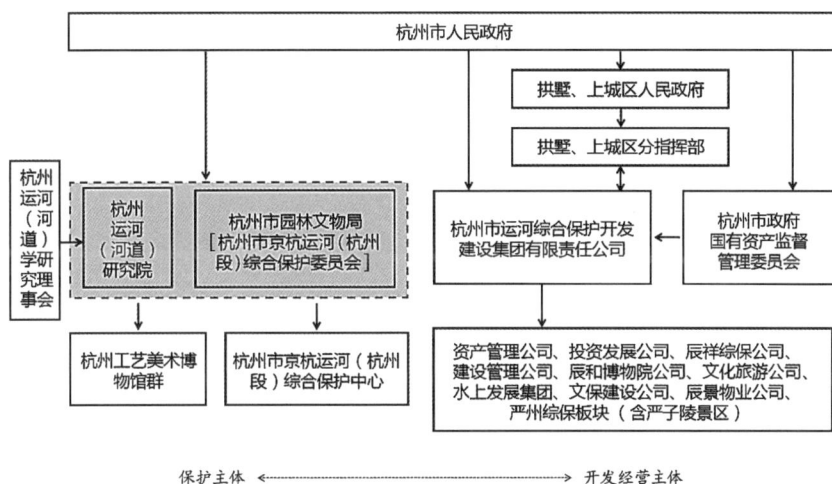

**图5.8　杭州市大运河综合保护体制运行图（2015—2021年）**

（来源：沈旭炜 绘）

在随后的几年中，杭州对大运河综合保护的体制也依然在不断进行变革以适应新时代的动态发展需要。杭州西湖文化景观，"三面云山一面城"，于2011年入选《世界遗产名录》。"团状"的西湖和"线性"的运河在空间结构、遗产特征以及与城市的内在关系，有着显著的差异。在遗产管理体制上，西湖世界遗产的保护边界相对清晰，即杭州西湖风景名胜区管理委员会。大运河世界遗产的保护边界则相对复杂很多，既涉及园林、规划、港航、城管等市级职能部门，又与大运河所流经的拱墅、余杭等区级属地政府紧密相关。为更好地理顺大运河世界遗产的保护机制，2019年，在杭州市推行的新一轮机构改革中，杭州市园林文物局［杭州市京杭运河（杭州段）综合保护委员会］又与杭州西湖风景名胜区管委会分设，作为大运河世界文化遗产的保护主体独立建制，以更好地发挥园林文物部门对包括大运河、西湖、良渚等世界遗产在内的行业管理和业务指导作用。另外，剥离了事业职能的杭州市运河集团，其发展战略则从承担政府重大专项任务的单一战略转变为"专项任务"与"投资经营"两轮驱动战略，市场经营意识更为敏感，市场资源配置能力也进一步得到增强，开发规模和经营业务也不断壮大。截至2021年底，该集团下辖全资、控股公司由2014年的3家增至9家，参股公司4家，集团系统拥有总资产约500亿元，业务涵盖区域开发、文化旅游、资产经营等板块，国有资产进一步实现保值增值。围绕三大历史街区、四大文化园区、博物馆群、寺庙庵堂、遗产遗迹，打造的京杭大运河杭州景区成为大运河沿线第一家以京杭运河主航道为空间主体的国家4A级旅游景区。京杭大运河博物院、大运河滨水公共空间、大城北中央景观大道、大运河杭钢工业旧址综保项目、大运河未来艺术科技中心、大运河生态艺术岛六个项目组成"大运河世界文化遗产公园"，作为浙江省唯一项目上报并成功列入国家文化公园标志性工程，高标准推进大运河保护传承利用暨大运河国家文化公园建设。

## 第三节　规划保护

大运河是国家历史文化显性标志，是坚定道路自信、文化自信的重要载体，旨在"打造宣传中国形象、展示中华文明、彰显文化自信的亮丽名片"。运河文化带建设作为宏大的国家战略构想，治理体系的确立是落实构想的基础①。浙江较早关注大运河文化带建设中"条块分割不易形成合力""权责交织难以沟通""城市建设与遗产保护不易协调"等实际困难，开始对大运河开放的复杂巨系统进行研究和顶层设计。

### ◤ 一、空间范围

大运河（浙江段）包括水网密集的江南运河（浙江段）和"天工人巧各取其半"

---

① 谢光前，李道国.大运河文化带建设的立场、原则及其治理体系构建[J].江南大学学报（人文社会科学版），2018，17（5）：116-120.

的浙东运河，在大运河发展史上占据重要地位。江南运河（浙江段）为漕粮北运提供了交通便利，浙东运河是中国大运河内河航运通道与外海连接的接口纽带。浙江的吴越文化、江南文化，以及"丝绸之府""鱼米之乡"等，都离不开大运河的哺育滋养[①]。根据《浙江省大运河文化保护传承利用实施规划》，浙江大运河文化带以大运河（浙江段）世界文化遗产为核心资源依托，在空间范围上，主要覆盖杭州、宁波、湖州、嘉兴、绍兴5市沿大运河的24个县（市、区），包括杭州上城、拱墅、西湖、滨江、萧山、余杭、临平7区，宁波海曙、江北、镇海、北仑、鄞州、余姚5区1市，湖州吴兴、南浔、德清、长兴2区2县，嘉兴南湖、秀洲、海宁、桐乡2区2市，绍兴越城、柯桥、上虞3区，并辐射5地市全域（图5.9）。其中，杭州上城、拱墅、西湖、滨江、萧山、余杭、临平，宁波海曙、江北、镇海、北仑、鄞州、余姚，湖州南浔、德清，嘉兴秀洲、桐乡，绍兴越城、柯桥、上虞20个区（市、县），被纳入国家《大运河文化保护传承利用规划纲要》核心区。因为2021年5月浙江省调整杭州市部分行政区划，撤销杭州上城、下城、江干、拱墅、余杭，设立临平和新的上城、拱墅、余杭，所以部分行政区划名称发生一些变化。

**图5.9　浙江大运河文化带空间范围示意图**
（来源：徐露晨　绘）

---

① 车俊.坚决扛起大运河文化带建设的浙江担当[J].今日浙江，2019（7）：8-10.

## 二、战略定位

2019年4月11日至12日，时任浙江省委书记车俊先后赴大运河拱墅段、嘉兴秀洲段、绍兴柯桥段实地调研，强调要认真贯彻落实习近平总书记重要指示精神，坚决扛起浙江担当，精心保护大运河遗产，有效传承大运河文化，合理利用大运河资源，把大运河浙江段建设成千年古韵、江南丝路、通江达海、运济天下的水乡文化经典呈现区、运河文化精品展示带和水生态文化精彩示范段，努力在全国大运河文化带建设中走在前列[①]。

根据《浙江省大运河文化保护传承利用实施规划》，大运河（浙江段）战略定位为中国大运河的核心组成部分，是浙江参与"一带一路"倡议以及长江经济带、长三角一体化发展等的重要载体。同时，秉持"干在实处、走在前列、勇立潮头"的浙江精神，以大运河世界文化遗产为核心，以统筹大运河文化保护、传承、利用为主线，坚持共抓大保护、不搞大开发，高水平打造"千年古韵、江南丝路、通江达海、运济天下"的大运河文化保护传承利用的浙江样本，将大运河（浙江段）打造成为国际影响广泛、遗产保护有效、功能价值突出、生态环境优越的中国大运河华彩段。

### （一）树立国际标杆的文化遗产展示带

认真履行大运河申遗时对联合国国际教科文组织许下的庄严承诺，恪守《世界遗产公约》及其操作指南的有关要求，继续为大运河珍贵文化遗产提供最好的保护；继续团结各利益相关方，进一步巩固跨地区跨行业对话和协调机制，深入探讨巨型线性文化遗产，尤其是活态文化遗产的保护、管理和利用模式，让蕴含丰富精神内涵的大运河流淌向可持续发展的未来[②]。对标和借鉴法国米迪运河、比利时中央运河、加拿大里多运河、英国庞特基西斯特水道桥与运河、荷兰阿姆斯特丹17世纪运河区等国际运河遗产保护和利用的成功经验，全面承担大运河浙江段珍

① 王国锋.车俊：统筹好保护传承利用 坚决扛起大运河文化带建设的浙江担当[N].浙江日报，2019-4-13.
② 京华时报.大运河、丝绸之路申遗成功 官方承诺给予最好保护[EB/OL]. [2014-6-23].人民网，http：//culture.people.com.cn/n/2014/0623/c22219-25184045.html.

贯历史文化遗存的保护、保存和展示责任，弘扬大运河文化价值，促进价值认同与维护。同时，在大运河文化遗产的管理、研究、教育、技术创新等方面进行积极探索和实践，推进大运河遗产保护由区域性保护向全面性保护发展，力争能保则保、应保尽保，形成具有国际影响力的世界文化遗产保护浙江经验。

### （二）践行"绿水青山就是金山银山"理念的生态文明示范带

浙江是习近平总书记"绿水青山就是金山银山"理论的策源地、成熟地和践行地。要深入践行"绿水青山就是金山银山"理念，加强与大运河密切相关的生态和景观环境保护，以控制开发强度、调整产业布局、强化流域水环境治理、加强运河水系河网湿地保护等为重点，全面推进山水林田湖草生命共同体建设，构建山青、水净、天蓝的运河流域环境，打造全国生态文明发展高地。

### （三）传承中华文明的文化旅游精品带

大运河作为中华民族最具代表性的文化标识之一，体现了道法自然的文化智慧，蕴含着天人合一的文化理念。要以展示传承弘扬博大精深的中华文化为主要任务，挖掘水利工程、历史名城、古镇（村）、古建筑等固态文化遗存和非物质文化遗产，以运河历史文化街区和特色小镇为重点，加快推进文化、旅游与相关产业的融合发展，打造贯通全省运河及沿线的历史文化长廊和休闲游憩长廊，打响运河国际旅游目的地品牌，推动中华文明和浙江文化更好地走向世界。

### （四）重现通江达海的千年古道水运带

充分发挥大运河（浙江段）的在用航运功能和活态遗产特性，合理划分航道保护利用空间。着力打通京杭运河杭州市区段和杭甬运河宁波市区段两大瓶颈，加快推进运河航运转型升级，提升绿色航运效能，适度发挥大运河千年黄金水道的作用。

### （五）承接国家战略的沿河开发利用带

立足浙江在长三角一体化发展国家战略中的重要地位，充分发挥大运河连接"一带一路"、长江经济带的纽带作用和贯穿京津冀、长三角两大城市群的大通道作用，凸显串联浙江大湾区大花园大通道大都市区的区位优势，全面融入、主动对接国家和省级战略，推进形成大运河（浙江段）与省内外相关区域产业共兴、设施共享、生态共建、市场共拓的保护发展格局，整体提升区域开放水平和国际形象。

## ▍三、规划格局

大运河（浙江段）主要由江南运河（浙江段）和浙东运河段两大段组成，途经杭州、宁波、湖州、嘉兴、绍兴5市24个县（市、区）。根据《浙江省大运河文化保护传承利用实施规划》，浙江大运河文化带落实"五带"战略定位，按照"河为线、城（园）为珠、线串珠、珠带面"的布局思路，构建"一廊两片多组团多线路"的空间格局。推进形成以大运河文化旅游休憩长廊为主线，联动江南运河文化片和浙东运河文化片两片区，集聚发展多组团的空间格局。在此基础上，串联大运河沿线丰富的历史文化遗存和非物质文化遗产，构建六大经典文化旅游精品线路。

### （一）一廊

一廊即大运河文化旅游休憩长廊。着眼于线性文化遗产的活态化保护和利用，充分发挥大运河在文化交流、游憩休闲、景观提升等方面的重要作用，加强运河水系生态保护和沿河景观建设，强化运河沿线文化资源和旅游资源整合，建设一批传承运河文化、弘扬运河精神、讲述运河故事、体验运河生活的文化服务设施和旅游接待设施，构建文化廊道、景观廊道、游憩廊道、生态廊道、交通廊道等"多廊合一"的运河文化旅游休憩长廊。

### （二）两片

一是以"诗画江南·水乡古镇"为特色的江南运河文化发展片。涵盖大运河沿线杭州、湖州、嘉兴。彰显江南运河与城市相伴相生的特色，以京杭大运河·杭州景区和湖州太湖旅游度假区、嘉兴运河文化省级旅游度假区建设等为核心依托，加强乌镇、南浔、长安、塘栖、西兴、善琏等运河古镇以及杭州拱宸桥西、小河直街、月芦文杼等历史街区的保护和利用，深入挖掘丝绸文化、溇港文化、桥梁文化、船舶文化、工业文化等特色文化资源，创新运河文化内涵，形成以"江南诗画·水乡古镇"为特色的江南运河发展片。

二是以"古越风情·丝路启航"为特色的浙东运河文化发展片。涵盖大运河沿线宁波、绍兴及杭州的滨江区和萧山区。彰显浙东运河通江达海、运济天下的特色，以宁波"一带一路"建设综合试验区和绍兴鉴湖旅游度假区建设为核心，加强古纤道、古会馆、名人故居等历史文化遗存的保护和利用，深入挖掘古越文化、海丝文化、名人文化、戏曲文化等特色文化资源，加快推进浙东运河河海联运，提升发展绍兴黄酒小镇、柯桥兰亭书法小镇、越剧小镇、梁祝小镇以及八字桥、官河历史文化街区等平台，形成以"古越风情·丝路启航"为特色的浙东运河发展片。

### （三）多组团

一是特色文化旅游组团。重点打造六大特色文化旅游组团，即以运河文化为特色的杭州运河文化旅游组团，以文化主题游乐为特色的杭州湘湖文化旅游组团，以海商文化为特色的宁波三江口文化旅游组团，以太湖文化为特色的湖州南太湖文化旅游组团，以红色文化为特色的嘉兴南湖文化旅游组团，以古越文化为特色的绍兴越城文化旅游组团。

二是历史经典产业组团。重点打造三大历史经典产业组团，即以茶叶和丝绸文化传承发展为核心的杭州历史经典产业组团，以丝绸和湖笔文化传承发展为核心的湖州历史经典产业组团，以黄酒和书法文化传承发展为核心的绍兴历史经典产业组团。

三是创意设计和数字内容服务组团。重点打造四大创意设计和数字内容服务组团，即以文化、艺术、科技、广告服务和专业服务为主导的杭州运河创意设计和数字内容服务组团，以艺术创作和数字内容服务为主导的杭州之江创意设计和数字内容服务组团，以文化软件服务和互联网信息服务为主导的杭州滨江创意设计和数字内容服务组团，以广告服务和文化软件服务为主导的宁波创意设计和数字内容服务组团。

四是时尚文化组团。重点打造一个以皮革制品和皮草、针织服装创意设计为核心的嘉兴时尚文化组团。

五是品牌体育赛事组团。重点打造杭州国际体育赛事、宁波海洋体育赛事、湖州户外极限运动赛事及绍兴水上体育赛事四大品牌赛事组团，举办2022年杭州亚运会、女排世界杯、国际汽联房车世界杯赛（WTCR）[①]、国际环太湖自行车赛、皮划艇马拉松世界系列赛等重大体育赛事活动。

---

[①] 笔者注：WTCR，房车世界杯，即 World Touring Car Cup 的简称。房车世界杯是于2018年由著名的世界房车锦标赛（WTCC，World Touring Car Championship）与房车系列赛（TCR，Touring Car Racing）合并后的一项全新比赛。

### （四）多线路

一是运河古镇之路。深入挖掘与运河伴生的古镇和历史文化街区的历史价值、文化价值和旅游价值，加大环境整治和建设修复力度，串联嘉兴乌镇、长安、盐官，湖州南浔、新市，杭州塘栖、西兴，宁波慈城等古镇，以及月芦文杉、小西街、杭州拱宸桥西、小河直街、八字桥、月湖等历史街区，打造以明清建筑群和运河遗迹为主要载体，以展示运河人文内涵和传承运河人文情怀为主要功能的运河古镇经典文化线路。

二是运河丝绸之路。深入挖掘杭嘉湖地区作为蚕桑文化和丝绸的发源地文化底蕴，以"21世纪海上丝绸之路"和陆上丝绸之路为线索，串联南浔丝商古建筑群、湖州丝绸小镇、嘉兴丝绸博物馆、中国丝绸博物馆、杭州中国丝绸城、绍兴柯桥华舍、宁波庆安会馆、安澜会馆、中国港口博物馆等载体，打造以蚕桑文化、丝绸文化、丝绸商贸、丝绸文创为主要内容的运河丝绸之路经典文化线路。

三是运河诗画之路。以浙东运河、沿线古驿道为轴线，串联杭州西兴老街、萧山义桥渔浦，绍兴禹陵、兰亭、东湖、镜湖、曹娥庙，宁波天童寺、东钱湖等一批承载历代诗词、书画等优秀传统文化的风景名胜、历史街区和旅游景点，加快沿线文物古迹的抢救性保护和修缮，打造以诗词书画文化为特色的研学旅游线路。精品化打造大运河诗路、浙东唐诗之路，联动打造钱塘江诗路和瓯江山水诗路，构建全省"诗路文化带"四大支柱。积极开展浙东唐诗之路申报世界文化遗产工作。

四是运河曲艺之路。深入挖掘"一部戏曲史、半部在浙江"的丰厚戏曲历史文化底蕴，围绕昆曲、越剧、海宁皮影戏、甬剧、绍剧、杭州评话、摊簧、宁波走书等传统戏剧、曲艺，依托浙江昆剧院、浙江小百花越剧团、海宁皮影艺术团等一批省级专业院团和民间艺术团体，以专业院团驻场演出、巡回演出、地方专场展演和民间戏曲文化节等为载体，打造运河戏曲文化展演、交流线路。

五是考古研学之路。围绕吴越之地丰富的历史文化遗存，以地面遗存调查研究为主，结合文献进行价值评估，重点选择杭州临平湖遗迹、嘉兴子城遗址、湖州钱山漾遗址、宋六陵及运河遗址等一批与运河关系密切的遗址进行考古调查。积极梳理考古调查、发掘项目清单，绘制运河考古发掘地图，串联沿线历史文化遗存，打造考古研学线路。

六是运河遗产绿道。整合运河沿线沿岸绿道资源，按照以城区带动乡镇、以乡镇带动郊野的建设思路，从大运河遗产河道整理断面、护岸设计、湖泊湿地边界处理、城市边缘与水系边界设计、林带斑块构成、文化遗产廊道展示等着手，对大运河沿线绿道的景观元素、空间区位、位置形状、尺度、连续性等区域景观格局进行战略性重构，打造贯通大运河浙江段、兼具游步道、骑行车道等功能的运河遗产绿道。

## 四、保护区划

联合国教科文组织保护世界文化和自然遗产政府间委员会世界遗产中心编印的《实施〈世界遗产公约〉操作指南》指出，世界遗产的保护与管理须确保其在列入《世界遗产名录》时所具有的突出普遍价值以及完整性和/或真实性在之后得到保持或加强。列入《世界遗产名录》的所有遗产必须有长期、充分的立法、规范、机构和/或传统的保护及管理，以确保遗产得到保护。保护必须包括充分的边界划定[①]。通过对世界遗产核心及周边特定区域边界的划定，进行土地利用控制，以消除来自世界遗产内部和外部的威胁，保护和加强世界遗产突出普遍价值，已经成为申报、保护和管理世界遗产可持续发展的一种必要和成熟的操作方法。

世界遗产的遗产保护区划为核心区和缓冲区两类，以协调保护与发展的矛盾，加强遗产保护的有效性[②]。世界遗产核心区（Boundaries for Effective Protection）指由包括体现遗产突出普遍价值的各个要素，以及体现遗产完整性与真实性相关各要素所构成的区域。世界遗产缓冲区（Buffer Zones）指为了有效保护申报遗产而划定设立的遗产周围的区域。缓冲区的使用和开发均受到相关法律和/或习惯规定的限制，以此为遗产增加保护层。缓冲区包括申报遗产直接所在的区域、重要景观，以及其他在功能上对遗产及其保护至关重要的区域或特征。缓冲区的构成区域应通过合适的机制来决定。虽然缓冲区并非所申报的世界遗产的正式组成部分，一旦列入《世界遗产名录》，对缓冲区的划定或任何变动都需经世界遗产委员会按照边界微

① UNESCO.The Operational Guidelines for the Implementation of the World Heritage Convention（2021）[EB/OL].[2021-7-31].联合国教科文组织世界遗产中心官网，http://whc.unesco.org/en/ guidelines.
② 赵科科，孙文浩.英国庞特基西斯特水道桥与运河的保护与管理[J].水利发展研究，2010，10（7）：68-70.

调的程序批准。列入后新建的缓冲区设定通常被视作边界微调[①]。随着人们对世界遗产整合保护意识的提高和对遗产完整性、真实性的日益关注，以及实践过程中遗产地的建设加剧和各种遗产边界外的活动对遗产本体带来的威胁与可能的动态因素的增加，操作指南中的遗产缓冲区定义和设定要求不断拓展演变，缓冲区的作用正在日益突出，逐渐成为世界遗产申报和评估的重要依据和世界濒危遗产脱危的主要措施[②][③]。

根据操作指南的要求，国家文物局于2013年提交的《中国大运河申报世界文化遗产文本》对大运河（浙江段）的遗产区和缓冲区进行了初步明确。而后浙江省文物局在研究制订落实《大运河文化保护传承利用规划纲要》时，根据实际工作开展需要，经报批后，对江南运河（南浔段）和宁波三江口的保护区划进行了局部微调。根据申报文本和保护规划，大运河（浙江段）世界遗产区总面积26.58km²，缓冲区总面积103.59km²，遗产区和缓冲区面积合计130.17km²（表5.5）。

大运河（浙江段）遗产区和缓冲区面积（单位：km²）　　　　　表5.5

| 组成部分名称 | 遗产区 | 缓冲区 | 合计 |
|---|---|---|---|
| 江南运河嘉兴—杭州段 | 14.42 | 64.64 | 79.06 |
| 江南运河（南浔段） | 0.92 | 1.26 | 2.18 |
| 浙东运河杭州—绍兴段 | 6.83 | 17.45 | 24.28 |
| 浙东运河上虞—余姚段 | 1.58 | 11.13 | 12.71 |
| 浙东运河宁波段 | 2.70 | 8.82 | 11.52 |
| 宁波三江口 | 0.13 | 0.29 | 0.42 |
| 总面积 | 26.58 | 103.59 | 130.17 |

来源：本研究整理。

截至2023年8月，我国已经拥有世界遗产总数达到56处，其中世界文化遗产38项、世界文化与自然双重遗产4项、世界自然遗产14项，跃升为拥有世界遗产地数量第二多的遗产大国。在大运河世界遗产保护实践工作中，社会各界已经开始

① UNESCO. The Operational Guidelines for the Implementation of the World Heritage Convention（2021）[EB/OL].[2021-7-31].联合国教科文组织世界遗产中心官网，http：//whc.unesco.org/en/ guidelines.

② 王晓.世界遗产保护中缓冲区的作用研究：以良渚遗址为例[J].中国文化遗产，2020（6）：58-66.

③ 贾丽奇，郭华敏.《实施世界遗产公约的操作指南》中关于"缓冲区"条款的修订解读[J].规划师，2015，31（S2）：42-45，49.

认识到遗产核心区和缓冲区的划定，对于遗产本体保护和区域经济发展的重要性。但由于大运河点多、线长、面广的特点，在实践中尤其是遗产缓冲区的局部划定依然存在一定的随意性，并且部分城市由于尚未建立或健全合适的体制机制，核心区和缓冲区主管部门不同，保护规划缺乏部门协调，相应的报批流程或监测平台未能及时跟进，思想认识上的重视程度也不足，一定程度上弱化了大运河保护传承利用工作实施的效果和效率。

## 第四节　空间管控

为贯彻落实《大运河文化保护传承利用规划纲要》等上位规划，加强大运河文化带国土空间用途、空间形态和景观风貌管控，打造树立国际标杆的文化遗产展示带、践行绿水青山就是金山银山理念的生态文明示范带、弘扬中华文明的文化旅游精品带、重现通江达海的千年古道水运带、承接国家战略的沿河开放利用带，合理划分遗产保护地带、重点管控地带和优化发展地带，营造生态、生产与生活互生共栖的多功能空间，实现保护、传承、利用的总体要求。

大运河管理的多属地、多部门，决定了大运河遗产保护地带、重点管控地带和优化发展地带的划定和管控不同于一般的文化遗产或河道水系。在处理遗产保护地带、重点管控地带和优化发展地带的边界划定上，主要分为3种模式：一是"大圈套小圈"模式，即在重点保护的遗产保护地带（小圈）之外，再划定重点管控地带和优化发展地带（大圈）；二是按照价值评估等级将不同河道分成不同等级，一段河道只划一条线的模式，即遗产保护地带、重点管控地带和优化发展地带的边界大致保持平行；三是以上两种模式的综合。根据《浙江省大运河文化保护传承利用实施规划》，在遗产保护地带、重点管控地带和优化发展地带中落实分类保护和建设控制要求。

## ■ 一、遗产保护地带

众所周知，对于任何层次的保护规划，保护区划都是其中的核心内容①。

### （一）遗产区

遗产区指对大运河遗产本体及周围一定范围实施重点保护的区域。遗产区内不得进行工程建设或者爆破、钻探、挖掘等作业；但是，遗产区内确需进行下列工程建设或者爆破、钻探、挖掘等作业的，应当依照《中华人民共和国文物保护法》有关规定履行报批程序：大运河遗产保护有关的工程建设、景观维护、环境整治，历史文化街区整治；防洪排涝工程和水文水质、气象监测设施建设；航道和港口、跨河桥梁和隧道、水上交通安全设施建设；因特殊情况需要进行的其他工程建设。

在遗产区内进行工程建设，应当符合大运河遗产保护规划，避开大运河水利工程遗存相关古迹、遗址，并采取对大运河遗产影响最小的施工工艺。因特殊情况不能避开的，应当按照有关法律、法规的规定尽可能实施原址保护。

### （二）缓冲区

缓冲区是指遗产区外为保护大运河遗产的安全环境、历史风貌和视廊景观，对建设活动加以限制的区域。缓冲区新建、改建、扩建建筑物或者构筑物，不得破坏大运河遗产的安全环境、历史风貌和视廊景观，建设工程设计方案应当依照《中华人民共和国文物保护法》有关规定履行报批程序。建设单位应当按照批准的设计方案进行工程建设。自然资源主管部门确定缓冲区内建设用地规划条件时，应当限制土地开发利用强度，相关控制指标应当符合大运河遗产保护要求。

## ■ 二、重点管控地带

按照《大运河文化保护传承利用规划纲要》生态空间管控要求，将江南运河

① 姚迪.巨系统文化遗产保护的探究及现实困境的思索：以大运河保护规划为例[J].城市规划，2010，34（1）：48-51.

（浙江段）和浙东运河主河道两岸各2000m内的核心区范围划定为核心监控区。遗产区、缓冲区以外的核心监控区的开发利用，应当符合生态环境保护、国土空间管控等要求，并与大运河遗产及其历史风貌相适应。

遗产区、缓冲区以外的核心监控区的开发利用，实行负面清单管理制度，严禁新建扩建不利于生态环境保护的工矿业企业等项目；核心监控区的非建成区严禁大规模新（扩）建房地产、大型及特大型主题公园等开发项目；城市建成区老城改造按照高层禁建区管理，落实限高、限密度的具体要求。负面清单管理制度由省发展改革部门会同省自然资源、生态环境、经济和信息化、住房城乡建设、文物等部门制定，报省人民政府批准后实施。未纳入《大运河文化保护传承利用规划纲要》核心区的运河主河道，严格按照《大运河浙江段遗产保护规划》划定建设控制地带，对沿线开发建设活动加以控制。

2021年2月，浙江在全国范围内率先出台《浙江省大运河核心监控区国土空间管控通则》，将核心监控区划分为历史文化空间、生态保护空间、城镇建设空间、村庄建设空间、其他农林空间5类管控分区，从国土空间用途、空间形态与景观风貌等方面予以严格管控。如在建筑高度和建筑退让方面，通则均设置了严格的技术参数，要求沿运河两岸新建或重建建筑的高度需遵循"前低后高、渐次升高"的滨水梯度原则，升高的幅度需以运河对岸河堤外坡脚为基点，视角不宜大于18°；大运河第一界面的建筑高度原则上不得超过建筑退让河岸线距离的2/3；村庄建设空间和其他农林空间，除必要的水利设施、航运设施、市政公用设施外，建筑高度均控制在3层以内 [①]。杭嘉湖绍甬等先后从地级市层面出台本地区相应的核心监控区国土空间管控细则，以此指导和落实大运河文化带的保护传承利用。

### ▎三、优化发展地带

优化发展地带涵盖《大运河浙江段遗产保护规划》涉及的25个县（市、区）。加快推进沿线各县（市、区）的多规融合，充分发挥国民经济和社会发展规划、国

---

① 浙江省人民政府办公厅.浙江省人民政府办公厅关于印发浙江省大运河核心监控区国土空间管控通则的通知[EB/OL]. [2021-2-22].浙江省人民政府网站，https://www.zj.gov.cn/art/2021/3/5/art_1229019365_2241418.html.

土空间规划、环境保护规划、文物保护规划、航运发展规划、水利综合规划等的指导作用，构建均衡、和谐、联动的规划管理体系，促进沿线国土空间的科学有序开发。鼓励运河沿线城镇在不改变运河原生态保护的前提下，实行有机更新、工矿企业"退二进三"，推动不符合生态环境、遗产空间保护和相关规划要求的已有项目和设施逐步搬离，科学开发文化产业园、文化旅游服务设施等适宜产业发展平台。加快推动沿线城镇环境整治和资源整合，提升沿线城镇居住空间质量与生活品质，打造富有运河文化氛围和生活气息的特色城镇和美丽乡村，带动沿线区域整体提升发展。

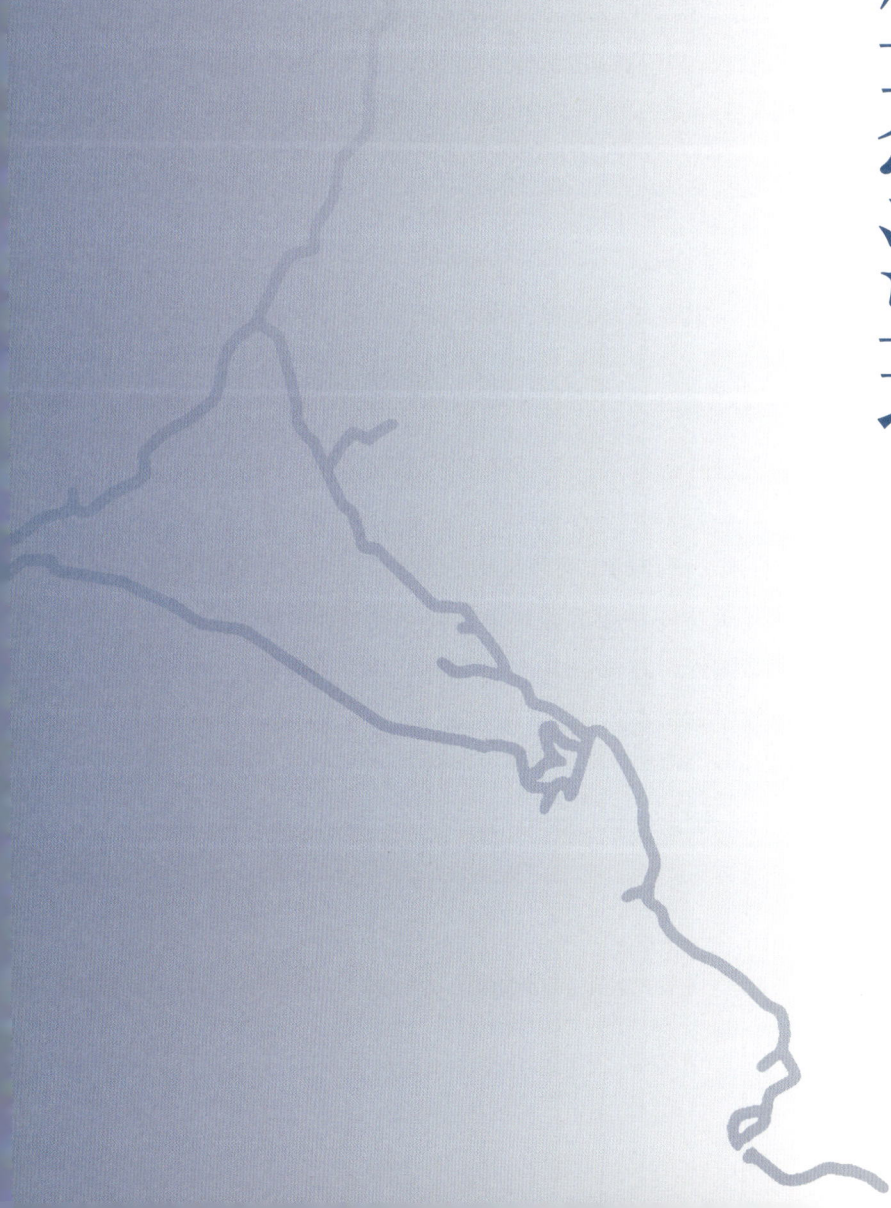

第六章

生态治理

　　人类自从有文明史以来，生活在陆地上的人们便习惯逐水而居，在利用自然河道的同时，世世代代不断在开挖、改造、疏浚河道①。浙江因水而名，因水而兴。从古时大禹治水，到白居易、苏轼疏浚杭州西湖，再到马臻筑绍兴鉴湖、于頔修湖州荻塘，治水不仅成为浙江悠久的历史传统，更是与地方生产和百姓生活休憩相关的基本需求。经过几千年漫长的历史演变，即便作为人类开凿和沟通联系的人工河道，大运河在客观上也对一定区域内的生态环境系统直接或间接发挥着调节作用②。大运河以面带状空间联通城乡，通过主干河道与支流河道水生态、两岸绿化及附着其上的发达的水利工程，与外部江河、湖泊、湿地等子生态系统衔接循环形成自身网络。这不仅强化了运河的分洪、蓄水等基础性功能，而且形成了影响广泛的大运河生态系统。本章以大运河（浙江段）为情境，系统回顾大运河生态危机的背景、诱因和表现，并从综合治理、河长制创新、配套机制建设三方面阐释了大运河（浙江段）在生态环境治理领域的实践创新，最后分析了治理成效。

# 第一节　治理背景

## 一、发达的水运

　　浙江是我国改革开放的先行地，浙江的宁波和温州是我国首批对外开放的沿海城市，以家庭工业和专业化市场为主要特征的温州模式曾一度享誉全球，成为浙江大地上无数个块状经济的典型缩影。在过去40多年的改革开放历程中，浙江培育了数以万计的中小企业，形成了500多个工业产值在5亿元以上的"块状产业集群"。金华的义乌小商品、永康五金、浦江水晶，绍兴的柯桥轻纺、嵊州领带、大唐袜业，嘉兴的桐乡濮院羊毛衫、海宁皮革，湖州的善琏湖笔、织里童装等，遍地

---

① 任轩.运河上的杭州[M].杭州：浙江人民美术出版社，2017：运河（河道）全书序.

② 黄译禾，赵秀敏，石坚韧.叠影与叙事：京杭大运河杭州拱墅段的人文地理空间表达[J].北京文化
创意，2021（4）：67-74.

开花的块状经济一度成为推动浙江经济快速迅猛发展的主力军。早在1984年，浙江的GDP增速就已经高达21.7%；1993年，浙江的GDP增速依然高达22.0%；直至2021年，浙江的GDP增速依然保持在8.5%，均高于全国平均增速。浙江以占全国1.1%的国土面积，创造了占全国6.4%的GDP总量（2021年数值）。可以说，发达的块状经济在"活力浙江"这一形塑过程中功不可没。经过改革开放的四十多年发展，浙江人凭借着"干在实处、走在前列、勇立潮头"的浙江精神，从一个国土小省、资源小省发展壮大成为全国经济大省、开放强省和机制活省。

浙江高歌猛进的经济快速发展背后，是对大量资源和能源的强劲需求，以及对大宗物资运输贸易交通网络的高度依赖。相较于铁路、公路等运输方式，水运以其投资少、运力大、成本低、能耗小等优势，在浙江经济发展过程中发挥着基础性的关键作用。大运河纵贯浙江北部杭州湾，由北而南穿越嘉兴、湖州、杭州，过钱塘江经绍兴由宁波入海。统计资料显示，1985年，位于大运河（杭州段）的武林门码头一年的货运吞吐量达1000多万吨，大量货物通过京杭运河进行集散周转[①]。2006年，浙江的水路货物周转量占全省的比重高达83.3%，平均运距为767.7km[②]。在能耗方面，通过港航运输所产生的能耗相较铁路和公路分别节约60%和88%；在基础设施建设投资方面，相同等级运力的港航较铁路和公路分别节约67%和86%[③]。即使到了交通技术和交通网络更为发达的当下，水运在浙江社会经济发展中的地位分量依然未减。以大运河（宁波段）为例，仅仅在2021年上半年，根据海事部门的数据统计，进出杭甬运河宁波段船舶的数量高达11268艘次，实现同比增长26.44%，平均每天62艘次；运输货物总量为307.03万t，实现同比增长38.58%，平均每天运输货物总量1.68万t。推动杭甬运河货运量增长的重要动力，则来源于绍兴、宁波等沿线城市大量基础设施建设和不断攀升的城镇化人口规模对黄砂、煤炭等资源和能源的需求。此外，受到国内消费市场在疫情后的快速复苏以及浙江近年来大力推进的江海联运工程，运河的集装箱吞吐量也持续上升（图6.1和图6.2）。譬如在2021年上半年进出杭甬运河（宁波段）的集装箱运输

① 陈汉元.《话说运河》第三集 江河湖海处[EB/OL]. [2010-3-19].央视网，https://jishi.cctv.com/2010/03/19/VIDE1355596144135260.shtml.

② 沈莲.水运成浙江经济发展重要支撑[N].中国交通报，2007-3-15.

③ 金小平.浙江省水运发展与经济发展的关系分析[J].水道港口，2010（4）：302-304.

船舶为144艘次，运输集装箱2841标箱，分别实现同比增长12.61%和7.79%[①]。

图6.1 大运河（杭州主城区段）的集装箱货运
（来源：沈旭炜 摄，拍摄时间：2021.8.1）

图6.2 大运河（桐乡石门段）的集装箱货运
（来源：沈旭炜 摄，拍摄时间：2023.9.7）

可以说，水运尤其是内河航运在浙江改革开放后的经济发展中长期占据着举足轻重的地位。根据第二次全国内河航道普查统计，浙江省有内河航道1179条，航道总长度为10539km，其中等级航道4753km，总体上基本形成京杭运河、杭申线、杭湖锡线、长湖申线、乍嘉苏线、六平申线、钱塘江、杭甬运河、椒江、瓯江10条干线航道和湖嘉申线、东宗线、嘉于线3条连接线航道为主骨架的航道格局，有力地促进了国民经济和社会文化的发展[②]。这些内河航道多集中于钱塘江南北两岸，尤其是浙北地区以京杭运河、杭申线、杭湖锡线、京杭运河二通道等主干航道为经，以杭余线、武猷线等支线航道为纬，贯通成网，形成的杭嘉湖内河水运网络，通航条件更为优越。杭州、嘉兴、湖州地区的京杭运河航道和杭州、宁波、绍兴地区的浙东运河航道，两者共同交织，形成了纵横交错的浙江内河航道主要网络，成为我国发达的内河水运的重要一隅。

## 二、大运河生态危机

水运优势凸显的大运河两岸一直吸引了不少经济技术开发区、工业园区纷纷在

---

① 麻宏宇，宋兵.今年上半年杭甬运河宁波段货运量创新高[EB/OL]. [2021-7-19].宁波市人民政府官网，http://www.ningbo.gov.cn/art/2021/7/19/art_1229099769_59035588.html.

② 浙江省港航管理局，浙江省第一测绘院.浙江省内河航道图册[Z].福州：福建省地图出版社，2005：20.

此依水规划、兴建、集聚。大运河沿岸尤其是部分郊野河段，至今依然是工厂林立、货运码头密集，一批原材料和成品运输量都很大的企业在选址、扩建生产时都选择"前路后水"，傍河而立。大运河是浙江经济发展的水上廊道和重要命脉，为浙江国民经济的发展和人民群众生活生产作出了巨大贡献。改革开放四十多年，浙江经济总体上曾一度保持年均两位数的高速增长①。与此同时，快跑三十多年的浙江也率先遭遇了资源、环境、成本、市场等方面的瓶颈制约，即所谓的"成长的烦恼"。大运河首当其冲，诱发的生态危机主要表现在如下方面。

## （一）市政配套设施落后

囿于沿岸用地规划复杂，排污管道等市政配套设施建设滞后，环境保护监管部门的有限力量和管理盲区的客观存在（如部分企业为逃避环保部门的监管，在夜间、雨天等进行偷排），企业或居民、船民社会责任感不强等因素，运河沿岸工厂所产生的工业废水，居民、商家以及船民所产生的生活污水等，曾长期未经处理便直接排入运河。这导致平均水位最低的运河河道实际上成为很多城市藏污纳垢的天然污水处理厂，成为家门口流动的"垃圾箱"。运河的河床淤积物不断加深，水体严重污染，水质恶化甚至发黑发臭。大运河一度成为各个城市名副其实的"龙须沟"。

以当时污染最为严重的杭州段为例，当时尚在浙江大学攻读博士研究生的学者沈满洪，在2000年撰写发表的文章《京杭运河杭州段环境恶化的原因分析》一文中开门见山犀利地指出，"京杭运河杭州段的环境状况已经到了令人发指的程度"②。随后，他又在《经济地理》上发表文章称，大运河（杭州段）的生态污染严重程度已经达到了历史空前水平；而且从横向比较看，杭州也是大运河全线所有城市中污染最严重的城市。导致这一局面的根源在于，从20世纪50年代以来，杭州市主城区在推进城市发展战略过程中，一直将城北地区重点定位为重工业发展区来进行产业的规划布局。以杭州钢铁厂、杭州热电厂（现杭州大悦城地块）、杭州第一棉纺织厂（现中国扇博物馆）、华丰造纸厂、杭州红雷丝织厂（现杭州工艺美术博物馆）、浙江麻纺织厂、杭州丝绸印染联合厂（现丝联166文创园区）、大河造船厂（现运河天地）、东南面粉厂（现武林外滩小区）、杭州汽车发动机厂（现武林一号小

---

① 夏丹.世界经济仍低迷，怎样找到新的增长方式：动能转换的浙江选择[N].浙江日报，2016-8-12.
② 沈满洪.京杭运河杭州段环境恶化的原因分析[J].杭州科技，2000（6）：19-20.

区）等为代表的工厂企业遍布杭州城北的运河两岸（图6.3）。根据1984年的数据统计，杭州市区的污水排放量每天约为50万 m³，其中还未将杭州钢铁厂的废水排放量纳入统计标准。工业废水约为30万 m³/d，排放的有害物质以持久性有机污染物为主。由于当时城市建设市政配套设施落后，污水管网极不完善，运河地势低洼，大部分工业污水和生活污水未经处理即就地排入运河。当时，杭州市区内的中河、东河、上塘河、京杭运河等主要河道实际上成了城市的下水道，水体浑浊，终年黑臭，景观极差，所造成的经济损失及对杭州风景旅游城市的景观、美学价值的影响更是难以估量[①]。

**图6.3　杭州大运河拱宸桥区域一带工厂林立的旧时场景（21世纪00年代）**

[ 来源：杭州市京杭运河（杭州段）综合保护委员会 ]

1985年，中央电视台摄制组耗时1年，对京杭运河和浙东运河全线进行了详实的调查和拍摄，制作完成《话说运河》纪录片。该纪录片不仅原汁原味地为我们保留下了许多丰富的反映当时运河两岸城市发展、生产劳作、休闲旅游、居民生活、风情文化的宝贵镜头，成为运河文化研究、建筑规划设计、旅游节庆策划等相关领域的"影像库""素材库"；而且对大运河所折射出的社会现象以及隐藏其后的矛盾根源进行了批判思考和发声呼吁，其中就包含大运河的生态问题。当时的摄制组在

---

① 陈长春，钱秉钧.杭州市污水治理战略方案探讨[J].环境污染与防治，1986（3）：5-9.

节目正式制作之前，集思广益，就节目的定位和内容面向社会广泛征求意见。在杭州市规划设计院工作的吴兆申同志曾写信给摄制组反映说："一方面，为古老而充满活力的运河而自豪。另一方面，又因为运河成为臭水沟而内疚。"当摄制组在杭州采访某位乘船来杭旅游的外地女性青年游客时，她谈及自己的感受时说，"发现运河尤其是到杭州那个地方，运河特别脏。我们坐的是那个运河的船，就第二天早上起来的时候，（笑声）就是让那个味，那个气味熏醒了。（笑声）"当摄制组在采访一位居住在杭州运河边的本地年长居民时，她带着浓厚的杭州方言反问采访人员："个条运河有啥拍头嘎啊，个条疯河毛疯毛臭嘎嘞。蚊子、苍蝇毛多嘞，有啥拍头嘎。"[1] 2010年，时任杭州运河集团总经理郑翰献在接受《风景名胜》记者专访时，回忆到运河水质情况："我1985年来到杭州，看到城北的水，鸭子都不愿意下去，非常黑、臭。"[2]

### （二）航道等级不适应社会经济发展需求

大运河的航道船舶密度过大、航道等级不适应经济社会发展、船队超载、水位枯浅、航道网络化程度不高等因素，也导致京杭运河经常出现"堵船"现象。运河过载的航运交通，给水体造成严重的油脂、固体垃圾等污染。根据数据统计，自1995年至2004年，京杭大运河全国范围内发生8h以上堵航共计199次，累计堵航时间1070d，受堵船舶39万余艘。仅京杭运河（浙江段）2004年一年就发生8h以上堵航10次，受堵船舶累计1.1万艘[3]。2005年4月20日22时40分左右，杭申线北郊河六号桥航段上游200m处发生两船相撞事故，一艘200t左右的货船沉没，导致在嘉兴思古桥至鸭子坝航段、嘉兴乌镇航道和湖州新市至练市航道发生了长达3天3夜的大规模堵航事件，不但给船户带来巨大的经济损失，也使电煤、矿建材料等关系民生的资源告急，严重影响当地经济正常运行[4]。

---

① 笔者注：杭州方言，用普通话翻译为"这条运河有什么好拍的啊，这条河很脏很臭的，蚊子、苍蝇很多的，有什么好拍的。"
②LILAC.杭州模式是如何炼成的？ 运河集团总经理郑翰献专访[J].风景名胜，2010（10）：18-21.
③ 贾刚为，陈建光，张帆.交通部牵头五省一市会商嘉兴 四百九十亿疏通京杭运河[N].浙江日报，2005-3-22.
④ 吴安琪，蒋晓平.嘉兴将致力提高运河疏航能力[N].中国水运报，2005-5-16.

### （三）天然自净能力不足

随着浙江经济的快速发展和城市人口的急剧膨胀，直接排入运河的生活污水也随之增加。外加大运河的河床地势本身就是很多城区中最低的，自然成了全市各类河水、地表径流和众多支流的主要受纳水体，最终导致工业废水和生活污水都直接汇聚到大运河之中。由于地势平缓，大运河河水的流速又慢，其流向随着周边补充水系的丰枯变化而变得不确定，在运河中的污秽杂质更容易得到沉淀而不能及时外流。例如当时杭州运河水系与钱塘江贯通主要依靠中河和东河，水源补给少导致运河水位常年偏低，造成大运河的污染物质得不到充足的稀释。如东起三塔公园龙凤桥、西至320国道的嘉兴运河新区段，全长仅有2.2km，沿河原来分布有近400m的内河港口装卸码头及星罗棋布的装卸小码头，直至2011年河床淤积物平均都在1m，河道淤泥淤积依然形势严峻[①]。本来自净能力就很弱的大运河，长年累月面对不断排入的工业废水和生活污水，几乎毫无反抗和应对之力。

一个个历史镜头和以往文献从不同视角向我们还原和展示了当时大运河不容乐观的生态场景，古老的大运河曾一度遭遇水危机而变得伤痕累累，不堪重负。

## 第二节　治理举措

多年来，杭州、宁波、绍兴、嘉兴、湖州等城市在运河航道改造的同时，保护修复沿河文物古迹和历史景观，并在两岸护坡栽树种草，营建市民广场和绿化公园，成功打造了京杭运河、杭申线两条国家文明样板航道[②]。2014年6月22日，第38届世界遗产委员会会议决议通过中国大运河列入世界遗产名录的同时，明确要求缔约国"要继续并深化水质改善工作，将水质改善与大运河保护和发展项目系统性地融合起来"。因此，持续深化运河生态改善，打造"河畅、水清、岸绿、人美、城繁"的运河自然生态画卷，是中国向联合国教科文组织、向全世界许下的一个庄严承诺。

---

① 施雪良，朱兴娜.京杭大运河嘉兴运河新区段生态治理建议[J].南方农业，2011，5（10）：49-51.

② 浙江省港航管理局，浙江省第一测绘院.浙江省内河航道图册[Z].福州：福建省地图出版社，2005：10.

## 一、从单纯截污到综合治理

大运河的生态危机自然引起了地方各级党委政府的高度重视，对大运河生态进行治理也被提到议事日程并付诸行动。1983年5月，杭州率先成立京杭运河钱塘江沟通工程指挥部（今杭州交通投资建设管理集团有限公司前身），11月，京杭运河与钱塘江沟通工程正式开工（图6.4）。1988年12月，工程竣工，京杭运河通过三堡船闸实现与钱塘江"江河齐汇"，结束了长久以来仅仅依靠原来唐代开凿的两条古河道中河与东河为京杭运河补给活水的历史，真正实现了江（钱塘江）、河（大运河）、湖（西湖）、海（杭州湾）、溪（西溪等湿地水系）五水共导的贯通格局。

**图6.4　京杭运河钱塘江沟通工程开工典礼**
［来源：杭州市京杭运河（杭州段）综合保护委员会供图，叶国兴 摄］

然而，钱塘江的一江清水依然无法根治"病入膏肓"的京杭运河。根据杭州市环境监测站数据显示，1986—1998年，京杭运河（杭州段）虽然经过江水引入与截污处理，但其水质依然持续恶化，市区工业污水直排运河比例依然高达67%，京杭运河的所有断面监测水质均为劣V类标准[1]。根据浙江省环境监测中心站编制的

---

[1] 杨逢银，胡平，邢乐勤.公共事务复合治理的载体、实践及其走势分析：以杭州运河综保工程为例[J].中国行政管理，2012(3)：17-21.

1998年度《浙江省环境质量报告书》显示，当时的大运河杭州段、嘉兴段和萧绍段等河段都已经不存在Ⅰ至Ⅲ类的水质。Ⅳ类及以下水质的河段在各个城市占比不同，杭州Ⅳ类、Ⅴ类和劣Ⅴ类水质河段占比分别为17.79%、23.06%、59.15%，而嘉兴分别为61.61%、38.39%、0[①]。根据课题组成员2022年在参观浙江自然博物馆安吉馆生态展厅中记录的展陈资料，2003年浙江的母亲河——钱塘江水系44.4%的断面水质，九成以上平原河网以及京杭运河全部河段水质，不能满足水域功能要求。大气环境质量不容乐观，酸雨污染严重，二氧化碳、二氧化氮等主要污染物年日均值持续上升。虽然各地政府先后投入大量资金对大运河河道进行拓宽提级，通过截污清淤、拆围治乱、退绿美景、护岸清障等方式，使大运河的河道环境得以转好，但只局限于单纯截污的思路并不能还浙江人民一河清水，京杭运河的水虽已不再是"黑臭水"，但水质依然是劣Ⅴ类。水质恶化、航道提升等问题成为当时大运河（浙江段）综合整治亟待解决的主要难题。

　　大运河的生态污染"问题在水里，根子在岸上"。需要指出的是，此阶段恰逢我国城镇化快速发展时期，城镇化率由2006年的44.30%发展到2016年的57.35%，城镇化率的年均增幅达2.91个百分点。大运河作为城市滨水区的一种特殊类型，是城市地域文脉和城市本土生活的基本空间场所，正成为众多城市增长和城市更新的首要关注对象[②]。杭州、嘉兴、宁波、湖州、绍兴等省内主要运河沿岸城市，在继续做好大运河"水"文章的同时，开始将运河的功能转型与城市更新、城市增长进行空间、文化上更深层次的融合，如何做好运河"岸"的文章被提上议事日程。

　　对大运河（浙江段）水生态综合治理的大幕，也是从水污染最为严重的杭州段开启。为了根治大运河水质污染，杭州市人民政府于1993年主导成立了京杭运河（杭州段）截污处理工程建设指挥部，开始正式实施京杭运河（杭州段）截污处理工程，对城区范围内的京杭运河进行大规模综合整治，重点是减少岸上污染源排入。2001年，历时8年、总投资达9.4亿元的京杭运河（杭州段）截污工程全面建成并开通运行。该工程铺设了6万余米的排污管道，新（扩）建沿线10座污水提升泵站，扩建四堡污水处理厂，建成杭州主城区的第三条污水处理系统。最终，大运河（杭

① 沈满洪.运河杭州段的环境状况分析与对策建议[J].经济地理，2001（4）：409-413，422.

② 张环宙，吴茂英，沈旭炜.城市滨水RBD开发研究：让滨水回归生活[J].经济地理，2013，33（6）：73-78.

州段）主城区的工业废水和生活污水不再直接排入运河，运河水质得到大幅改善，从根本上解决了几十年来京杭运河（杭州段）两岸生态污染问题①。

为了实现大运河生态治理的长治久安，杭州将京杭运河（杭州段）截污处理工程升格为京杭运河（杭州段）综合整治与保护开发工程，并通过2002年召开的杭州市第九次党代会，将其上升为党的意志和政府行为，列为21世纪杭州市建设"十大工程"之一。

另一方面，为了解决运河堵航问题，2005年3月，交通部会同山东、江苏、浙江、上海、河南、安徽五省一市水利、交通等政府部门在浙江嘉兴召开"解决京杭运河堵航问题的方案"座谈会，标志着耗资490亿元的京杭运河排堵方案正式实施。浙江段投入资金规模约为196亿元，在浙江长湖申线建设湖嘉申线，以分流京杭运河堵船②。2023年7月18日，起自博陆、终于八堡全长26.4km的京杭运河（杭州段）二通道（临平段）正式通航（图6.5），完善了浙江内河水运网体系，提升了京杭运河的水运能力和效率。

**图6.5 京杭运河（杭州段）二通道（临平段）**
（来源：沈旭炜 摄，拍摄时间：2023.5.16）

① 徐颖.大运河文化带杭州段建设路径与对策研究[D].杭州：杭州师范大学，2019：18.
② 贾刚为，陈建光，张帆.交通部牵头五省一市会商嘉兴 四百九十亿疏通京杭运河[N].浙江日报，2005-3-22.

　　从对已有文献梳理归纳可以看出，对大运河（浙江段）的综合治理一直得到从中央到地方各级党委政府的高度重视，以杭州、嘉兴等为代表的运河城市投入巨大的财政资金用于大运河通航能力提升、运河水质污染治理等领域。对大运河（浙江段）的整治着眼点是解决大运河的通航功能和水体质量问题，归根结底要解决的是"水"的问题。解决问题主要的平台为政府牵头的由财政资金直接投入的各类大型整治工程。这些整治工程也为日后大运河成功申报世界遗产和部分城市大运河休闲游憩功能的转向奠定了坚实基础。

## ■ 二、河长制的创新

　　浙江是习近平生态文明思想的重要萌发地，是习近平"绿水青山就是金山银山"理念的发源地。2003年7月，时任浙江省委书记习近平在省委第十一届四次全体（扩大）会议上正式提出"八八战略"，要求"进一步发挥浙江的生态优势，创建生态省，打造'绿色浙江'"。在"八八战略"指引下，浙江开启了生态文明建设的"一张蓝图绘到底"。当年10月，位于浙北地区的湖州市长兴县为进一步推动城区的河道治理，在全国范围内率先实行河长制，水利、环卫处负责人被任命为城区河道"河长"，并明确其所应承担的各项职责。次年，长兴从城市开始向乡村区域继续推行河长制。从2008年起，湖州、杭州、温州、衢州、嘉兴等城市纷纷跟进开始探索实施河长制，有力推动了江河湖溪的水环境系统化治理，为在全省和全国层面正式打响治水新战役提供了宝贵的浙江经验。

　　为了正本清源，浙江掀起了一场声势浩大的当代治水运动，并率先从河长制成功破题。2013年11月，浙江省委、省政府出台《关于全面实施"河长制"进一步加强水环境治理工作的意见》（浙委发〔2013〕36号），按照"横向到边，纵向到底"要求，在第一时间实现省、市、县（区）、乡（镇）、村五级河长全覆盖，共设各级河长5.7万余名。同时，以"治水"为突破口，推进传统产业结构转型升级，贯彻最严格的污染排放标准和行业准入限制，严打环境违法。

### （一）从河长制到河（湖）长制

　　河长制作为一种有别于传统科层组织与任务型组织的特殊组织形态，围绕核心任务整合分散在不同流域中的"条""块"力量，构建起一种扁平一体、高效协同的应对复杂水危机的结构性框架。河长制可以说是自下而上创造的一种对跨域流域治理"碎片化"危机的积极回应，也为超越传统科层化组织的协同困境以及任务型组织的延续性困境提供了一种新的可能[①]。在十余年的治水历程中，浙江率先构建起完备的河长制体系，于2017年从省级层面出台国内首个关于河长制的地方性法规——《浙江省河长制规定》，创立了具有浙江特色、符合浙江实际的河长制规范，标志着浙江省河长制进入法治化运行的新阶段。

2018年7月，浙江印发《关于深化湖长制的实施意见》，同步建立省、市、县、乡、村五级湖长体系，实现河长与湖长无缝对接。同年，全国首个《河长制工作规范地方标准》和《湖长制工作规范标准》在绍兴发布，这两个标准设置了具体的河湖长职责和工作内容，成为浙江积极推进河长制制度完善的一大举措。2021年浙江省地方标准《河（湖）长制工作规范》正式发布，从河（湖）长制工作的基本要求、工作内容、实施要求、信息公开与档案管理4方面对河（湖）长制工作进行规范（图6.6），明确各级河（湖）长的设置及工作内容，推动河（湖）长制工作从有章可循到有法可依再到依标办事。同年，浙江建立省级河湖长制联席工作会议制度，构建"党政主导、水利牵头、部门协同、社会共治"的工作机制。

**图6.6　京杭运河省级河长和上塘河市级河长公示牌**
（来源：曹岚 摄，拍摄时间：2019.6.11）

从河长制到河（湖）长制的转变，虽然只有一字之差，但其背后所需解决的实际问题及为此需付出的工作量可能要远远超过一倍。这不仅是对浙江各级干部执政

---

[①] 熊烨.跨域流域治理中的"衍生型组织"：河长制改革的组织学诠释[J].江苏社会科学，2022（4）：73-84.

能力、执政水平的一次全方位、全过程的综合考验，也是通过大运河生态环境综合治理实践锤炼系统思维、全局观念的一次真正实战。

### （二）"一河一策"精准治河

具体问题具体分析是马克思主义最本质的东西和活的灵魂[①]。坚持具体问题具体分析，是中国共产党以马克思主义科学世界观总结百余年奋斗历史经验形成的符合中国实际、解决中国问题的重要方法论之一[②]。在面对复杂的大运河生态环境治理系统时，必须坚持具体问题具体分析，在大运河这一普遍矛盾所呈现的规律性认识的总体指导下，具体分析每一条河所具有的矛盾特殊性，通过为每一条河制定不同的策略，即实施"一河一策"，精准找出解决矛盾的正确方法，实现整体和部分相统一。

在具体问题具体分析这一辩证唯物主义方法论支撑下，浙江省于2014年全面启动第一轮"一河一策"。首先针对河流（道）概况、流域范围内各类污染源、两岸排污口、河道水质、各类环保基础设施等进行全面细致地排查，摸清家底，建立"一河一档"。在此基础上，充分考虑当地水文特点、水质现状、水环境功能区达标要求，科学合理确定河流（道）水环境治理阶段性目标，水质目标细化到每个指标和浓度。如杭州市运河河长制办公室相应研究出台《京杭运河（杭州段）水环境治理方案（2014—2017年）》，对南起三堡船闸北至嘉兴桐乡大麻镇约56km的河段提出综合治理目标，针对污水管网系统建设、工业污染整治、农业农村污染整治、河道综合治理、船舶污染防治、运河生态景观保护和监管监测系统建设提出措施要求。其中，包括对主城区52条黑臭河、原余杭区范围内11条运河支流河道进行系统治理，实现水污染物排放总量明显下降，地表水环境质量明显改善。京杭大运河（杭州段）水质从以往的劣V类频现，到2017年底17个干流断面平均达到IV类及以上，呈现明显好转趋势。

2018年，浙江启动第二轮《京杭运河（浙江段）"一河一策"治理方案（2018—2020年）》，加大对水环境治理和水生态保护、水资源保护、水域岸线保护要求。

---

[①] 辛向阳."具体问题具体分析"的科学内涵及现实价值[J].福建师范大学学报（哲学社会科学版），2020（6）：1-8，167.

[②] 朱琼迪，常春.中国共产党总结百余年奋斗历史经验的方法论研究[J].时代报告，2023（5）：13-15.

京杭运河（浙江段）各省控以上断面和运河流域交接断面水质，全部达到管理目标
要求。水环境质量稳定趋好，水生态持续改善，水资源得到有效保护，取排水管理
规范严格，水域岸线利用科学合理，水事违法现象得到有效遏制。其中，京杭运河
（浙江段）2个国家地表水考核断面、7个地表水省控断面、8个流域交接断面水质评
价结果均达到或优于Ⅲ类，所有断面均达到年度考核目标（表6.1）。干支流3处饮
用水源地安全保障年度评估结果均为优秀，基本解决中小河流和农村水系水脏、水
差问题，水生态环境质量提高显著。

**2018—2022年京杭运河（浙江段）省控断面水质评价结果**　　　　表6.1

| 河段 | 断面名称 | 县（市、区） | 2022年 | 2021年 | 2020年 | 2019年 | 2018年 |
|---|---|---|---|---|---|---|---|
| 杭州段 | 顾家桥 | 上城区 | Ⅲ | Ⅲ | Ⅲ | Ⅲ | Ⅱ |
| | 义桥 | 拱墅区 | Ⅲ | Ⅲ | Ⅲ | Ⅲ | Ⅲ |
| | 五杭运河大桥 | 临平区 | Ⅲ | Ⅲ | Ⅲ | Ⅲ | Ⅳ |
| 嘉兴段 | 大麻渡口 | 桐乡（考核临平） | Ⅲ | Ⅳ | Ⅲ | Ⅲ | Ⅳ |
| | 西双桥 | 桐乡市 | Ⅲ | Ⅲ | Ⅲ | Ⅲ | Ⅲ |
| | 龙凤大桥 | 秀洲区 | Ⅲ | Ⅲ | Ⅲ | Ⅲ | Ⅳ |
| | 王江泾 | 秀洲区 | Ⅲ | Ⅲ | Ⅲ | Ⅲ | Ⅳ |

数据来源：浙江省生态环境厅。

2021年，第三轮《京杭运河（浙江段）"一河一策"治理方案（2021—2023
年）》实施，重点内容有：针对水污染防治，要求严控高污染高耗水行业发展，深
化工业园区、城镇居民小区"污水零直排区"建设；推进绿色养殖，加强养殖场尾
水治理，深化农业面源污染治理；加强水生态修复和河道生态综合整治，开展生
态河道建设，保护水生生物，恢复水体水生植被，重建生物群落；推进"多规合
一"，加强河湖水域空间保护，严格落实生态红线管控；加强水资源、水安全和水
文化保护，实施运河文化遗产保护工程，对大运河物质文化遗产及周边环境风貌、
文化生态开展整体性保护；结合数字化改革，提出智慧治水措施，完善河长制信
息管理平台建设，升级管理平台（表6.2），运用大数据分析、AI等方法，调整优化
水利"数智"应用模型。

2015—2023年运河武林门码头断面平均水质情况分析　　　　表6.2

| 监测年份 | 溶氧（mg/l） | 氨氮 | 高锰酸盐指数（mg/l） | 总磷（mg/l） | 石油类（mg/l） | 综合评价 |
|---|---|---|---|---|---|---|
| 2015年 | 4.742 | 1.245 | 2.508 | 0.181 | 0.594 | Ⅴ类 |
| 2016年 | 6.982 | 1.180 | 2.801 | 0.224 | 0.091 | Ⅳ类 |
| 2017年 | 7.234 | 0.587 | 2.358 | 0.113 | 0.144 | Ⅳ类 |
| 2018年 | 7.220 | 0.861 | 2.710 | 0.140 | 0.020 | Ⅲ类 |
| 2019年 | 6.890 | 0.741 | 3.000 | 0.164 | 0.030 | Ⅲ类 |
| 2020年 | 6.640 | 0.533 | 2.600 | 0.139 | 0.010 | Ⅲ类 |
| 2021年 | 6.530 | 0.893 | 2.900 | 0.160 | 0.010 | Ⅲ类 |
| 2022年 | 7.220 | 0.497 | 3.000 | 0.136 | 0.010 | Ⅲ类 |
| 2023年 | 7.85 | 0.251 | 2.4 | 0.070 | ＜0.01 | Ⅱ类 |

数据来源：杭州市京杭运河（杭州段）综合保护中心。

## 三、配套机制建设

### （一）以规划引领部门联动

大运河（浙江段）生态环境综合治理，以系列规划的编制实施为抓手来推进部门联动，为大运河（浙江段）生态环境提升提供政策支持和项目保障（表6.3）。

大运河（浙江段）生态环境综合治理涉及的主要规划　　　　表6.3

| 时间 | 牵头部门 | 规划名称 | 核心内容 |
|---|---|---|---|
| 2020.4 | 省发展改革委、省自然资源厅、省文化和旅游厅、省委宣传部 | 《浙江省大运河文化保护传承利用实施规划》 | 要始终坚持绿水青山就是金山银山理念，加强大运河流域生态保护和污染整治力度，加强对沿线城镇、工业污染的防治和监管，推进绿色宜居城镇建设，加强沿河整体景观设计和形象塑造，完善运河水系格局，构建绿色内河航运体系，营造人与自然和谐共生的运河流域环境 |
| 2021.6 | 省发展改革委、省生态环境厅 | 《浙江省水生态环境保护"十四五"规划》 | 京杭运河流域重点落实城镇污水处理效能提升、农业面源污染控制、内河船舶港口污染防治、饮用水水源保护、水生态保护与修复等任务。到2025年，京杭运河浙江段各省控以上交接断面水质稳定满足功能区要求，县级以上饮用水水源地水质稳定达标，落实生态基流保障要求，水生态系统功能明显恢复，树立运河文化遗产保护与传承利用典范 |

续表

| 时间 | 牵头部门 | 规划名称 | 核心内容 |
|---|---|---|---|
| 2021.6 | 省发展改革委、省水利厅 | 《浙江省水安全保障"十四五"规划》 | 推进钱塘江、苕溪、大运河等八大水系水生态保护与修复，结合新建干流堤防、中小河流系统治理，建设幸福河湖示范段，对已有干流堤防实施生态化改造，形成主要江河湖泊的幸福河湖引领带。……健全水文化顶层设计，制定全省水文化建设规划。打造流域和区域水文化品牌，保护传承大运河、良渚水系、通济堰、古海塘、曹娥江大闸等水利工程文化价值，挖掘大禹、马臻、苏东坡、潘季驯、黄光昇、汪胡桢等治水人物故事，传承浙江治水历史文脉 |
| 2022.1 | 省大运河国家文化公园建设工作领导小组办公室 | 《大运河国家文化公园（浙江段）建设保护规划》 | 环境配套工程。要求落实大运河空间环境准入制度，有序关闭腾退对生态环境有直接或潜在影响企业。对管控地带开发建设项目实施负面清单，严禁高污染、高耗能行业新增产能。提升运河沿线景观品质，打造滨河绿色生态廊道，开展沿河环境综合治理，加强入河排污综合整治和监督管理 |
| 2022.1 | 杭州市发展改革委 | 《杭州市大运河文化保护传承利用暨国家文化公园建设方案》 | 生态为基。把生态文明建设作为全市大运河国家文化公园建设的基础性工作，加强大运河流域生态环境综合整治和共建共保，推动大运河与"西湖·西溪"一体化保护提升，完善运河水系、美化沿河景观，建设"湿地水城"，让大运河更加清新美丽，让沿岸人民生活更加美好 |
| 2022.1 | 杭州市规划和自然资源局 | 《杭州大运河国家文化公园规划》 | 构建"山水伴园"的蓝绿生态体系。要求强化运河河道资源保护，提升运河水质，塑造运河特色蓝绿空间，建设运河湿地公园群落。突出运河山水人文景融合，打造运河名山景观长廊。依托杭州现有滨河公园空间，结合外围蓝绿空间，构建由市级运河文化公园、区级运河特色公园、社区公园绿地组成的十分钟可达运河公园生活圈 |

来源：本研究整理。

## （二）持续推动"811"行动计划

2004年，浙江印发《浙江省环境污染整治行动方案》，正式提出"811"环境污染整治行动计划，"8"指浙江境内的钱塘江（含曹娥江）、瓯江、椒江、甬江、苕溪、运河、飞云江、鳌江八大水系，"11"既指11个设区市，也指11个省级环境保护重点监管区。明确各省级、厅局级部门和各地市污染整治工作的主要任务，由省政府与各地市签订环境污染整治责任书；同时将污染整治任务分解到每年的生态省建设责任书考核中，年终进行考评。重点污染治理任务如污水处理工程、重点监管区整治等严格执行"一票否决"制。

自2004年以来，浙江已连续开展四轮"811"行动计划，第五轮已于2023年启动。前两轮"811"行动方案主要聚焦于环境污染整治。2010年，浙江省委十二届七次全会审议通过《中共浙江省委关于推进生态文明建设的决定》，提出设立"浙江生态日"，浙江成为全国首个设立"生态日"的省份。从2012年的第三轮"811"行动方案开始，浙江将工作重点转移到生态文明建设。2014年6月，湖州市成为全国首个获批国家级生态文明先行示范区的地级市和全国水生态文明试点市。在2016年开始的第四轮"811"行动方案中，引入"建设美丽浙江、创造美好生活"的"两美"理念，将人民对于优良环境和幸福生活的美好向往纳入行动部署之中，推出《"811"美丽浙江建设行动方案》，通过绿色经济培育、节能减排、五水共治、大气污染防治、土壤污染防治、三改一拆、深化美丽乡村建设、生态屏障建设、灾害防控、生态文化培育、制度创新11项专项行动，达到绿色经济培育、环境质量保障、节能减排、污染防治、生态保护、灾害防控、生态文化培育、制度创新8项目标，打造美丽中国"浙江样板"。2023年8月15日，全国首个生态日设立，诞生于浙江安吉的"生态日"上升到国家层面，浙江经验在全国得到推广。

### （三）全面实施"五水共治"

2013年底，浙江省委省政府作出"五水共治"决策部署，吹响实施"治污水、防洪水、排涝水、保供水、抓节水"冲锋号，开启消灭"黑臭河""劣Ⅴ类"的攻坚战。2014年初，省委省政府正式成立"五水共治"领导小组，由省委书记、省长任双组长，6位副省级领导任副组长，全面统筹协调治水工作。领导小组办公室抽调40多名骨干，集中办公，实体化运行。配套八大保障机制，做到规划能指导、项目能跟上、资金能配套、监理能到位、考核能引导、科技能支撑、规章能约束、指挥能统一。设置省委省政府30个督查组，深入明察暗访，严格落实治水责任，层层传导压力、层层落实责任，做到守土有责、守土尽责。省人大、省政协每年围绕"五水共治"开展各类监督，助推工作落地。省级31个部门各司其职，密切协作。市县乡各级也全部建立工作机构，党政一把手靠前指挥，村、街道和企业、群众全方位联动，全省全面形成了横向到边、纵向到底的工作格局。按照"三年（2014—2016年）解决突出问题，明显见效；五年（2014—2018年）基本解决问题，全面改观；七年（2014—2020年）基本不出问题，实现质变，决不把污泥浊水带入全面小康的"三五七"时间表，持续发力、梯次推进，实施"清三河"、剿灭劣Ⅴ类水、建设美丽河湖三个阶段的治水举措，取得了理想的社会效益。

### （四）重视人才培养

人才是大运河生态综合治理不可或缺的关键。为了加大人才培养力度，进一步整合优势资源，2017年12月，全国首家河长学院——浙江河长学院成立。浙江河长学院依托高校机构（浙江水利水电学院）成立，积极构建集学习培训、研讨交流、参观学习、业务实践于一体的产事教研融合新模式。浙江河长学院的成立，旨在向各地河（湖）长制工作人员做好政策解读、知识普及、典型推广等工作，为浙江河（湖）长制工作提供新方案、新设想、新思路。同时，通过研讨交流、跨界合作，成为汇聚社会各界治水智慧的新平台。浙江河长学院的成立，立足绿色发展和浙江治水，是浙江省在全面深化河长制工作上的又一大创新。

### （五）依靠公众参与

2020年，浙江率先开展公众护水"绿水币"机制，号召全社会参与治水护水。参与对象不仅包括民间河长和护水志愿者，也包括普通热心群众等。与传统相比，智慧治水、智慧护水，让群众随时随地将问题上报，效率更高，"绿水币"也能让参与其中的群众更具获得感。此外，志愿者为城市河道治理贡献了巨大力量。譬如在2021年底，杭州拱墅区大关街道成立巡河志愿者队伍，当地居民纷纷报名，志愿者每天在河边巡查，写下巡河日记，用实际行动切实维护大运河沿线绿色风貌。

## 第三节 治理成效

### 一、最动人色彩

实践证明，省—市—县（区）—乡（镇）—村五级联动，从大江大河到小微水体水域全域覆盖的河长制，是浙江综合治水的关键性制度抓手，有力保障了各项治水工作的开展①。2017年，由浙江省环境监测中心编制的7月《浙江省地表水环境质量月报》中，全省地表水总体水质为良。在221个省控断面中，Ⅰ类占10.0%，Ⅱ类占39.3%，Ⅲ类占30.3%，Ⅳ类占9.5%，Ⅴ类占9.5%，劣Ⅴ类占1.4%；满足水环境功能区目标水质要求断面占80.5%。其中，京杭运河7个省控断面水质为Ⅱ-劣Ⅴ类，其中Ⅱ类占14.3%，Ⅳ类占28.6%，Ⅴ类占42.8%，劣Ⅴ类占14.3%②。到了2022年7月，京杭运河11个省控断面水质为Ⅲ-Ⅴ类，其中Ⅲ类占27.3%，Ⅳ类占63.6%，Ⅴ类占9.1%，已经消灭劣Ⅴ类③。虽然直到"十三五"时期，京杭运河流域部分断面水质依然不稳定，城区、园区周边部分水体水质仍然较差，河道型饮用水源地保护难度依然较大，城镇环保基础设施建设仍存在短板，农业面源污染面广量大，内河运输船舶污染监管难度依然较大；区域内支流河浜流动性差，水体浑浊，水生态系统脆弱；存在水质型缺水问题，再生水利用率仍有较大提升空间④；但与《2003年浙江省环境状况公报》描述的运河"氨氮和总磷指标仍然超标，水质依然很差，全部河段水质均不能满足水域功能要求"相比⑤，情况已经明显有所好转，可谓治水成绩来之不易。

自浙江全面实施河长制以来，包括京杭运河、平原水网、湖泊等在内的水生态、水环境面貌得到了量和质的同步改善（图6.7）。人民群众对浙江治水的满意度也随之不断提升，从2013年的57.65%提高到2020年的89.84%，实现七连升，河长制工作连续两年获得国务院督查奖励⑥。2022年7月，浙江省第十五次党代会报告提出，要牢牢把握让绿色成为浙江发展最动人色彩的要求，深入打好污染防治攻

① 邓国芳，施力维.改革开放看浙江特别报道 | 河长制，从这里走向全国[EB/OL].[2018-10-8].浙江新闻网，https：//zj.zjol.com.cn/news/1046141.html.

② 江帆.7月浙江地表水水质报告出炉，Ⅲ类及以上水近八成[EB/OL].[2017-8-29].浙江新闻网，https：//zj.zjol.com.cn/news.html?id=738089.

③ 浙江省生态环境厅.2022年7月浙江省地表水环境质量月报[EB/OL].[2022-8-15].浙江生态环境厅官网，http：//sthjt.zj.gov.cn/art/2022/8/15/art_1251321_58934136.html.

④ 浙江省发展改革委、浙江省生态环境厅.浙江省水生态环境保护"十四五"规划[EB/OL].[2022-8-25].萧山环境集团官网，https：//www.xswater.com/contents/79/25593.html.

⑤ 浙江省环境保护局.2003年浙江省环境状况公报[EB/OL].[2004-6-5].浙江省生态环境厅官网，http：//sthjt.zj.gov.cn/art/2004/6/5/art_1201912_13471578.html.

⑥ 李昌先，黄丽丽，郑盈盈，等.让"浙"里河湖润泽共富之路：我省建立全面推行河湖长制联席会议制度[N].浙江日报，2021-12-21.

坚战，深化"五水共治"碧水行动，提升生态系统质量和稳定性，地表水省控断面达到或优于Ⅲ类水体比例超过95%。全域建设幸福河湖，加强八大水系生态修复，推动蓝色空间可持续发展。要高水平推进人与自然和谐共生的现代化，弘扬生态文化，强化全民生态自觉，打造生态文明高地，建设美丽中国。

**图6.7　上塘河（丁兰段）生态环境**
（来源：曹岚 摄，拍摄时间：2020.6.8）

## 二、共同体范式

2013年，习近平总书记在考察海南时指出，良好的生态环境是最公平的公共产品，是最普惠的民生福祉。大运河水生态环境属于典型的公共物品，具有消费的非竞争性和非排他性。良好的生态环境是大运河文化带建设的厚实基础，保护好运河生态环境对于沿河企事业单位、游客、居民具有积极显著的正外部性。只有筑牢生态根基，才能充分发挥大运河的文化涵养、旅游观光等其他衍生功能。多年来，浙江以"八八战略"为总统领，牢固树立大运河"生态河、景观河、人文河"意识，持续推进大运河（浙江段）重点区域以及河道的生态环境修复，优化大运河航道功能，沿河建设绿色廊道和生态公园，有效涵养运河水体，为大运河保护传承利用提供了有力的生态保障（图6.8）。

**图6.8 水清岸绿景美人和的大运河**

（来源：许梦娇 摄，拍摄时间：2016.9.3）

全过程的体制机制创新不断给浙江河（湖）长制注入活力，也为全国生态文明建设共享与贡献了浙江经验。2016年12月，经中央全面深化改革领导小组审议通过，中共中央办公厅、国务院办公厅印发《关于全面推行河长制的意见》。2017年9月，国家海洋局印发《关于开展"湾长制"试点工作的指导意见》。2018年1月，中共中央办公厅、国务院办公厅又印发《关于在湖泊实施湖长制的指导意见》。2021年1月，两办再次印发《关于全面推行林长制的意见》。从河长制的探索，到湾长制的试点，到湖长制的衔接，再到林长制的延展，由河及海、湖，从水到山、岸，浙江在水生态环境保护上的地方探索已经上升为国家行动，进入了全面推广和升华的新阶段。这也是习近平总书记从生态文明建设的整体视野提出"山水林田湖草是生命共同体"重要论述的一个个鲜活的生动诠释，用实际行动谱写了美丽中国生命共同体的新时代范式。

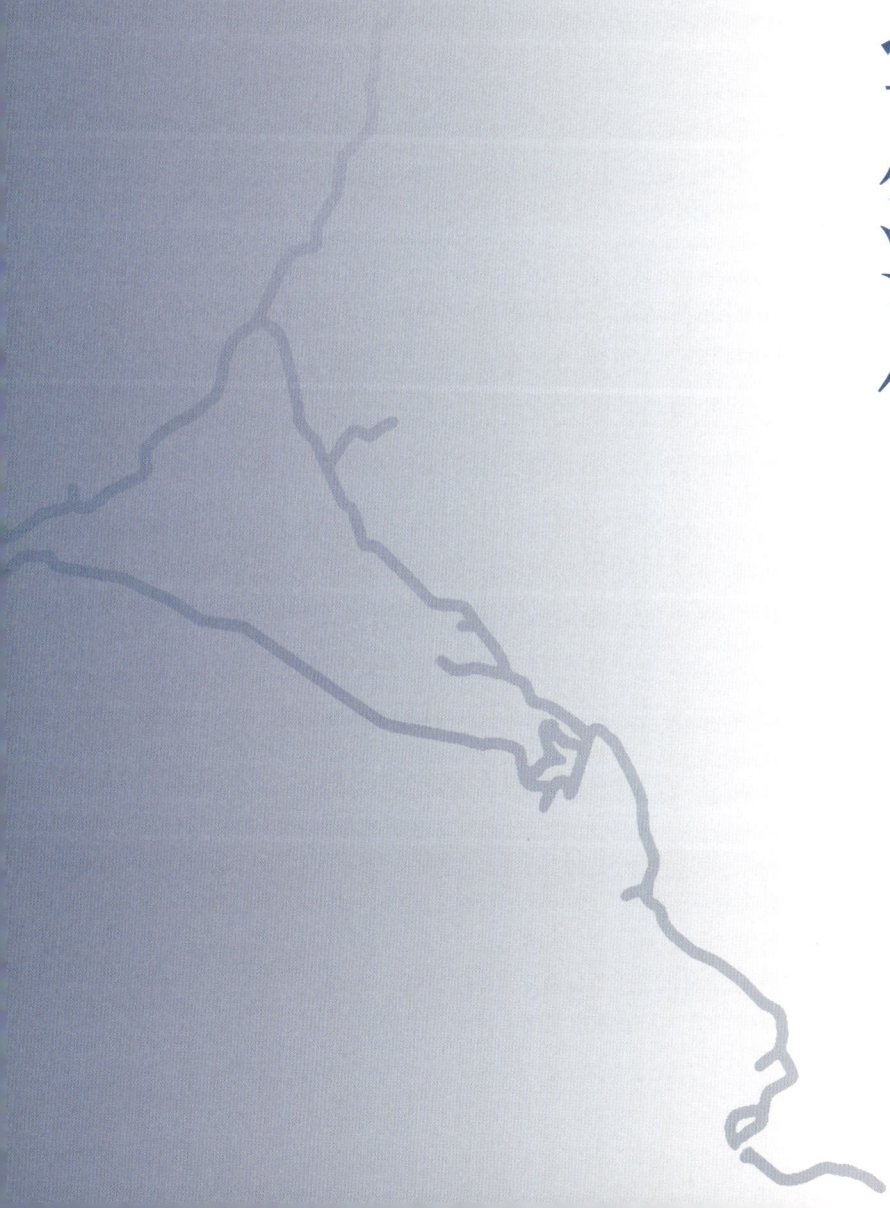

第七章

遗产活化

2014年，时任国务院总理李克强在京杭大运河杭州拱宸桥段考察时提到：运河是人类智慧的创造，今天的大运河，则是我们对历史遗产的再创造。人居的生命力不仅在于保护，也在于创造。① 大运河两岸的工业遗存，承载着一座城市不同的历史内涵，旧建筑触发人们对历史的思考与回味，新建筑给予人们对生活的热爱与感悟。如何在历史和新生中找到平衡，保留旧的城市记忆，植入新的文化灵魂，成为大运河沿岸工业遗存保护利用和非物质文化遗产活化传承需要探讨的共同话题。本章介绍了运河工业遗存概念和概况，选择杭州段为研究案例，在整体阐释工业遗存博物馆化改造利用的基础上，从建筑保护、目标定位、非遗传承、运作机制和展示手法5个方面，凝练了研究案例在长期实践过程中所形成的与工业遗存和非物质文化遗产保护传承利用相关的成功经验。

# 第一节　运河工业遗存

　　工业遗存一方面是城市的一种特殊语言，承载着城市近现代化发展过程中的历史文化记忆，是城市工业文明的见证和特色魅力的体现②。另一方面，工业遗存也是中国近现代化进程的见证，是中国从古代社会向现代社会发展过程的集中物质体现③。全国人大常委会原委员、浙江大学文物与博物馆学系教授毛昭晰曾为京杭大运河（杭州段）写下这样一段文字："运河文化离不开历史，离不开运河两岸的历史文化遗存。如果拱墅区最后的河埠头拆掉了、最后的仓库拆掉了、小河直街和拱宸桥西的历史街区被改造成新区，剩下的只是运河两边的钢筋水泥建筑。那么，即使运河的这一段，水再清，草皮再绿，也无法替代古老的运河文化遗存……"工业遗产作为大运河文化遗产的重要组成部分，不仅承载了一座城市的辉煌历史，也寄寓了一座城市的理想希望，保护工业遗产亦是保存社会资源和生活记忆，它的保护

---

① 中国政府网.李克强：今天的大运河是对历史遗产的再创造[EB/OL]. [2014-11-21].中国政府网官网，http://www.gov.cn/zhuanti/2014-11/21/content_2782098.htm.

② 苏晓晓，王胜楠.工业遗存保护的"杭州模式"[J].今日浙江，2012(24)：50-51.

③ 宋剑青.苏南近代工业与运河关系研究[D].南京：东南大学，2011：2.

和发展近年来受到国内外相关部门的高度重视 [①]。

运河沿线是中国近代民族工业除上海这一摇篮之外的又一核心和重要发源地。沿运河工业在中国工业发展历史上具有重要的历史意义，各个时期遗留下来的工业遗存具有重要的史料价值 [②]。浙江是近代民族工业的发祥地之一，大运河独特优越的地理交通条件为浙江的近代民族工业发展奠定坚实基础，大量工业遗存星罗棋布于大运河两岸。其中，位于杭州拱宸桥西岸的通益公纱厂始建于清光绪二十二年（1896年），是当时浙江省规模最大、设备最先进、最具社会影响的3家民族资本开办的近代棉纺织工厂之一。新中国成立后的杭州红雷丝织厂于1972年与日本郡是产业株式会社签订和服面料补偿贸易项目合同，引进设备956万美元，开创了浙江利用补偿贸易引进设备之始。1992年，杭州红雷丝织厂与浙江丝绸工学院共同开发的厚重强捻和服绸快速精炼工艺运行，属于国内首创。宁波三江口的宁波和丰纺织股份有限公司（简称"和丰纱厂"）创建于1905年，是清末浙江最大的新式纺织企业和近代浙江民族工业发展的宝贵见证 [③]；也是大革命时期中共宁波地委发动"六月工潮"所在地，和丰纱厂工人党员余阿炳作为浙江省的党代表，出席在莫斯科举行的中共六大。嘉兴古运河畔的解放路是嘉兴近代工业的摇篮，1910年嘉兴永明电灯公司在西河街创办，1912年嘉兴培利布厂在永明公司街对面开办，成为嘉兴最早创办的两家近代工业企业 [④]。湖州南浔古镇頔塘故道穿镇而过，清末民初出现"四象八牛七十二小金狗"这一中国近代最大的丝商群体。本章选取杭州拱宸桥西工业遗存为案例，聚焦探讨大运河工业遗存的保护利用实践。

---

① 王燕，张帅，陈淑晶.大运河工业遗存区景观改造与再利用探索：以常州戚墅堰机车厂南区改造设计为例[J].常州工学院学报（社会科学版），2019，37（5）：7-10.

② 朱强.京杭大运河江南段工业遗产廊道构建[D].北京：北京大学，2007.

③ 丛嶷.近代浙江民族工业发展的宝贵见证：清末宁波和丰纱厂老股票的历史解读[J].文物春秋，2013（1）：73-77，80.

④ 郑琳，庄寅霏，李卫芳.嘉兴解放路：唐宋时期万家灯火，近代的工业摇篮，如今处处网红打卡点[EB/OL].[2019-9-19].小时新闻网，https：//www.thehour.cn/news/308369.html.

# 第二节　案例基本概况

　　大运河是流动的活着的人类文化遗产，杭州则位于京杭运河的最南端、浙东运河的西起点。因水兴运，缘运聚商，倚商成市，随市显貌。杭州大运河拱宸桥西区域是杭州近现代工业文化、商埠文化和市井文化的高度浓缩，是城市记忆完整性的重要体现场所。自清末杭州开埠以来，依托运河水陆集散的区位优势和拱埠的经济优势，毗邻运河的拱宸桥西区域先后建立了世经缫丝厂、通益公纱厂（即中华人民共和国成立后的杭州第一棉纺印染厂）（图7.1）、浙江麻纺厂、杭州市土特产有限公司、杭州红雷丝织厂等在国内外有着举足轻重的棉纺轻工业；逐渐集聚了相当规模的厂房、仓库、宿舍和配套服务区。清光绪年间《拱宸桥竹枝词》记载："高低电火十分明，一片机声闹不清。向晚女儿都放出，出檐汽管作驴鸣。"以纱厂工人为主的居住区形成，与之配套的七行八馆沿河筑店，车水马龙，一度出现"东北隅数千万家之男女皆谋织业"的盛况，被誉为"小上海"（图7.2）。

图7.1　通益公纱厂和中华人民共和国成立后的杭州第一棉纺印染厂

大陸之景物

杭州拱宸橋（頭）

拱宸橋在杭州城外，距清泰門約二十里。初時地本荒，索自甲午中日戰後，日本要求闢作租界，于是各國商人多以此為居留地，開馬路，辦警察，市面日見興盛。由滬至杭之小輪船，亦皆停泊于此，往來者稱便捷焉。惟自滬杭通車，苟由清泰門經太平門，則拱宸橋為必經之路，而拱埠尤易振興。現繞艮山門而至筧橋，則拱宸車站變為贅瘤。且艮山門較太平門，路線灣而不直，建築費亦因此較巨。說者謂為當事者之失計，誠有識之言也。

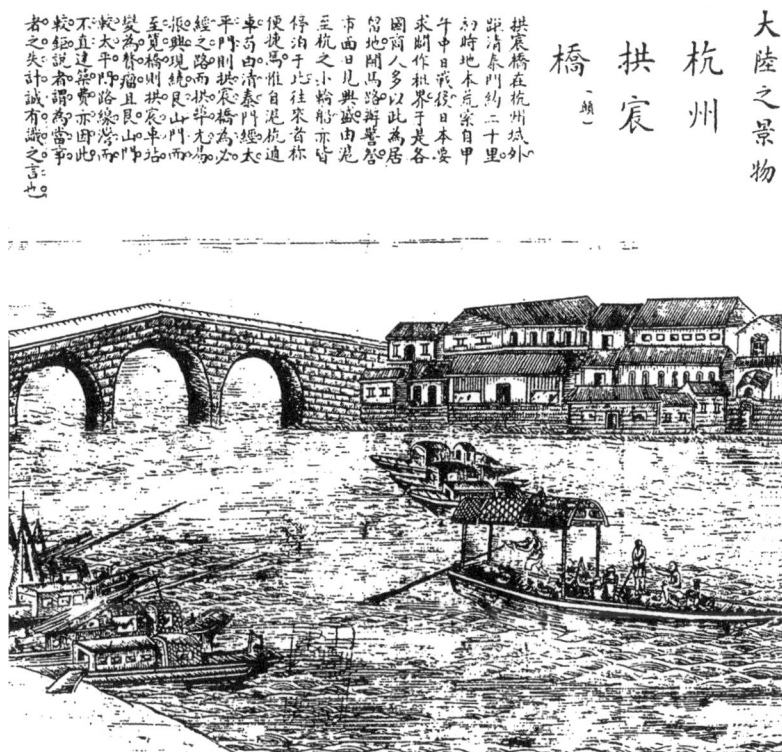

图7.2　1915年后日本《图画日报》刊登的拱宸桥 [①]

　　20世纪80年代，随着现代交通业快速发展，运河传统航运功能逐渐被铁路、公路等替代，桥西盛极一时的棉纺厂等开始衰落。随着近年来杭州城市更新步伐的加速、"退二进三"战略的实施和涉水传统产业结构升级的需要，拱宸桥西区域原有工厂陆续关停外迁，厂房建筑全部或部分拆除，但也留下了部分具有历史价值、经济价值和社会价值的工业遗存，在空间上呈现出一定的聚落特征。

　　同一片土地在不同的历史时期可能会根据当时的社会经济发展而产生截然不

---

[①] 笔者注：此图中上方文字为，"大陆之景物，杭州拱宸桥（头）。拱宸桥在杭州城外，距清泰门约二十里。初时地本荒。索自甲午中日战后，日本要求辟作租界。于是各国商人多以此为居留地。开马路，办警察，市面日见兴盛。由沪至杭之小轮船，亦皆停泊于此，往来者称便捷焉。惟自沪杭通车，苟由清泰门经太平门，则拱宸桥为必经之路，而拱埠尤易振兴。现绕艮山门而至笕桥，则拱宸车站变为赘瘤。且艮山门较太平门，路线湾而不直，建筑费亦因此较巨。说者谓为当事者之失计，诚有识之言也。"

同的形式内容和面貌特征，并发挥服务于当时社会的多种功能[1]。老物件、旧遗存、古场景等文化符号或标志，往往会触发和招来参观者或体验者对他们进行凝视，并唤醒个体或群体对过去的回忆和想象，桥接历史、当下与未来，形成对文化记忆的不同解码与多样阐释，最终驱动个体"我"的身份向群体性的"我们"的身份转向，形成共同的身份归属与文化认同。文化记忆是某一个社会群体拥有的并得到该群体文化认同的历史，一般依附于文本、照片、仪式、物件和其他媒介和载体上。通过跨越时间的社会实践活动重构历史的当下话语，并实现"支撑回忆和认同的技术性作用"[2]。工业遗产跟一般的文物古迹不同，厂房、机器和设备不是视觉上精美的东西，也没有生命，不会给人创造太多的视觉享受，很难按照原貌和原有功能凝固、冷冻地保存下来，而应像澳大利亚《巴拉宪章》所提倡的，为文物建筑寻找"改造性再利用"。同时，城市土地资源的稀缺、大众审美情趣的转变，都给重新利用工业遗产带来了契机[3]。

2002年，杭州正式启动京杭大运河杭州段综合保护工程，明确"还河于民、申报世遗、打造世界级旅游产品"的战略目标。在战略目标指引下，拱宸桥西工业遗产最合适的改造性再利用，既要满足工业遗产隶属于大众的公共权益，做到还河于民；又要有利于申报世界遗产，只做加分，不做减分；还要为打造世界级旅游产品存蓄发展空间，释放和彰显世界级旅游目的地的吸引力。为此，杭州对运河沿岸旧有工业厂房进行了综合性修复和低碳化改造，共保留建筑面积约2.8万 m²，新增建筑面积约2.2万 m²（表7.1）。同时，在保护利用工业遗存基础上，引入非物质文化遗产和工美技艺，活态传承、集中展示，共同打造贴近大众生活的杭州工艺美术博物馆群（图7.3）（以下简称"工美馆群"）。工美馆群可以说是杭州城市建设有机

杭州运河拱宸桥西区域工业遗存保护利用概况　　　　　　　　　　　　表7.1

| 工业遗产（存） | 建立时间 | 主题博物馆 | 改建时间 | 建筑组合 | 建筑细部特色 | 保留建筑面积（m²） | 新增建筑面积（m²） |
|---|---|---|---|---|---|---|---|
| 杭州土特产公司仓库 | 20世纪50年代 | 中国刀剪剑、伞博物馆 | 2009年 | 建筑群 | 窑砖符号 | 5848 | 10311 |

[1] 黄译禾，赵秀敏，石坚韧.叠影与叙事：京杭大运河杭州拱墅段的人文地理空间表达[J].北京文化创意，2021（4）：67-74.

[2] 王霄冰.文化记忆、传统创新与节日遗产保护[J].中国人民大学学报，2007（1）：41-48.

[3] 俞孔坚，方琬丽. 中国工业遗产初探[J]. 建筑学报，2006（8）：12-15.

续表

| 工业遗产（存） | 建立时间 | 主题博物馆 | 改建时间 | 建筑组合 | 建筑细部特色 | 保留建筑面积（m²） | 新增建筑面积（m²） |
|---|---|---|---|---|---|---|---|
| 通益公纱厂（杭一棉） | 1896年 | 中国扇博物馆 | 2009年 | 建筑群 | — | 6056 | 7487 |
| | | 手工艺活态展示馆 | 2011年 2013年 | 建筑群 | 锯齿状屋顶 | 2838.86 | — |
| 杭州红雷丝织厂 | 20世纪60年代 | 杭州工艺美术博物馆 | 2011年 | 建筑单体 | 锯齿状屋顶 | 14111 | 4519 |
| 合计 | | | | | | 28853.86 | 22317 |

来源：本研究综合整理；其中，手工艺活态展示馆分一期、二期改造。

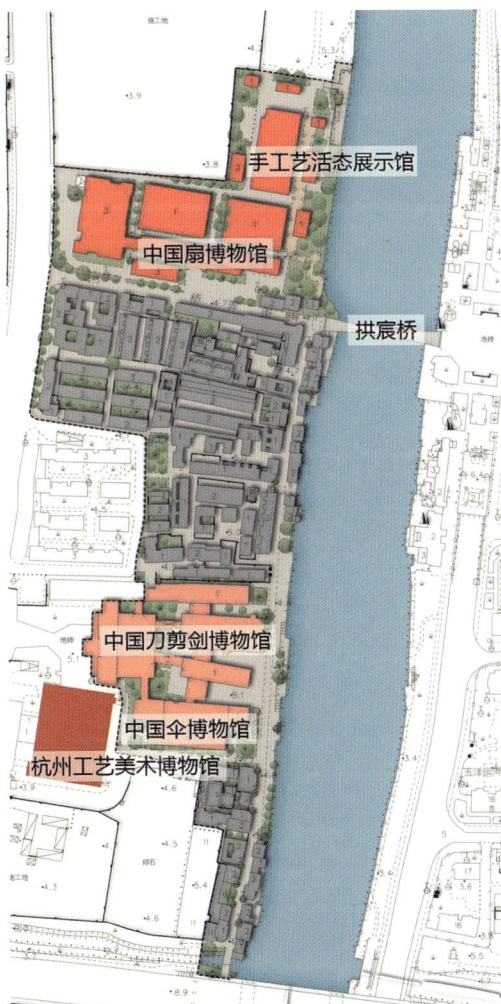

图7.3 杭州工艺美术博物馆群

（来源：徐露晨 绘）

更新的经典案例，也是运河综合保护工程的点睛之笔。博物馆群的改造手法，不仅有效改善了老字号企业、民间手工艺人的生存环境，构建行业交流平台，扩大非物质文化遗产的展示界面与传统行业自身的造血能力，而且在国内开拓了大规模工业遗存博物馆化保护利用的先河，成为不可复制的运河工业文化活态读本。

## 第三节　传承创新实践

联合国教科文组织前总干事伊琳娜·博科娃（Irina Bokova）曾指出："博物馆是当今一些社会挑战的关键所在，是创意经济核心的就业和收入来源。能够加强归属感和社会凝聚力，是国际合作的关键驱动力。博物馆也与经济发展和生活质量息息相关，特别是在城市与区域的开发和旅游业发展方面。"[①] 工美馆群始终秉承"传承＋创新"的发展思路，以公共利益为导向，在全国范围内开创性地将大运河传统大体量的工业遗存经改造利用后作为博物馆群使用，将工美馆群的可持续发展与地域文脉的传承、非遗保护、公共服务紧密融合。经过多年发展，已成为具有专业特点、杭州特色、运河特征、平民特性的国家级专业博物馆群落，形成鲜明的运河工业遗存保护利用模式。2012年5月，杭州成为中国首个联合国教科文组织"全球创意城市网络城市"工艺与民间艺术之都，工美馆群则名列杭州"工艺与民间艺术之都"传承基地的首位。2020年12月，工美馆群被中国博物馆协会核定为国家一级博物馆[②]。

### ▨ 一、兼容式建筑保护

工业遗存所形成的大体量公共空间，既是城市公共服务文化体系建设的重要内容，又是承载时代记忆和场所精神的载体。工业遗存建筑内部公共空间往往较大，

---

① 何安安.文明不是孤岛，而是寻找彼此：网络时代中欧美博物馆合作倡议开启[EB/OL]. [2021-7-17].新京报官网，https://www.bjnews.com.cn/detail/162648896914566.html.

② 熊艳.杭州市3家博物馆被核定为国家一级博物馆！[N].杭州日报，2020-12-22.

易分割，易组合改造，有利于室内文化空间氛围营造。在对原工业遗存建筑进行修复、加固等综合性保护基础上，对工业遗存进行了必要的改建和新建，以满足内部功能在空间上的隔离、过渡与连通需求。公共空间的处理大多会融入工业文化特征，确保空间整体具有一种原始的工业气息和人文关怀。工美馆群在充分尊重原建筑格局的基础上，强调新老建筑的和谐性与可识别性。对于工业遗产建筑，在保留外墙和旧框架体系条件下进行改建，采取综合修复技术最大限度地恢复部分风化剥落和人为破坏较严重的墙体外观[①]。对于新建建筑，布局上延续原有空间肌理，建筑上化整为零，尺度和体量上与老建筑保持协调，并对外墙、屋面、门窗等进行低碳化改造。在工业遗产的改造设计中，工美馆群将许多遗留下来的工业设施和构件进行了艺术加工，使其成为丰富场地体验的重要景观元素。

新旧结合的工业遗产建筑改造，强化了对工业遗产建筑城市记忆的可识别性，实现了历史与现代的对话（图7.4和图7.5）。工美馆群对运河工业遗产建筑群落的保护，既节约了建设资金，又延续了运河工业文明，让更多的人能够"看得见"一个时代留下的生产生活烙印。

**图7.4 桥西土特产仓库与码头吊装原貌**
［来源：杭州市京杭运河（杭州段）综合保护委员会，摄于2007.8.23］

---

[①] 朱娟丽，陈伟.工业建筑遗产保护和改建综合技术应用[J].浙江建筑，2011，28（6）：1-4.

**图7.5　对土特产仓库主体建筑与码头吊装的保留与保护**
[来源：杭州市京杭运河（杭州段）综合保护委员会，摄于2008.5.4]

## 二、平民化目标定位

博物馆的本质定位是为社会及其发展服务，涵盖收藏、展示、研究、教育等基础功能和欣赏、休闲娱乐、文化传播等衍生功能。拱宸桥西原有的以纱业、丝业、麻业为主的工业生产具有一定的保护、研究与再现价值，但专业性强、受众面小，展陈规模不匹配修缮后的博物馆群建筑体量和空间规模。在此基础上，工美馆群由工业旧厂房转变为文化新场所，旧瓶装新酒，广泛调动民间力量，积极征集、引进和展示源于老百姓日常生活的刀、剪、剑、伞、扇等日用品及根雕、机修、手绣、陶瓷等工艺美术品。与"阳春白雪"般展示国宝、文物等做法不同，工美馆群源于生活、还原生活的开放式展示手法能够在更大程度上引起访客观众的共鸣，真正实现工美馆群国家级规格、专业化品质、大众化享有的定位，让大众能更"贴得近"生活中的公共服务。

此外，工美馆群积极引进开展各种丰富的体验活动、文化讲座、学术交流会、专题讨论会和作品展示会等宣教活动，使其成为老少咸宜、寓教于乐的最佳学习场所。根据统计数据，工美馆群2013—2022年十年间共接待访客1570.8万人次，年均接待157.1万人次（图7.6），成为市民游客青睐喜爱的一处公共文化场所和休闲旅游点。2017年，工美馆群荣获浙江省第三届博物馆免费开放最佳做法"最佳展示推广"。2023年5月，杭州工艺美术博物馆大师工作室入选"杭州市民日'最具品质体验点'"。

规模（万人次）

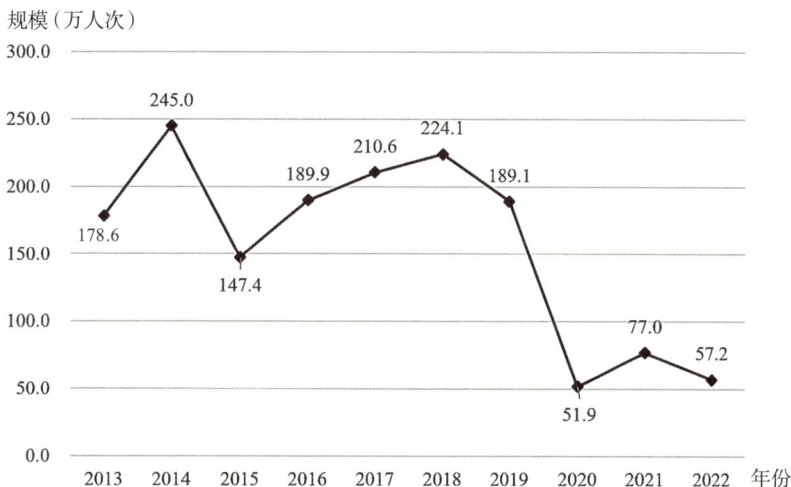

**图7.6　2013—2022年杭州工美馆群访客接待规模情况**
（来源：课题组成员在杭州工艺美术博物馆提供的数据基础上进行整理）

## 三、活态化非遗传承

非物质文化遗产是以人为本的活态文化遗产，强调的是以人为核心的技艺、经验、精神，最大的特点是活态流变[①]。长期以来，非物质文化遗产项目传承人，一直处于边缘化和被遗忘的状态，没有得到应有的社会尊重和经济利益。目前项目传承人年龄普遍偏大，传承仍然处在口传心授、自觉自愿的状态。传统工艺的非物质文化遗产工序复杂，学成周期长，就业面窄，未形成产业化，很少能够带来经济效益。年轻一代不愿入行，很多老艺人子女都不愿意继承祖业，非物质文化遗产传承发展面临后继无人、难以为继的局面[②]。

工美馆群结合本地非物质文化遗产特色优势，主动加强与政府主管部门、老字号企业、行业协会的沟通合作，免费提供大师工作室与手工艺展位，邀请工艺大师、非遗传承人入驻，形成以活态传承和集中展示为特点的非物质文化遗产活态博

---

① 曹新明. 非物质文化遗产保护模式初探[N]. 中国知识产权报，2013-8-2.
② 白硕. 大运河沿岸非物质文化遗产现状、问题与对策[J]. 人口与社会，2018，34（6）：33-43.

物馆。一方面，通过登门走访和有偿征集等方式，整理与抢救濒临失传的民间手工艺类非物质文化遗产，进行全方位的"再保护"。另一方面，借鉴生态博物馆等国际先进经验，创新保护理念，提供环境土壤，搭建交流界面，对现存手工艺类非物质文化遗产进行"活保护"。从展品陈列、场景设置、互动设计等方面，展现非物质文化遗产魅力，实现精心的"细保护"。如通过设置专门制作工坊，引入国家级非物质文化遗产张小泉剪刀锻制、西湖绸伞、王星记制扇、四川泸州油纸伞等技艺项目，剪纸、紫砂、陶艺、旗袍等传统类手工项目，以及手绘、手工皮具、软陶捏塑等现代创意手工项目。邀请手工艺人进驻并复制场景、现场制作、当场讲解，让工作的过程成为表演的舞台，让市民游客能生动、有趣、直观地体验到老传统、老技艺的精湛功底。通过与行业协会、国家级大师等深度合作，指导行业发展。尤其吸引了"00后""10后"等群体的关注和参与，积极为民间技艺传承培育新生力量（图7.7）。浙江大学研究团队2017年5月针对17组到访工美馆群的家庭访客的研究报告显示，参观工美馆群能够带来如下益处与帮助：提升审美体验及其教育，创造难忘的家庭亲子时光，增进家庭陪伴与情感，亲子之间创造额外的共同话题，满足好奇心，促进文化的传承，增进城市认同感与自豪感，强化对传统文化的印象等[1]。

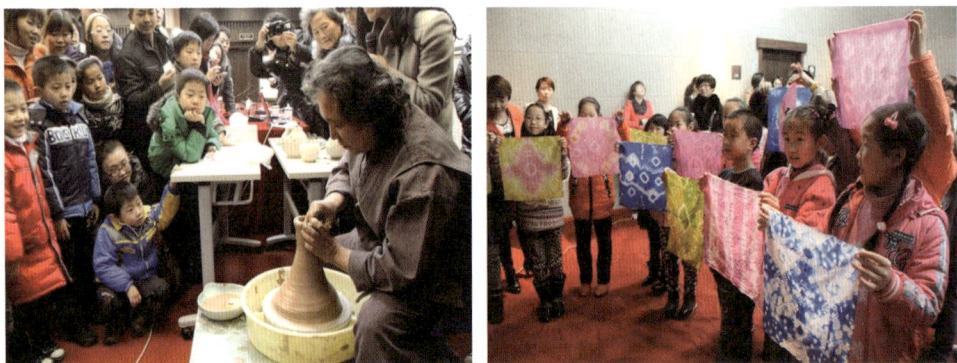

**图7.7　青少年群体在工美馆群体验非遗活动**
（来源：杭州工艺美术博物馆供图）

---

[1] Lingqiang Zhou，Haili Shen，Maoying Wu，et al. Benefits of Visiting Heritage Museums：Chinese Parents'Perspectives[J]. International Journal of Heritage Studies，2019，25（6）：565-581.

传播与传承是非遗生生不息的前提，因此让观众尤其是年轻人觉得好看、好玩、有收获是非遗传承的目标[①]。与其他定位为科宣文史类的博物馆不同的是，工美馆群的非遗活态展示的不仅仅是一个"制作的场景"，也是其产业链中与休闲旅游体验对接相对容易的一个环节。以此为资源支撑，精心举办非遗创意集市、文创设计大赛、趣玩运动会、青少年教育品牌展等主题活动，通过体验点带动产业链，通过小集市激活大市场，集工艺表演、互动体验、培训教育、商品展卖"四位一体"，强化非物质文化遗产在休闲旅游大环境中的存在感和认可度，进而提振普通民众的文化自觉与文化自信，让传统技艺能够重新走入公众生活，实现文化生态修复与传承。

工美馆群先后得到联合国教科文组织总干事伊琳娜·博科娃、副干事格塔卓·恩吉达等社会人士的高度肯定。伊琳娜·博科娃女士题词："对（杭州）工艺美术博物馆保护民间艺术和创造的优美传统，表示我的敬意！"（图7.8）格塔卓·恩吉达题词："我对（博物馆）所见印象非常深刻，请继续将这一优秀的工作传承下去。"国内外工艺美术行业协会与个人等也不断前来工美馆群学习交流。英国查尔斯基金会、日本主流媒体团、国际体验日外国友人团、新加坡中学生团、国际旅行商大会、我国台湾地区的海基会等十余个团体先后赴馆参观、体验与交流。

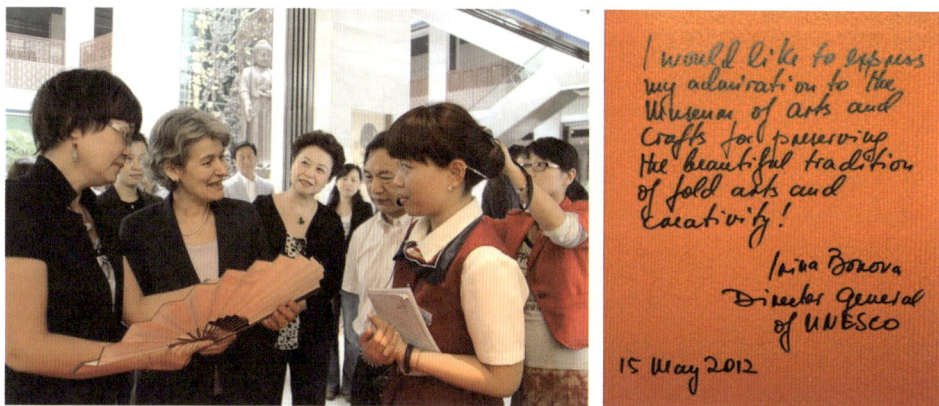

**图7.8　联合国教科文组织总干事伊琳娜·博科娃女士考察工美馆群并题词**
［来源：杭州市京杭运河（杭州段）综合保护委员会］

---

① 陈述知.运河流域非遗策展与运营探索：以"大运河非物质文化遗产"展为例[J].东南文化，2021（3）：142-147.

## 四、创新性运作机制

作为工美主题的行业性博物馆群落，工美馆群一直十分注重吸纳社会各界力量参与馆群建设，调动各方资源、凝聚合力提升自身可持续发展能力，整体上形成了一个"双层模式"（图7.9）[①]。①与各级党政部门和行业协会合作，接受业务指导。积极与国家轻工业联合会、杭州市经济和信息化委员会及各行业协会合作，进一步提升业务水准。②与企业、厂家合作，助推行业发展。与张小泉、王星记、天堂伞等本地老字号企业、行业龙头企业合作，引入老字号至馆群内，取得良好经济和社会效益。馆群连续多年成功举办创意集市、非遗集市、宋韵集市，吸引了全市乃至全省的老字号厂家汇聚杭城，促进行业交流、探讨行业发展、带动行业竞争力，实现保护传统手工艺和推动老字号企业发展相结合，与企业发展实现共享共助共富。③与院校、社区合作，拓展馆群共建资源。和多所中小学、高校、社区结成合作共建关系，探索馆校互动形式，拓展共建资源和模式，不定期举办"创意剪纸大赛"、流动博物馆进校园社区等活动，普及工美技艺展示宣教。④与工美大师合作，打造

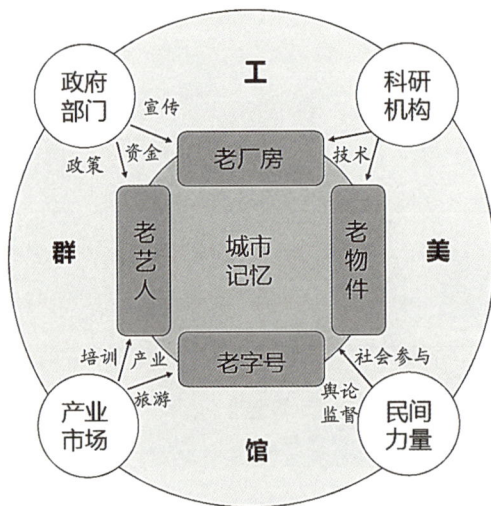

**图7.9　工美馆群"双层模式"**[①]

① 张环宙，沈旭炜，吴茂英.滨水区工业遗产保护与城市记忆延续研究：以杭州运河拱宸桥西工业遗产为例[J].地理科学，2015，35（2）：183-189.

交流创作平台。利用馆群平台，通过设置大师工作室，筑巢引凤，主动邀请国家、省、市各级工美大师、非遗传人、民间艺人进驻，搭建多种模式的合作交流。实施"大师带徒"项目，与国家级、省级工艺美术大师和入选学徒分别签订带徒协议，通过三至五年时间培养一批符合标准的工艺美术高端人才（图7.10）。"大师带徒"项目成为推动杭州传统工艺传承创新人才队伍建设、促进工艺与民间艺术行业创新发展的重要路径，成为工艺美术业界人才培养的一项精品工程。

图7.10　大师带徒（左三为中国工艺美术大师陈水琴）
[来源：杭州市京杭运河（杭州段）综合保护委员会]

## 五、数字化展示手法

数字化是工业遗存释放传统文化力量的一种新方式，也是博物馆行业转型升级的一道必答题。虚拟现实技术和互联网技术的结合，对工业遗产进行了重新定义与建构，使附着其上的城市记忆得以有可能成为即时性、随机性和当下性的一种大众化符号。借助互联网平台和新兴多媒体，城市记忆能够突破时空限制进行延续和延展。在互联网时代，如何重构工业遗存的文化价值，上升为一个亟待学界和业界共同关注与深度讨论的公共性议题。

博物馆承担收藏保护珍贵历史文物、历史文化学术研究以及社会教育等多元功能。随着智能移动终端的普及，短视频、HTML5、手机软件（APP）等新媒体技术和抖音、小红书、哔哩哔哩、微信等新社交平台如雨后春笋般崛起涌现，国内外博物馆在管理思维、展陈设计、用户体验、内容生产等方面呈现出向数字化、个性化、智能化转型的发展趋势。如2003年日本国立科技博物馆开博物馆移动端导览之先河，最早将先进的智能手机移动通信技术引入博物馆的展示与导览之中。2010年美国自然历史博物馆为了迎合人们的移动消费方式，推出了"探险者"（Explorer）APP，开始尝试运用文物叙事和虚拟游戏的方式丰富用户在博物馆里的体验[①]。近年来，国内河南博物馆的《元宵奇妙夜》《唐宫夜宴》，台北故宫博物院《未来可期》，故宫博物院的爆款网红文创产品等，纷纷将数字化、云端化、AI与传统文化相结合，在线上屡屡破圈，凭借数字化技术"怒刷"存在感，帮助受众穿越至古代历史，感受中华文化的魅力。

蓄势良久的博物馆行业似乎已跃升为数字化"优等生"。可以看到，无论面对网店、小程序、生活号、数字藏品等数字化工具，还是面对数据运营、数字营销、平台势能等数字时代的独特力量，博物馆行业都有牢牢把握。数字化无疑是博物馆行业遭遇突发公共事件冲击（如疫情），仍能持续创新、不断"出圈"的有力推手[②]。依托实体展馆的文化资源，工美馆群以互联网为传播平台，灵活巧妙地抓住了转型契机，弘扬传播我国传统工艺美术文化与民间技艺。应用数字成像技术，发掘、保护和再现昔日运河边关于伞、扇、剪刀剑的生活场景和市声原音，让游客能透过电脑屏幕和展馆橱窗看到数字化处理过的微缩三维影像，让城市记忆的再现更为直接生动。应用数字互动技术，设置扇子吹沙、360°全景表演、击剑等交互性强的体验项目，让游客尤其是青少年能在现实与虚拟的混合环境中主动接受传统文化的熏陶（图7.11）。

此外，工美馆群还结合藏品特点，创新设计了符合青少年群体审美的动漫IP形象——御剑、婳伞、霓扇、匠宝，以及馆宠小白猫——年糕，倾力打造博物馆品牌"不见（剑）不散（伞）"，并且拍摄同名动画短视频，不断强化工美馆群的主题品牌输出。短视频的制作旨在借助数字技术让博物馆活起来，突破物理空间限制走入大众视野，使受众能高速、便捷地体验杭州运河的城市记忆，欣赏刀剪剑、伞、扇、工艺美术等中华优秀传统文化的独特魅力。2022年，工美馆群制作的短

① 陈子焓，王晨奇，刘珈莉，等.媒体环境下博物馆数字化转型分析：以故宫出品APP为例[J].新媒体研究，2019（10）：78-80，90.

② 李汶键.博物馆如何炼成数字化"优等生"？[EB/OL]. [2022-6-13].光明网，https://m.gmw.cn/baijia/2022-06/13/35805929.html.

视频作品《不见不散》荣获浙江省博物馆学会颁发的"十佳新媒体短视频"荣誉。2023年5月，工美馆群荣获由浙江省文物局颁发的2023年度"浙江省最具创新力博物馆"称号。

**图7.11　工美馆群的数字体验项目吸引青少年群体的参与**

（来源：沈旭炜 摄，拍摄时间：2021.10.8）

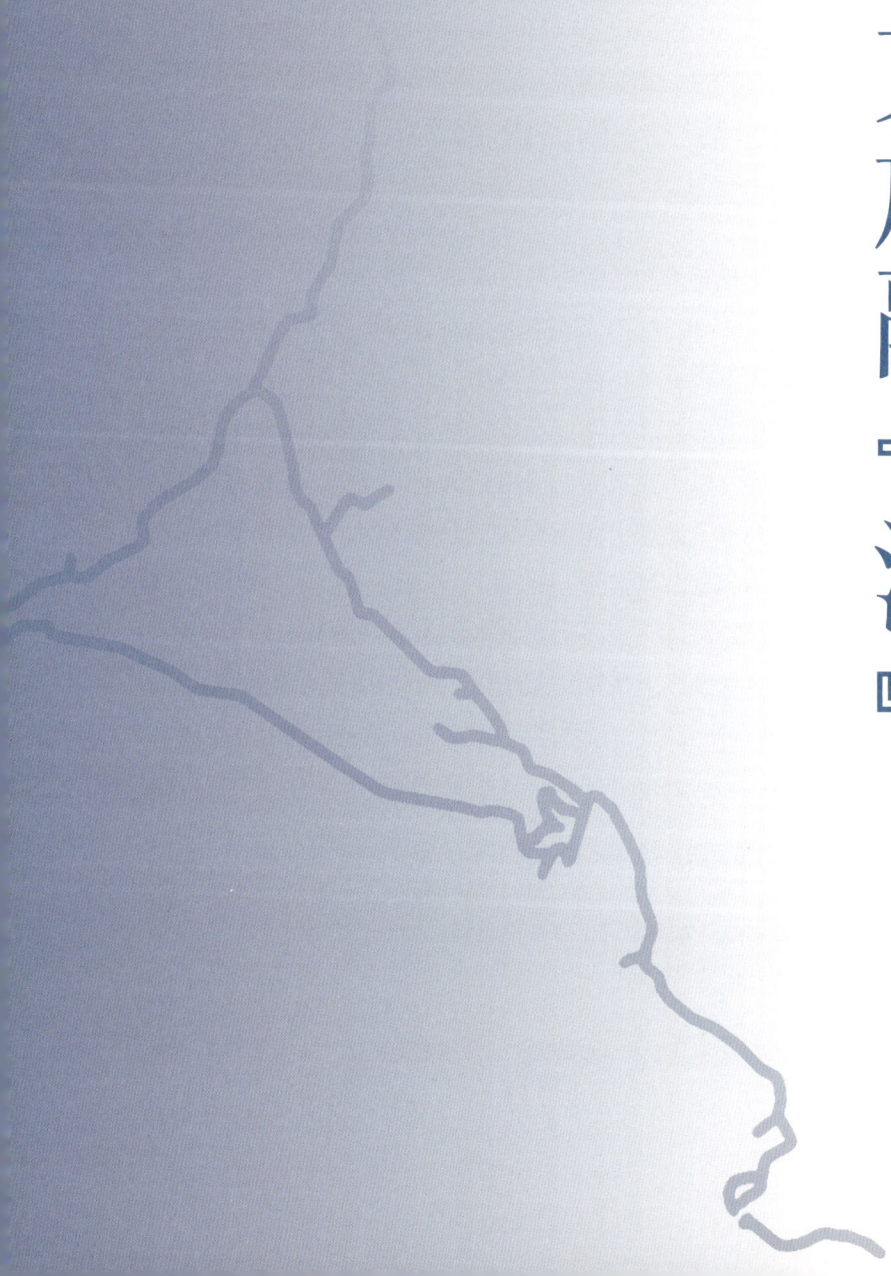

第八章　文旅融『河』

运河旅游是一种以水为媒介的文化旅游体验，因水而生的各种亚文化形态为运河旅游创造了源源不竭的元素符号和体验主题，通过对这些要素的解构重构与展示传播，形成以运河水脉为主线、以多种文化为神韵、多种业态集聚的休闲旅游产品谱系，进而构建运河旅游基本框架①。本章以文化和旅游融合为视角，通过对大运河（浙江段）旅游的面上分析进一步对江南盛世源定位进行了解读。在此基础上，结合工作经验、实地调研和既有文献，分别遴选了湖州南浔古镇旅游区、嘉兴乌镇古镇旅游区和京杭大运河杭州景区，对其旅游发展基本概况和主要做法进行了归纳总结，为推进大运河文化和旅游深度融合发展提供经验借鉴。

# 第一节　江南盛世源

大运河具有感知度较高的文化要素和旅游资源，素来具有休闲游憩目的地的功能属性②。改革开放以来，大运河（浙江段）沿线各地结合自身资源、区位条件和市场特点，不断改变和更新传统水上观光单一的产品结构，在梳理、挖掘和重塑河道水域、遗址遗迹、建筑设施、旅游商品和人文活动等自然人文资源的基础上，逐渐形成以运河文化遗产体验为主线，以山水观光、博物馆研学、度假、美食体验、古镇风情体验、乡村旅游、城市滨水区游憩、商贸会展、湿地休闲、主题乐园为业态表现形式的个性化、多元化的休闲旅游风情带（图8.1）。

旅游景区是旅游业发展的核心载体，也是当前我国满足大众旅游市场需求最主流的一种供给方式③。尤其是4A级及以上高等级旅游景区，代表着地方旅游资源的品质和特色，是当地旅游业发展的对外名片，对旅游消费市场具有关键性的引导作用④，

---

① 沈旭炜.改革开放后我国大运河旅游发展阶段及特征[J].商丘职业技术学院学报，2017，16（5）：
　　51-55.

② 俞孔坚，李迪华，李伟.京杭大运河的完全价值观[J].地理科学进展，2008，27（2）：1-9.

③ 麻学锋，杨雪.大湘西高级别景区时空分布特征及影响因素的空间异质性[J].自然资源学报，2019
　　（9）：1902-1916.

④ 邹勇文，魏晨.高等级景区空间分布特征及影响因素研究：以江西省为例[J].上饶师范学院学报，
　　2019，39（6）：66-72.

其对区域旅游发展的贡献率超过全部旅游景区的50%[①]。据不完全统计，截至2023年8月底，浙江大运河沿线共有西湖、鲁迅故里、南浔古镇、乌镇、南湖国家5A级旅游景区5家，占全省5A级景区总数（20家）的25.0%。换而言之，全省每4家5A级景区中有1家是大运河直接流经的或与其水系有直接沟通关系的。除了5A级景区之外，大运河浙江段还集聚了4A级景区13家，国家湿地公园2个，国家森林公园2个，非高等级景区类水乡古镇6个（表8.1）。

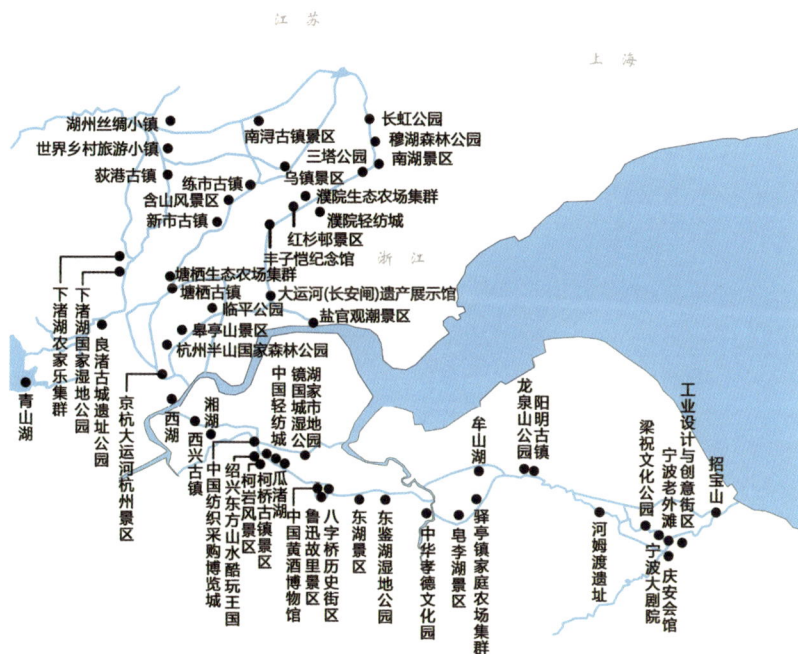

**图8.1 浙江大运河休闲旅游业态分布**

（来源：沈旭炜 绘）

**大运河浙江段沿线休闲旅游发展概况**　　　　　　　　表8.1

| 类型 | | 名称 | 城市 | 备注 |
|---|---|---|---|---|
| 高等级景区 | 5A级景区 | 鲁迅故里景区 | 绍兴 | 含沈园景区 |
| | | 西湖景区 | 杭州 | 世界文化景观遗产 |
| | | 南浔古镇景区 | 湖州 | 世界文化遗产 |
| | | 乌镇景区 | 嘉兴 | 世界文化遗产，国家级夜间文化和旅游消费集聚区 |
| | | 南湖景区 | 嘉兴 | 含月河历史街区 |
| | 4A级景区 | 招宝山旅游风景区 | 宁波 | |

---

① 刘影.中国高级别旅游景区命名规律、存在问题及对策研究[D].桂林：桂林理工大学，2021：1.

续表

| 类型 | | 名称 | 城市 | 备注 |
|---|---|---|---|---|
| 高等级景区 | 4A级景区 | 宁波老外滩 | 宁波 | |
| | | 梁祝文化公园 | 宁波 | |
| | | 中华孝德文化园 | 绍兴 | |
| | | 东湖景区 | 绍兴 | |
| | | 柯岩风景区 | 绍兴 | |
| | | 东方山水酷玩王国 | 绍兴 | |
| | | 湘湖 | 杭州 | 首批国家级旅游度假区 |
| | | 京杭大运河杭州景区 | 杭州 | 含拱宸桥、博物馆群等 |
| | | 塘栖古镇 | 杭州 | 含广济桥、水北街等 |
| | | 皋亭山景区 | 杭州 | |
| | | 下渚湖国家湿地公园 | 湖州 | |
| | | 盐官观潮景区 | 嘉兴 | |
| 历史镇街 | | 阳明古镇 | 宁波 | 含通济桥、府前路历史文化街等 |
| | | 柯桥古镇 | 绍兴 | |
| | | 西兴古镇 | 杭州 | 含永兴闸等 |
| | | 新市古镇 | 湖州 | |
| | | 练市古镇 | 湖州 | |
| | | 荻港古镇 | 湖州 | |
| 文化场所 | | 庆安会馆 | 宁波 | 含浙东海事民俗博物馆 |
| | | 宁波大剧院 | 宁波 | |
| | | 工业设计与创意街区 | 宁波 | 含宁波工业设计博物馆等 |
| | | 河姆渡遗址 | 宁波 | 含河姆渡遗址博物馆 |
| | | 中国黄酒博物馆 | 绍兴 | 3A级景区 |
| | | 良渚古城遗址公园 | 杭州 | 世界文化遗产 |
| | | 丰子恺纪念馆 | 嘉兴 | |
| | | 长安闸遗产展示馆 | 嘉兴 | |
| 商贸场所 | | 中国轻纺城 | 绍兴 | 3A级景区 |
| | | 中国纺织采购博览城 | 杭州 | |
| | | 濮院轻纺城 | 嘉兴 | |
| 湖泊湿地 | | 牟山湖 | 宁波 | |
| | | 皂李湖景区 | 绍兴 | |
| | | 东鉴湖湿地公园 | 绍兴 | |

续表

| 类型 | 名称 | 城市 | 备注 |
|------|------|------|------|
| 湖泊湿地 | 迪荡湖公园 | 绍兴 | |
| | 镜湖国家城市湿地公园 | 绍兴 | 浙江首个国家级城市湿地公园 |
| | 瓜渚湖 | 绍兴 | 传说宋高宗南渡时到此 |
| 森林公园 | 半山国家森林公园 | 杭州 | |
| | 青山湖国家森林公园 | 杭州 | |
| | 穆湖森林公园 | 嘉兴 | |
| 休闲公园 | 龙泉山公园 | 宁波 | |
| | 临平公园 | 杭州 | |
| | 三塔公园 | 嘉兴 | |
| | 长虹公园 | 嘉兴 | 含长虹桥、一宿古庵 |
| 旅游类特色小镇 | 湖州丝绸小镇 | 湖州 | 省级特色小镇 |
| | 世界乡村旅游小镇 | 湖州 | 省级特色小镇 |
| 乡村集群 | 驿亭镇家庭农场集群 | 绍兴 | |
| | 塘栖生态农场集群 | 杭州 | |
| | 下渚湖农家乐集群 | 湖州 | |
| | 红杉邨景区 | 嘉兴 | 国家3A级景区 |
| | 濮院生态农场集群 | 嘉兴 | |

来源：本研究整理。数据分析完成时间为2022.8.7。

2022年6月，浙江省第十五次党代会报告提出要"彰显浙江深厚历史底蕴的文化标识和'诗画江南、活力浙江'省域品牌更加鲜明"。大运河（浙江段）文化底蕴丰富，生态环境优越，新兴业态活跃，文旅产业集聚，俨然已经成为支撑"诗画江南，活力浙江"的一条滨水休闲带、文化品质带、产业脊梁带。大运河作为"江南盛世源"[①]，成为可以完美诠释和有力彰显"江南""诗画""活力"等浙江文化张力的不可或缺的鲜明符号。

---

① 笔者注：江南盛世源，是杭州市京杭运河（杭州段）综合保护委员会（杭州市运河集团）2008年委托浙江教育学院、浙江大学旅游研究所共同编制的《京杭大运河杭州主城区核心段旅游实施规划》中提出的一个概念，形象刻画了江南运河深厚的历史文化韵味和富有休闲气质的旅游感知形象。

# 第二节　南浔古镇旅游区

## 一、基本概况

### （一）南浔古镇概况

南浔古镇位于湖州城东二十八里，苏浙两省的交界处，过了古镇景区东门的停车场即到苏州市吴江区震泽镇境内。古镇始建于南宋理宗淳祐十二年（1252年），镇名取自南林、浔溪两村首字，距今已有270年历史。得益于"水陆冲要之地"的地理区位优势，自建镇以来，南浔的蚕丝贸易业和商品经济快速兴起和蓬勃发展，到了明万历至清中叶空前鼎盛，一度成为全国的蚕丝贸易中心，成为江南蚕丝名镇，"耕桑之富，甲于浙右"。由于蚕丝业的发达，镇上巨富商贾云集，南浔也一跃成为江浙雄镇，民间流传有"湖州一个城，不及南浔半个镇"的说法。南浔集聚了大小丝商数百家，资本雄厚，民间俗称"四象八牛七十二金狗"，这里也是明朝江南首富沈万三的祖籍地和出生地。南浔古镇人文荟萃、钟灵毓秀，涌现了庞元济、张静江、王文濡、张钧衡等历史名人，至今完整保存着小莲庄、嘉业堂、文园、张石铭旧宅、刘氏梯号（红房子）、张静江故居、百间楼等一大批明清时期古代建筑，处处庭院幽深。千年古桥、百年民居，豪门巨宅、经典园林，南浔远看有"势"、近看有"质"。凭借独特的历史地位和人文景观，2005年9月，南浔古镇获评第二批中国历史文化名镇。2011年6月，湖州南浔古镇管理委员会作为南浔区政府派出机构正式成立，对南浔古镇区统筹开展保护、利用、规划、建设和管理工作。2014年6月，古镇内頔塘故道成为大运河世界文化遗产河段。2015年7月，南浔古镇成功晋升为国家5A级旅游景区。

### （二）頔塘故道概况

頔塘是一条重要的水道，由于同京杭大运河相接而达北京，北上可进入长江，近代又与长湖申航道相接，成为通往上海市的要津。頔塘的开筑，方便了农业发展、物资聚集、经济交流和商旅往返，对沿途的湖州、南浔、震泽、平望等市镇的社会进步和经济发展起了很大作用。南浔因频塘而生，因频塘而兴，因频塘而名。南浔自南宋淳佑季年建镇开始，以频塘为中心，称镇内频塘为东西市河。官衙、民居均沿市河两岸而建。

频塘故道是江南运河支线河道频塘的重要段落，西起西栅祇园寺旧址，东至东栅分水墩，全长约1.58km，宽约50m，全段护坡均用块石砌筑，间有多处河埠及支流（图8.2）。河道整体走向呈"Z"字形，自分流口东行约500m后河道改向东南，向东南约200m到与南市河交汇口后，河道再改向东偏北行。沿线主要交汇河流自西向东分别为南市河、皇御河、百间楼河与马家港，此外原永安河与北市河（宝善河）两条交汇河道分别于1954年和1973年被填埋后改建道路。两岸均临河建路，北岸自西向东为西大街和东大街，南岸为树行埭、来廊下、下塘东街和石铺里。河道东端分水墩以东即为江浙两省分界线。中心河道两岸均为古镇区，至今仍保留大量清末民初传统建筑，包括庞氏承朴堂、金氏承德堂、尊德堂等名宅大院，通津桥、洪济桥等重要的大运河水利工程设施横跨其上[①]。

**图8.2 频塘故道南浔段**

[来源：湖州市文化广电旅游局（湖州市文物局），拍摄时间：2008.6.23]

---

① 湖州市文化广电旅游局（湖州市文物局）.全国重点文物保护单位：大运河（湖州段）[EB/OL]. [2021-12-1].湖州市文化广电旅游局（湖州市文物局）官网，http://whgdlyj.huzhou.gov.cn/art/2021/ 12/1/ art_1229209612_58809701.html.

　　頔塘故道可谓运河古河道的"活化石"，是运河水利工程、航运，南浔社会政治、经济、文化发展史的见证，具有较高的历史价值。頔塘故道见证了以南浔辑里湖丝为代表的蚕丝业走向上海，继而走向世界的辉煌历史。2014年大运河成功申报世界文化遗产，南浔古镇荣膺世界文化遗产地。頔塘故道（江南运河南浔段）作为一个独立的遗产区，具体包括"一点一段"，一点指运河附属遗产南浔镇历史文化街区，即整个南浔古镇；一段即河道本体——頔塘故道。

## 二、文物建筑保护利用

　　近代丝绸贸易兴旺，极大推动了南浔古镇的城镇建设，其独特的水乡古镇风貌、别具一格的江南园林、中西合璧的精美建筑，构筑了南浔独特的有别于其他江南古镇小家碧玉型的特有景观，让南浔拥有丰富的文物资源以及特色鲜明的高级别文物。南浔古镇主要以民居住宅为主，同时还伴有商业建筑、手工作坊、宗教建筑和公共文化建筑等。建筑多集中于南浔古镇景区的南市河两岸[①]。建筑大多为一到两层，在建筑色彩和外立面墙体装饰上，多采用黑、白、灰3种具有典型江南水乡建筑风格特色的颜色，朴实而又不失大气。建筑房屋大多依据地势高低建设，建筑形式多为坡屋顶，体量不大，保持了小桥流水人家的传统特色[②]。传统民居清丽典雅、别致内蕴，大宅园林在中国传统建筑形式中，大胆而巧妙地渗透和融合西方建筑风格，形成了一种独特的中西合璧的江南宅第建筑艺术。在2008年第三次全国不可移动文物普查中，南浔共登记不可移动文物870处，其中建筑类286处，占比约为30%，全国文物保护单位、省级文物保护单位和市级文物保护单位82处，占比约为9.5%[③]。其中，嘉业堂藏书楼（图8.3）及小莲庄、南浔张氏旧宅建筑群、尊德堂、大运河（江南运河南浔段、南浔丝业会馆及丝商建筑）5处为全国重点文物保护单位，庞氏旧宅、南浔粮站总粮仓、通津桥、洪济桥、颖园、述园快阁、董氏世德堂、寿俊堂等11处为市级文物保护单位，兴福桥、通利桥、新民桥3处市级文保点，生计米行、刘氏景德堂旧址、周庆云旧宅等21处历史建筑。

---

① 金轶，张健.南浔古镇滨水建筑外部空间研究[J].华中建筑，2008（6）：178-184.
② 孙田，祝遵凌.南浔古镇景观特色分析与思考[J].设计，2018（19）：70-72.
③ 章亦乐.南浔区文物建筑活化利用的思考[J].文物鉴定与鉴赏，2020（23）：148-150.

**图8.3 全国重点文物保护单位嘉业堂藏书楼**
（来源：沈旭炜 摄，拍摄时间：2020.11.12）

　　面对如此庞大的文物建筑体量，如何在有限资金和人力物力的情况下实现保护与利用相结合，在保护中利用，在利用中保护，努力探索出一条有地方特色的文物活化利用之路，成为摆在南浔古镇面前的一大现实难题。为进一步促进文物合理利用，推动文物建筑开放工作，明确开放使用的条件、要求和操作规范，提高开放的主动性、公益性，国家文物局在试行基础上，于2019年下发了新版《文物建筑开放导则》。导则明确提出，在综合考虑文物价值、保存状况、重要性、敏感度、社会影响力以及使用现状等前提下，文物建筑的使用功能可参照社区服务、文化展示、参观游览、经营服务、公益办公5种功能。同时指出，景区景点中的文物建筑，应最大限度向公众全面开放，可根据文物建筑特点和开放需要，采取日游和夜间游览等分时段开放方式，提升游客观光体验。

　　2000年，南浔旅游发展有限公司成立，并启动古镇保护修复工作。该公司通过收购、拆除、改建、修复等方法，使南浔东、西街南段基本反映清末民初的南浔原貌。通过大量的资金投入，南浔古镇面貌得到较大幅度改善，使一批濒临消失的古镇历史文化建筑得以及时保护，通过市场化运作为旅游项目建设、旅游产品体系构建及旅游市场营销与品牌宣传等方面创造了条件，也为南浔后续的旅游发展打下良好基础①。南浔古镇中的嘉业堂及小莲庄、张氏旧宅群、尊德堂等全国重点文物保护单位目前均已被开辟为面向公众开放的游览参观场所。刘氏求恕里在加以修缮的基础上，改造利用成为花间堂民宿。南浔丝业会馆延续原有功能，活化利用成为"城市客厅"；并定期举办工会活动，举办评弹表演吸引游客；还和南浔区图书馆合作设立特色分馆，多元化利用会馆空间。

在对历史建筑进行保护修缮基础上，南浔古镇管委会同时编制实施《南浔古镇历史文化保护区保护规划》《大运河南浔段遗产保护规划》等，并于2019年制定出台古镇保护利用行动计划，努力谋求古镇保护与开发利用的动态平衡。目前，古镇集群内的文物资源、文博场馆、古民居、古桥梁等建筑遗产均较好地保持着传统格局和完整风貌。

## ◤ 三、活态传承古镇文化

古镇是生活着的，文化是活态的。在南浔古镇内，不仅历史风貌得到保护，而且传统生活气息也仍在延续，"一元茶馆"、湖笔工坊、传统糕点等上百年的老店依旧人气十足，"祭笔祖""三道茶""灯谜会"等一批风俗活动也传承至今，轧蚕花、绫绢制作等传统习俗场景式地呈现了当地居民的日常生产生活，南浔古镇文化在活态传承中向"美"而行。古镇构建了有效的非物质文化遗产保护体系，重点保护湖笔制作技艺、轧蚕花、湖州船拳3项大运河非物质文化遗产。同时，挖掘重要非遗项目，建立非遗资源清单，以打造"活态的文化，活着的古镇"。加大非遗传承人保护培养力度，建立大运河国家级、省级非遗代表性传承人记录数据库。建成非遗活态展示馆项目，举办运河诗会、绘制诗路地图等非遗文化活动，成立南浔学研究会等研究组织，编撰出版《南浔丛书》《南浔近代园林》等书籍。支持代表性传承人对外展览演示和宣传推介，开展非遗传承人培训学习，吸引年轻人传承保护非遗技艺。打造非遗传承活态展示窗口，加快大运河非物质文化遗产展示馆和大运河文化遗产保护基地建设，开展"文化和自然遗产日"非遗宣传展示系列活动。2022年6月21日，"同一条运河：千年运河情，百年共富梦"第二届浙江大运河世界文化遗产宣传周活动在南浔古镇开幕（图8.4）。

---

① 卞显红.江浙古镇保护与旅游开发模式比较[J].城市问题，2010（12）：50-55.

**图8.4　第二届浙江大运河世界文化遗产宣传周开幕式**
（来源：湖州市南浔区文化和广电旅游体育局）

## 四、推动文旅深度融合

　　南浔古镇积极丰富运河水上旅游业态，开设"水上餐饮""水上客栈"等项目，构建立体式文化旅游产品体系。推动夜间经济发展，打造"南浔古镇月光之旅"线路。大力发展文化演艺、艺术创作等新领域。依托庞氏旧宅，打造江南（湖州）运河古镇博物馆。完善基础设施和配套服务，构建大运河南浔段交通系统，整合沿线旅游资源，打造独特的旅游解说系统。深化文旅融合体制机制改革，落实大运河南浔段建设项目在规划审批、商事登记等方面的优惠政策。推进文旅市场信用体系建设，健全文旅市场授信激励失信惩戒机制。统筹建立招商引资信息库。打造运河文化遗产廊道，重点保护廊道内文化和自然景观，将名人故居、工业遗存等零散的文化遗产组织成为整体的文化旅游产品，打造文旅体验廊道。加强数字化新技术应用，利用沉浸式投影、虚拟现实等数字化展示技术，全方位展现大运河南浔段遗址。引入体验式交互、虚拟呈现等方式，增强体验性、探索性和娱乐性。打造大运河南浔段独有的视觉景观，凸显古镇文化的辨识度。南浔古镇积极整合练市古镇、双林古镇、菱湖古镇、善琏古镇、荻港古镇5个古镇资源，共同打造世界级运河文化集中展示地、长三角水乡旅游首选地、新时代文化润富新高地。

## 第三节　乌镇古镇旅游区

### ◤ 一、基本概况

乌镇古镇旅游区位于嘉兴市桐乡市北部，与江苏省苏州市吴江区、湖州市南浔区接壤，地接江浙两省的苏、湖、嘉三市等长三角中心城市。乌镇古镇旅游区属于太湖流域杭嘉湖平原地区，河流密布，水网交错。江南运河中线依乌镇景区北部而过。乌镇古镇旅游区所在的乌镇古镇属于典型的江南水乡古镇，是我国首批国家级历史文化名镇，拥有1300多年建镇史（图8.5）。旅游区主要由东栅、西栅和乌村3个景区构成，分别于2001年、2007年、2016年对外开放，占地面积分别为1.98km²、4.92km²和0.3km²。古镇旅游区内名胜古迹、手工作坊、经典展馆、宗教建筑、民俗风情、休闲场所让人流连忘返，构造了小桥流水风光旖旎、泛光夜景

**图8.5　乌镇的小桥流水人家**

（来源：黄玮佳 摄，拍摄时间：2021）

气势磅礴的景象，曾被评为"欧洲游客最喜爱的中国旅游景区"①。

2010年，乌镇古镇旅游区成功创建国家5A级景区。2011年，乌镇古镇旅游区全年累计接待游客514.53万人次，远超当年重庆16个中国历史文化名镇一年游客接待量的总和②。2014年，成功召开世界互联网大会乌镇峰会，并被确定成为世界互联网大会永久会址。2015年，国家主席习近平出席第二届世界互联网大会乌镇峰会开幕式并发表主旨演讲③。2022年，乌镇古镇旅游区入选第二批国家级夜间文旅消费集聚区。乌镇不断呈现"耳目一新"的精彩变化，知名度和影响力与日俱增。无论从历史遗产保护、旅游度假发展、原住民生活提升、节事会展品牌运营等角度而言，还是单纯地从经济投资和收益回报的角度来看，乌镇古镇旅游区都堪称是一个鲜活的行业翘楚与成功典范，打造了政、产、学、研等社会各界高度肯定的"乌镇模式"。

## 二、修旧存真的保护方法

在大运河文化遗产旅游资源保护开发过程中，保护永远是摆在第一位的重中之重。往日的乌镇并非一直如现在的乌镇这般繁华，多年前这里也像很多江南水乡古镇一样，古建筑年久失修、摇摇欲坠，河道里污水横流、臭气熏天，街巷两边堆满了蜂窝煤和马桶，到处一片杂乱无章的败坏景象。

在到底是拆旧还是建新这一关键抉择上，1999年，当时的桐乡市委、市政府突破了20世纪80年代以来压倒一片的"拆旧建新、填河筑路、引资建厂、招工就业"的全国乡镇改革浪潮④，按照"生态保护、环境第一，整旧如故、以存其真"的原则，毅然决定对乌镇古镇全面开展保护性开发整治，以保护历史遗产来开发旅游，蹚出了一条江南水乡古镇保护利用的全新路子。具体做法可以归纳为

① 桐乡市人民政府.乌镇景区[EB/OL]. [2020-5-19].桐乡市人民政府官网，http://www.tx.gov.cn/art/2020/5/19/art_1634450_9.html.

② 高婷.遇见美丽乡村丨乌镇，并非从来如此繁华[EB/OL]. [2022-6-8].腾讯网，https://view.inews.qq.com/a/20220608A0498D00?refer=wx_hot.

③ 徐隽.习近平出席第二届世界互联网大会开幕式并发表主旨演讲[EB/OL]. [2015-12-17].人民网，http://cpc.people.com.cn/n1/2015/1217/c64094-27938940.html.

④ 阮仪三，袁菲.江南水乡古镇的保护与合理发展[J].城市规划学刊，2008（5）：52-59.

"迁""拆""修""补""饰""控" 6 个字。

一是"迁"。根据规划需要，对古镇旅游区范围内不符合主导产业发展方向的传统工业工厂、坪效低的大型商场以及部分现代民居，在充分协调沟通的基础上对其实施搬迁或异地安置。

二是"拆"。针对未经建设规划允许，擅自对原有民居、经营生产场地、基础设施及其配套建筑等进行的违法扩建或整修的建筑部分，全部予以拆除。这样的拆违力度在当年并不多见。如在东栅景区开发时，乌镇就将景区内的水泥路和水泥桥全部拆除，重新铺回原来的青石板路，并用旧料按原样重建石板桥。

三是"修"。针对古镇内部古建筑严重损毁或人为拆除导致的较大范围的断层或空白处，乌镇利用从邻近乡村中收集到的旧材料，按照传统古法工艺，对破败的民居、老街、河岸、桥梁等进行修缮，恢复其原貌。如陈年的门窗修好后不是油漆一新，而是按古法用桐油两度刷漆。

四是"补"。根据《桐乡县志》等古籍善本中的有关文献记载，适当进行历史地名的恢复性补建，以填补历史空间，连缀整体，保证古镇街区建筑在时空上的完整性、连续性。

五是"饰"。在街区风貌外观的整治上，面对纵横交叉、横七竖八的电力线、通信光缆以及街面上凌乱不堪的自来水管、下水道和污水管道，乌镇早在1993年便开展了一场"管线地埋"的革命，成为国内首个将各类电线、管道全部地埋铺设的典范景区。如今在乌镇古镇旅游区内，抬头不见电线光缆，低头难觅水管槽道。

六是"控"。旅游区对古镇街区所有建筑物的高度、色彩、装修风格提出强制性的控制要求。对于当前尚未开发为景区的北栅和南栅（图8.6），古镇管委会定期安排工作人员对街区住户的旧房进行修缮，也会出资选择性地收储周边居民外售的房产或地产用于古镇未来的保护利用。

对历史文化遗产的主动保护和灵活利用，一方面有利于延续文脉，在历史环境中聚集起人间烟火万家，让外地游客能够原汁原味体验江南水乡的诗画意境，也能让乌镇的老百姓在家门口就吃上"旅游饭"，通过给原住民创造就业机会和生活空间，守住历史文化原真性的真核所在。另一方面，也可以最大可能地避免周围出现工业园区、房地产楼盘等大拆大建进而破坏景区环境整体协调性的情况，为旅游区的未来发展建设进一步争取时间上和空间上的主动权。通过历史文化遗产保护，乌镇古镇旅游区不仅在旅游接待规模和旅游收入上实现双增长，而且因其在文化遗产

**图 8.6　乌镇南栅**

（来源：黄玮佳 摄，拍摄时间：2022.10.6）

保护与再利用方面的成功经验，得到了联合国教科文组织专家和同行们的一致肯定。2003年，浙江的乌镇、南浔、西塘和江苏的周庄、同里、用直6个江南古镇由于在规划和保护上"对整个城市发展起到里程碑式的作用，……留存了文化遗产，很好地处理了保护与发展的关系，……让人们看到了古代人的生活，同时很好地让今人生活在其中"，最终荣获"2003年亚太地区文化遗产保护杰出成就奖"[1]。乌镇的成功经验被联合国教科文组织称为"乌镇模式"进行推介。

### 三、边界清晰的产权架构

公权和私权混杂的产权关系及其运营模式一直是长期困扰古镇类、乡村类旅游资源合理开发利用的现实难题。由于我国实行的是公有制和集体所有制经济共存的制度，位于城市开发边界之外的乡村地区同时存在多种经济形态，不同价值的旅游吸引物容易产生经济效益权属关系的混淆和混乱，旅游吸引价值对对应的旅游收益

---

[1] 阮仪三，袁菲.江南水乡古镇的保护与合理发展[J].城市规划学刊，2008（5）：52-59.

不能有效回馈给正确的主体①。江南的水乡古镇经历几千年的演替变迁，旅游资源构成具有较高的复杂性，普遍存在着政府、当地居民、商户企业所有权错综复杂，古镇旅游资源处置权分散、各部门各司其职，经营权责任不明晰，管理权专业性不强等问题；并且水乡古镇的社会公共属性、历史文化资源的不可再生性，与垄断式的经营权行为之间，既存在政策风险，又容易引发社会争议②，需要在产权的架构设计上首先得到合理的疏散、明晰和完善。

乌镇古镇旅游区通过以"整体产权开发、复合多元运营、度假商务并重、资产全面增值"为核心，门票与经营复合，观光与度假并重，实现了高品质文化型综合旅游目的地的建设与运营。

### （一）所有权与经营权分离

在乌镇古镇旅游区的旅游资源开发利用过程中，首先在体制机制上进行破题。1999年6月，在政府主导下，桐乡市乌镇旅游开发有限公司（简称"乌镇旅游公司"）正式注册组建，由政府相关部门注入资产作为抵押再向银行贷款，以公司为市场运营主体滚动推进保护工程和旅游项目开发。乌镇旅游公司注册资本1300万元，2003年增资至2430万元，2006年增资至1亿元，股东为代表桐乡市政府的桐乡市乌镇古镇旅游投资有限公司（简称"乌镇旅投公司"），持股比例为100%。乌镇旅游公司与乌镇镇党委政府、乌镇国际旅游区建设管理委员会、市文化广电旅游局不再实行主要领导兼职，政府部门只负责古镇文化遗产保护和旅游开发利用的宏观方向的把握。所有权、管理权和经营权分离的运作机制，事后被实践证明是成功之举。

### （二）优化产权结构

因产权混乱而带来全民经商、破墙开店，产品雷同、同质竞争，原住民流失、人文环境变质，节假日容量超限、环境恶化等不良现象频出，成为江南古镇旅游开发的通病和无奈②。为了吸取其他古镇的开发教训，乌镇古镇旅游区在起步时就通过前瞻性的规划和系统性的判断，坚持"为保护古镇整体风貌，禁止居民经商"的

---

① 庞清云，保继刚.涓滴策略对乡村社区旅游收益分配的影响[J].旅游学刊，2022，37（8）：13-25.
② 阮仪三，袁菲.江南水乡古镇的保护与合理发展[J].城市规划学刊，2008（5）：52-59.

原则，对产权问题做了"釜底抽薪"的决断，进行了创新性发展。乌镇旅游区在对房屋资产进行评估的基础上，采取了收回产权的方式。譬如乌镇二期西栅景区采取先投资、后开发的方式，先以3.5亿元巨资收回西栅所有原商铺和住家的房屋产权，实现景区开发经营主体的规范化[①]。其中，保护性资产的产权由乌镇旅游股份有限公司以全资买断收回，并将其所有权无偿划归桐乡市人民政府。经营性资产的产权由乌镇旅游公司掌握，主要作为旅游区的商铺、酒店、餐馆、文娱场所等经营性场所[②]。房屋所有者以房产入股，与开发资金共同形成"公司+居民"的产权结构。这样的产权架构，将旅游区内原先散落在个体手上的房屋产权统一集中起来，从一开始就牢牢掌握在景区手中，避免景区在未来旅游开发利用过程中因为产权不统一而造成的种种隐患与问题，有效降低未来拓展阻力。同时，居民通过让渡房屋的经营权而获得分红，以及通过提供旅游服务而获得经济性收入，进而避免"猪蹄满街式"的过度商业化对古镇文化遗产和生活氛围的破坏。

### （三）引入资本实现市场化运作

2006年12月，国内旅游实力运营商中青旅控股股份有限公司（简称"中青旅"）通过斥资现金3.55亿元控股桐乡市乌镇古镇旅游投资有限公司，对乌镇旅游公司持股60%，后者持股40%[③]。2009年7月，乌镇旅游公司引入战略风险投资公司美国国际数据集团（IDG），由IDG投资控股的Hao Tian Capital I, Limited和Hao Tian Capital II, Limited两家中国香港公司分别予以认缴乌镇旅游公司管理层15%的期权，注册资本由2.5亿元增加至2.94亿元。股权结构变更为中青旅持股51%，乌镇旅投公司持股34%，IDG持股15%[④]。2010年6月，经浙江省商务厅同意，乌镇旅游公司更名为乌镇旅游股份有限公司。2013年7月，中青旅以4.14亿元收购IDG合计持有的乌镇旅游股份有限公司15%的股份，中青旅持股比例由51%增至

① 郑世卿，王大悟.乌镇旅游发展模式解析[J].地域研究与开发，2012，31（5）：85-88，94.

② 李姣，赵素馨，邓徐燕，等.乌镇旅游开发运营模式研究[J].中国商论，2017（13）：45-47.

③ 北京商报.中青旅斥资现金3.55亿控股乌镇景区[EB/OL]. [2007-1-8].新浪网，http://finance.sina.com.cn/stock/s/20070108/02113223549.shtml.

④ 孙雯.乌镇"资本化"：引入战投IDG[EB/OL]. [2009-7-1].新浪网，https://finance.sina.com.cn/roll/20090701/01112924093.shtml.

66%①。至此，乌镇古镇旅游区集结了旅游资源、政策支持和资本实力三驾马车，共同驱动"政府前期主导、宏观管理，运营商整体产权开发和复合多元经营"的乌镇模式完善定型与向前发展。

## 四、多措并举的景区营造

在产权边界得到清晰确认的基础上，乌镇通过腾笼换鸟的方式，对景区进行重新塑造。

### （一）原住民从"旁观者"到"参与者"的身份转变

乌镇将原有景区内的原住民全部外迁安置到古镇的外围，腾笼换鸟，原住民的原有房屋通过修缮和改造后用于统一经营。同时，景区在同等条件下优先录取本地原住民，在经过系统化培训后作为公司的员工参与到日常经营和旅游服务之中，主要就业领域是旅游区内的民宿客栈、手工作坊、餐饮店铺以及保洁物业等。乌镇旅游度假区的住宿产品分为两类，其一是沿河布局的民宿，通过对原有民居的整体改造，形成准4星标准的度假酒店，并统一以"××客栈"进行冠名和预订管理。每家客栈配置4～8间客房，2张餐桌，4～5名由原住民担任工作人员。乌镇旅游公司则赋予这些原住民以餐饮经营权，住宿费归旅游公司，餐饮收入归房东。但每家客栈的餐饮必须严格控制在两桌，且需要他们负责对客栈客房进行清洁打扫。可以说，乌镇西栅景区改变了一般古镇开发的社区关系，对于一般古镇而言是外来者的游客，在乌镇却成为真正的"镇民"，原住居民却成为进入景区服务的外来人员，乌镇旅游公司不再是原住民房屋经营权的承租者，而是居民通过乌镇旅游公司的房屋进行经营活动②。正是这种颠覆式的社区重构，旅游者与当地居民依然得以近距离接触，提高他们对乌镇旅游感知的真实性和生动性，给游客原汁原味的江南水乡古镇深度体验，最终赢得了市场的支持。通过这样的方式，乌镇旅游公司不仅盘活了传统民宅资源的价值，也有力带动了当地原住民的就业，让原住民从乌镇旅游

① 21世纪网.原创IDG8倍回报退出乌镇旅游[EB/OL].[2013-7-26].搜狐网，https：//business.sohu.com/20130726/n382655667.shtml.

② 郑世卿，王大悟.乌镇旅游发展模式解析[J].地域研究与开发，2012，31（5）：85-88，94.

景区的"旁观者"转变为"参与者",最大程度地提高了他们的积极性。同时,这也减少了开发改造过程中引发社会不安定的情况,也在一定程度上保证了当地传统生活方式和民风民俗的延续。2020年前,乌镇年接待游客连续4年超过900万人次甚至突破1000万次(图8.7),旅游总收入超20亿元,直接吸纳各类就业人员超过5500人,其中80%来自乌镇本地及周边湖州练市和江苏桃源两镇。为此,2021年12月,国家发展改革委下发《关于推广桐乡市开发运营乌镇旅游带动就地就近就业典型经验做法的通知》,在全国范围内全面推广乌镇经验[①]。

规模(万人次)

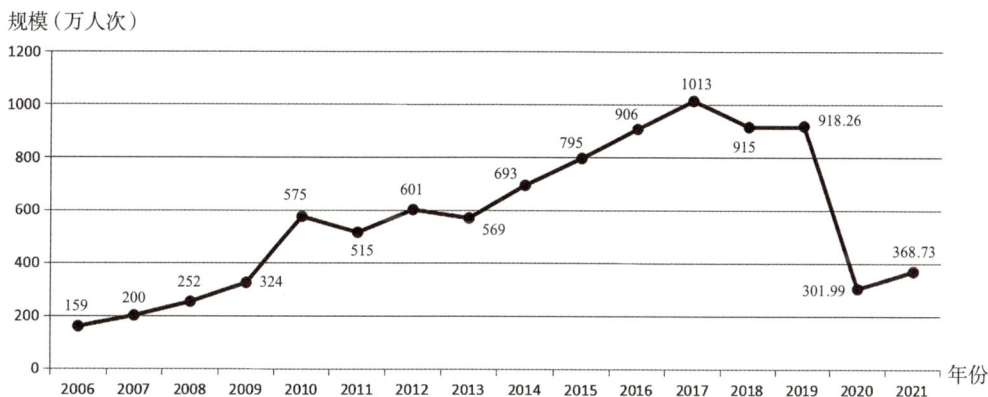

**图8.7 乌镇古镇旅游区年接待游客规模**

(来源:根据中青旅每年公布的年报整理)

### (二)客群市场定位清晰

乌镇古镇旅游区位于上海、苏州、杭州这一中国旅游金三角的几何中心,距离上海陆家嘴、苏州金鸡湖、杭州钱江新城等城市核心商区车程分别为2h、1.5h和1.5h,交通区位优势非常显著,旅游市场消费需求旺盛。因此,乌镇在景区规划设计时,便非常注重旅游产品的差异化和多元化打造,拥有非常清晰的市场定位。乌镇古镇旅游区的东栅景区定位为传统观光游市场,主推团队一日游线路,其收入来源主要是门票售卖。乌镇西栅景区定位为休闲度假、商务会议市场,目标人群为休闲和商务客人,其收入来源主要是门票、酒店住宿、商务会议、餐饮、购物以及其他的二次消费。乌村景区借鉴了法国度假品牌地中海俱乐部(Club Med)的"一价全包"国际度假理念,按照"体验式的精品农庄"定位进行开发,锚定中高端乡村

---

① 张萌,杨栋杰.浙江乌镇旅游带动就地就近就业经验获全国推广[N].嘉兴日报,2021-12-1.

度假旅游市场，针对的目标客群为渴望回归乡村生活的城市中高端人群，主推一价全包精品民宿度假模式。

### （三）统一规范的质量管控

乌镇古镇旅游区尤其在中青旅控股接手之后，采取整体产权开发的方式，保证民宿、酒店的消费质量相对统一规范。

一是经营管理。在乌镇的物业租赁管理上，乌镇旅游公司按照"统一管理，一店一品，个性经营"的原则，设置了严格的管理制度以规范景区业态的多样性和门店风格的协调性。在乌镇旅游区内，所有对外出租的门店必须严格符合规定的业态和内部风格，其经营的产品质量与价格也必须严格符合管理要求。如2009年，乌镇旅游区酒店管理中心在民宿中率先推行标准化菜单。2015年，菜单精细化升级，并在酒店管理中心、经营公司、出租商铺进一步推广，做到菜品原材料重量上墙，并同时深化景区明码标价工作。乌镇旅游公司负责所有物业经营权的审批和整体管控，并对旅游区内的所有门店实施定期考核和不定期检查，对违规门店则采取相应的惩罚措施。

二是业态设置。在乌镇，主要有两类业态，一类是分布在民宿周边的特色小吃、书店、服饰等店铺。通过购物消费和体验加深游客对于江南水乡风情的感知，这些业态也是其他古镇常见的业态。第二类是导入主题式的商业购物理念，通过设立女红街，打造以女红手工艺为主题的业态集群。对于此类店铺的要求更高，必须提交店铺的可行性方案。只有承租者的经营意愿和公司的经营计划相符，才有可能拿到店铺的租约，且承租者不能随意改变经营内容。

三是设立创意奖励基金。为了提高商业的竞争力，同时也为了遏制业态之间的恶性竞争和利益纠纷，乌镇旅游公司设置了一定的创意奖励基金，用以鼓励店铺在日常经营过程中的创新与创意，提高乌镇古镇旅游区整体的趣味性。通过种种方式的探索与实践，乌镇古镇旅游区避免了过度商业化的尴尬，保障了旅游品质，从而使其并没有像其他江南古镇一样沦陷在同质化的沼泽之中。

### （四）品牌形象的缔造

乌镇保护和旅游发展，与具有完善发达渠道网络、累积多年旅行社市场经验的中青旅联姻，对古镇营销宣传、品牌形象打造和客源组织均具有十分重要的意义。

在专业团队的经营管理和规范运作下，乌镇古镇旅游区快速成为国内知名的旅游目的地品牌。2003年，由黄磊、刘若英联袂主演的在乌镇取景的《似水年华》在央视播出，让乌镇名声大噪，乌镇迅速在旅游景区中出圈。2007年，乌镇西栅景区正式对外开放，刘若英受邀担任乌镇形象代言人，留下了广为流传的经典宣传语"来过，便不曾离开"，极大推动了乌镇旅游人数的快速增长。2013年5月，首届乌镇戏剧节在西栅景区举行，为乌镇注入全新的当代元素。2020年，乌镇古镇旅游区被列为浙江省首批国际人文交流基地，成为"世界看浙江"的鲜明窗口。

从东栅景区到西栅景区再到乌村景区，乌镇古镇旅游区实现了从传统的观光旅游到集观光、度假、商务于一体的综合型古镇度假旅游区的成功转型，生动诠释了"一样的古镇，不一样的乌镇"。

# 第四节　京杭大运河杭州景区

## 一、基本概况

京杭大运河杭州景区位于杭州市拱墅区，南起武林门码头，北至石祥路，西至小河路、湖墅路，东临上塘路。景区以江南运河杭州塘为主体，南北长约7.5km，东西宽500～1000m，景区创建范围约为4.1km²，拥有丰富的文化遗产和旅游资源（表8.2）。

京杭大运河杭州景区资源概况　　表8.2

| 名称 | 始建年代 | 保护等级 |
|------|---------|---------|
| 杭州桥西历史街区 | 17世纪30年代 | 世界文化遗产点 |
| 杭州塘 | 1359年 | 世界文化遗产河段 |
| 拱宸桥 | 1631年 | 全国重点文物保护单位、世界文化遗产点 |
| 富义仓 | 1884年 | 全国重点文物保护单位、世界文化遗产点 |
| 通益公纱厂 | 1896年 | 全国重点文物保护单位 |
| 高家花园 | 清末民初 | 全国重点文物保护单位 |
| 洋关旧址 | 1896年 | 全国重点文物保护单位 |

| 名称 | 始建年代 | 保护等级 |
| --- | --- | --- |
| 香积寺塔 | 1713年 | 浙江省级文物保护单位 |
| 桑庐 | 1937年 | 杭州市级文物保护单位 |
| 国家厂丝仓库 | 1951年 | 杭州市级文物保护单位 |
| 中心集施茶材会公所旧址 | 1924年 | 杭州市级文物保护单位 |
| 杭丝联建筑 | 1956年 | 杭州市历史建筑保护 |
| 浙江麻纺厂建筑 | 1957年 | 杭州市历史建筑保护 |
| 杭州一棉有限公司离退休人员服务中心
卫生所旧址 | 20世纪50年代 | 杭州市历史建筑保护 |
| 杭州大河造船厂建筑群 | 1958年 | 杭州市历史建筑保护 |
| 杭州市土特产有限公司桥西仓库建筑 | 民国时期 | 杭州市历史建筑保护 |
| 小河直街姚宅 | 20世纪40年代 | 杭州市历史建筑保护 |

来源：本研究整理。

古今漕运的便利，促使大运河（杭州段）两岸不断积淀了深厚独特的历史文化底蕴，也让运河沿岸成为传统民风民俗和原味市井生活的集聚地。京杭大运河杭州景区是大运河（杭州段）的核心地带，分布有桥西直街、小河直街、大兜路、信义坊等历史文化街区，香积寺、左侯亭、忠亭、珠儿潭、御码头、张大仙庙、财神庙等文化节点，小河公园、西湖文化广场、运河文化广场、桥西LOFT公园等休闲公园，运河天地、丝联166、浙窑陶艺公园等文创园区，张大仙传奇、拱宸桥福海里故事、大浒巷（大虎巷）传说、大塘巷传说、张小泉剪刀锻造技艺、小热昏等非物质文化遗产。这些星罗棋布的物质文化遗产和绚丽多姿的非物质文化遗产，见证和成就了大运河（杭州段）"川泽沃衍，海陆之饶，珍异所聚，商贾并凑"的繁荣兴盛，也奠定了景区独特的文化内涵与历史意蕴。2007年，景区小河直街历史文化街区保护工程获原建设部"中国人居环境范例奖"，2009年被联合国授予"人居环境范例大奖"。2012年10月，京杭大运河杭州景区成功创建国家AAAA级旅游景区，成为全国唯一的以京杭运河主航道为主体创建范围的国家高等级旅游景区（图8.8）。2017年10月，杭州桥西历史街区获2017世界休闲组织国际创新奖。2021年，杭州桥西历史街区入选住房和城乡建设部历史文化保护与传承示范案例。2022年2月，杭州桥西历史街区成功入选杭州市旅游协会"杭州文旅优质服务计划"优质景区。2023年2月，杭州桥西历史文化街区入选国家文旅部第二批国家级旅游休闲街区。

**图8.8　京杭大运河杭州景区（拱宸桥与拱宸桥西历史街区）**

[来源：杭州市京杭运河（杭州段）综合保护委员会]

## 二、厚植文化基因

与人体一样，运河也是一个"生命体"，也有属于自己的"DNA"。正如人类生命体的延续要靠"DNA"，运河生命体的延续同样要靠"DNA"。研究运河，就是要收集运河的生命信息，破译运河的"遗传密码"，延续运河的生命，让运河再活一个1000年。如果说运河综合保护是保护运河的"硬件工程"，那么研究运河就是保护运河的"软件工程"，其意义并不亚于运河综合保护工程本身[①]。研究是打造大运河文化带必须夯实的前置基础[②]，也是大运河（杭州段）十几年如一日久久为功的持续践行。实践证明，杭州市委、市政府对大运河（杭州段）研究工作的高度重视和前置投入，为大运河（杭州段）后续的工程建设、物业经营、旅游发展、文化传播、产业集聚奠定了坚实基础。

京杭运河（杭州段）综合整治与保护开发工程在启动之初，与杭州运河相关的历史遗产和记忆碎片散落于各个角落，相互分离，也不成体系。对大运河（杭州

---

① 王国平.保护运河 申报世遗[J].杭州通讯，2006（6）：4-9.

② 胡红文，沈旭炜.打造大运河文化带的"八达岭"[J].杭州（周刊），2019（19）：6-11.

段）系统化的文化研究肇始于2006年，其标志性项目是《杭州运河丛书》<sup>①</sup>的编纂出版。该套丛书首次从多维度全方位收录和展示了大运河（杭州段）的各种历史文献、古诗词、图片、历史遗存、文化风貌等丰富内涵，阐述了大运河与杭州城市发展的关系及其意义，为大运河文化和旅游深度融合发展提供了重要支撑<sup>②</sup>。

为进一步强化对杭州传统文化和本土特色文化的研究、发掘、整理、保护工作，充分发挥研究平台"存史、释义、资政、育人"作用，2009年12月29日，中共杭州市委办公厅、杭州市人民政府办公厅先后印发《杭州学研究工作章程》（市委办发〔2009〕205号）、《杭州学系列丛书编纂出版三年行动计划（2010年—2012年）》（市委办发〔2009〕206号）、《关于建立杭州学研究理事会、研究院、研究会的通知》（市委办发〔2009〕207号），从体制机制上确保大运河（杭州段）的研究工作得以常态化持续性开展。杭州学包括西湖学、西溪学、运河（河道）学、良渚学、湘湖（白马湖）学和钱塘江学等重点分支学科。杭州运河（河道）学是研究、发掘、整理和保护运河、河道传统文化和特色文化的综合性学科。杭州运河（河道）学研究在杭州运河（河道）学研究理事会统一领导下，以研究院为研究主体，以研究会为研究力量和阵地，以博物馆为延伸和补充，以运河（河道）学系列丛书编纂为主要职责，以高等院校为杭州运河（河道）学人才培养基地，形成杭州运河（河道）学完整的研究体系，使杭州成为全国领先、世界一流的运河（河道）学研究中心。

在杭州运河（河道）学研究理事会的组织领导下，由杭州市京杭运河（杭州段）综合保护委员会建立杭州运河（河道）研究院，由原杭州市市区河道整治建设中心（2020年归并至杭州市城市基础设施建设管理中心）建立杭州运河（河道）研究院河道分院。杭州运河（河道）研究院作为运河（河道）学研究的专门机构，承担杭州运河（河道）学研究理事会秘书处工作。2014年12月，市运河综保委实行体制机构调整，杭州运河（河道）研究院随市运河综保委归并市园林文物局。2019年1月，按照杭州市机构改革统一部署，杭州市园林文物局重新组建。杭州运河（河道）研

---

① 该套丛书首次出版包括《杭州运河历史研究》、《杭州运河文献》（上下册）、《杭州运河风俗》、《京杭大运河图说》、《杭州运河古诗词选评》、《杭州运河桥船码头》、《杭州运河遗韵》。由时任杭州市委书记王国平担任总主编并作总序，时任杭州市政府副秘书长、市运河指挥部总指挥陈述担任主编，郑孝燮、罗哲文、陈桥驿3位专家担任顾问，刘枫同志题写书名。

② 马智慧，赵丁丁，楼微君.大运河杭州段文化带建设思路研究[J].运河学研究，2018（1）：187-202.

究院随市园林文物局从西湖风景名胜区管委会划出。截至2023年12月，杭州运河（河道）研究院已完成出版《运河（河道）丛书》75册；完成《运河（河道）研究报告》22项，其中出版4项；《运河（河道）文献集成》11册；《运河（河道）辞典》《运河（河道）通史》等尚在推进中。主要作品如图8.9所示。

**图8.9　《杭州运河丛书》（左）和《运河（河道）丛书》（右）**

[来源：杭州市京杭运河（杭州段）综合保护中心]

## ■ 三、营造开放空间

开放式景区是从经营管理层面对景区的一种概念，指的是处于整体地理空间区域环境下，具有一般旅游景区相关特征的，没有严格意义上的范围边界的，免费向公众开放的社会性场所[①]。开放式景区具有两层含义：其一，空间对外开放，不设置用于实现封闭围合的建筑物或附属设施，景区场地整体上呈现无边界性特点；其二，不收取门票，不以营利为主要目的，对包括本地居民和外地游客在内的进入者均不设置门槛。典型开放式景区如杭州西湖、上海徐家汇、成都太古里、北京南新仓、南京夫子庙、苏州平江路历史街区等，其中西湖是我国首家对社会开放的5A级景区，堪称开放式景区的标杆。

---

① 韩学阵，吴映梅，廖洪亮，等.新时代背景下的开放型景区产业盈利模式[J].发展改革理论与实践，2018（8）：25-28.

开放式景区面向的群体，包括无充分游览计划的休闲类游客、具备一定游览计划的游客（如团队游客、考察调研人员、研学学生等）、居住于景区内部的当地居民，以及经由景区到达其他位置的通过性人群①。高水准打造开放式景区，是贯彻习近平总书记"还河于民、造福于民"真正打造"人民的运河，游客的运河"指示的重要践行，也是大运河（杭州段）落实民生实事的重要体现。为了延续、活化与传承杭州运河历史文脉，京杭大运河杭州景区根据时代发展需求，对运河沿线的空间功能进行了更新设计与创新利用，创造公共休闲空间，引入类型多样的休闲业态，逐步形成运河景区体验内容的主要组成部分和现代旅游服务业的基本支撑。在开放式景区打造过程中，突出其历史街区、工业遗产与文化创意、生态廊道、休闲旅游、宜居空间、民俗会展、商贸商务等综合性特色。

立足运河本土实践，充分结合开放性带状空间特征，景区在服务质量上，建成运河水陆交通集散服务中心，进一步整合博物馆群、历史街区、文化园区、香积寺、水上巴士等旅游资源与资产要素，全力提升运河旅游的服务能力、竞争能力与发展能力。

## （一）提供公共文化

参观博物馆是人们生活中的一种常见的习惯性休闲方式。展览策划的创意提升、流动展览的勾连助推、优势资源的跨界整合将有助于博物馆与公众关系的建立，最终实现公共文化服务水平的提升②。京杭大运河杭州景区位于杭州市建成区，景区的公共休闲服务设施与城市的公共文化服务能力建设融合为一个整体，通过现代技术手段的合理利用和各方优势资源的整合，景区内分布有中国京杭大运河博物馆、中国工艺美术博物馆、中国扇博物馆、中国伞博物馆、中国刀剪剑博物馆、手工艺活态展示馆、浙江省科技馆、浙江自然博物馆、大运河紫檀博物馆等，有力提高了景区的文化传播力度与公共服务能力，实现"还河于民""文化惠民"的宣传教育功能。

---

① 巫诚诚，陈大伟.考虑空间视角的开放式景区行人路径选择模式研究：以南京夫子庙景区为例[J].
　旅游学刊，2021，36（3）：118-126.

② 张圆.新时代博物馆连接新公众的思考[A]//江苏省2018国际博物馆日主题论坛论文集[C].江苏省
　2018国际博物馆日主题论坛，2018.

## （二）经营历史街区

进入后建设时代，杭州运河综合保护工程面临着如何从工程建设到产业经营的转型升级要求，必须思考如何扩大内需特别是满足人民群众对美好生活的向往这一根本需求，统筹好运河遗产保护与运河旅游开发的关系，统筹好运河综保工程建设与现代产业培育的关系。

依托运河建设形成的物业资产与公共空间资源，尊重市场在资源配置过程中的决定性地位与内在规律，有效引导小河直街、大兜路、桥西等历史街区的业态演替，巩固、培育与发展运河特色的滨水经济。经过市场的多年沉淀与业态更新，景区已形成手工艺与非遗文化特色鲜明的桥西历史街区（图8.10），小资范和网红打卡首选地小河直街历史街区与小河公园（图8.11），音乐元素突显和品质休闲业态集中的大兜路历史街区。中国现代文学馆馆长、著名散文作家舒乙在参观小河直街历史街区保护项目后，专门在《瞭望东方周刊》上撰文："参观了小河直街，这是一条临运河的古老小街，很具典型性。……建议所有的历史文化名城都到杭州去取经，把杭州的经验纳入自己的老城保护工作中去，保留更多属于自己的东西。"[1]

| 图8.10 桥西历史街区 | 图8.11 小河公园 |
|---|---|
| （来源：沈旭炜 摄，拍摄时间：2021.3.14） | （来源：沈旭炜 摄，拍摄时间：2022.10.21） |

## （三）培育文创园区

依托运河历史建筑与工业遗存，持续做好富义仓、大河造船厂、桑庐、浙窑和

---

① 舒乙.杭州是这样修老房子的[J].瞭望，2008（30）：61-62.

长征化工厂等历史遗存的"文化复兴"，加强运河文创产业公共服务平台建设，提升运河文创产业的集聚程度和国际化程度，实现运河综保向保护、建设、经营、研究和管理"五位一体"转型，使杭州运河成为休闲旅游业、现代服务业和文化创意业孕育、壮大与发展的载体与平台。

### （四）贯通慢行系统

通过系统整治京杭运河支流，整修新建桥梁20余座，贯通两岸21km慢行步道，建成40多条道路，新增绿地约130万 m²。杨淼等以大运河拱宸桥段绿道为案例，探讨了建构运河绿道在城市设计层面的意义。研究认为，绿道理论的核心思想是联系，建构运河绿道慢行系统，是对以步行—自行车—助动车为主的城市慢行交通体系的有力补充，通过线形空间串联起因城市化被割裂的开放空间，不仅强化了城市交通系统和滨水区域城市结构的整体性，有利于促进城市空间框架的重构；而且也为市民游客提供体验度更佳的出行方式，加强使用率和可达性的同时，有助于寻找失去的场所感与地方感[①]。

### （五）营造文化意境

景区通过运河两岸历史碎片整理，以景观小品设计、植被、桥下空间雕刻、文化墙等形式，提升文化内涵，营造景观意境，塑造品牌形象。包括夹城夜月、半道春红、陡门春涨、白荡烟村、江桥暮雨、花圃啼莺、西山晚翠、皋亭积雪等湖墅八景，广济通衢、桥西人家、拱宸邀月、香积梵音、武林问渡、三堡会澜、凤山烟雨、龙山塔影、西陵怀古等新运河十景。通过文化景观的营造，使历史记忆与现代城市生活相得益彰，形成过去与现在的对话。

开放式景区是一个有趣而又富有挑战的话题。开放式景区所谓的免费，并不排除景区内部存在个别景点或项目收费的情况，但这对景区的进入门槛和整体游览并不会造成影响。开放式景区的运营模式和底层逻辑，旨在充分利用开放性带来的便捷和免费性带来的低成本，吸引更大规模的客流，盘活更多景区内部现有资源，通过开展自营、租赁、合作等不同方式的招商引资，在餐饮、住宿、购物、休闲娱

---

① 杨淼，王卡，徐雷.建构杭州运河绿道在城市设计层面的意义：以运河拱宸桥区段为例[J].建筑与文化，2011（2）：101-103.

乐、培训教育等消费领域上获取回报 ①。因此可以说，开放式景区的发展与所在区域的发展是相伴相生的，对景区所在区域提出了更高的要求，在景区开放和游览免费的基础上，需要所在区域具备更为完善的发达的住宿、购物、餐饮、娱乐等要素作为支撑 ②。

## 四、打造水韵夜景

由夜游、夜饮、夜宴、夜唱、夜逛、夜购、夜练（健身）等消费内容构成的夜经济，在一定程度上代表了当地经济、文化的繁荣水平，是城市个性的体现，更是一个城市生活质量的晴雨表。夜间休闲活动不仅包括外来游客的夜间旅游活动，也包括本地居民的晚间休闲娱乐活动 ③。

京杭大运河杭州景区位于杭州市主城核心段，景区亮灯既要照顾沿线两岸几十万居民的日常生活出行需要，又要考虑营造江南韵味的夜间休闲氛围，彰显杭州城市旅游形象，带有市政基础设施和旅游吸引物的双重功能。2007年12月至2008年9月，景区完成三堡船闸至北星桥段景观带亮灯建设工程。2009年10月，由法国灯光大师罗杰·纳波尼设计的杭州运河亮灯工程获得第六届国际"城市、人、光"大奖第二名（图8.12）。2014年9月至2015年12月完成G20峰会大运河亮灯专项提升工程。京杭大运河亮灯专项提升工程改变传统平面亮灯设计，首创蓝绿光雾带理念，兼顾水中、岸上、空中多个层次，以点串线，由线到面，多节点、全方位、全媒体从不同角度构成运河夜景。如在武林门码头附近的青园桥，设置了船—岸—桥智能互动控制系统，船行时岸上或桥上灯光呈现不同夜景模式，增强游客互动趣味性，在国内尚属首例。采用仿真柳叶美化方式对外露支架和线路进行处理，采用特制斑点与现场景观融合，同时对支架颜色进行美化处理，两岸柳树基本呈现自然景观状态。京杭大运河亮灯专项提升工程，旨在表现运河夜晚的美丽和个性，从河岸、桥梁、建筑物、运河支流等照明角度展示了一幅中国水墨丹青式的运河夜景图，构成了运河城市夜景地标，为市民游客提供了一个夜间参

---

① 李鑫，方法林.开放式景区发展：差异、问题与措施、趋势[J].经济师，2018（2）：176-178，180.
② 贺泓乔.开放式景区统一管理立法研究[D].兰州：西北师范大学，2021.
③ 于萍.夜间旅游与夜经济：城市发展的新动力[J].改革与战略，2010，26（10）：32-33，128.

观、游览、休闲、娱乐且兼有深厚文化历史底蕴的公共场所，受到社会各界的广泛称赞和一致好评。

**图8.12　京杭大运河杭州景区夜景**

[来源：杭州市京杭运河（杭州段）综合保护委员会]

## 五、延续集体记忆

城市是有生命的，城市记忆是城市居民对城市历史、文化、生活的集体记忆，是一个城市精神和文化的灵魂。城市离不开运河，离不开运河文化，离不开运河两岸的历史文化遗存。运河承载了浙江沿线运河大量的城市集体记忆，是这些城市历史的现实见证。

### （一）水上客运的昔日辉煌

正如最早开凿的运河段出现在苏南地区一样，大运河水上客运的早期发展也集中于此。1981年，苏、扬两地开通运河旅游专线，标志着大运河水上旅游的诞生。该线路串联苏、无、常、镇、扬等地，中途停靠5个码头，耗时7天。随后又向南延伸至杭州。当大运河的水还没有严重污染的时候，来无锡市游览大运河的海外游客每年达8万人次。西方游客称大运河旅游是"神奇的旅游"[①]。大运河以悠久的历

---

① 宗菊如.加强京杭大运河文物古迹的保护开发[J].江苏政协，2000（5）：11.

史文化、独特的人文景观和浓郁的风土人情成为当时无锡旅游业的一枝独秀 [①]。

20世纪50～80年代,由于当时的飞机价高、铁路绕行、公路等级低,区间对开的大运河苏杭客运航线夕发朝至,大幅降低了旅行交通成本。1985年苏杭线达到鼎盛状态,日均乘船者最多达七八千人。当时没有高铁,没有高速公路,杭州人如果想要去苏州、无锡的话,大多都会选择走水路。1981年,由杭州开往无锡的运河水上航班"龙井号"正式起航(图8.13),每天下午五点半客轮从武林门码头出发,沿古运河经苏州开行197km,次日午间到达无锡工运桥码头。中央电视台1986年版纪录片《话说运河》中用散文般的语句描述当时的苏杭客运线的情形:"往返于杭州和苏州、无锡、常州一带的人们,花钱不多,不但能捎带高雅的绫罗绸缎,也可以用箩筐装着粗俗的鸡鸭猪羊上船。不但用不着倒车、转车,而且还可以摆平了,美美地睡上一觉,就到达自己的屋前院后了。" [②] 这段水上的旅行,一是为了满足出行的需求,二是还能享受到沿途的江南风韵,在当时来说,坐运河夜船,成为杭嘉湖地区一种时髦的值得炫耀的出行方式。时至今日,杭嘉湖一些郊区仍将某人"睡醒"谑称为某人"去过苏州啦",运河线路产生的社会影响力可窥一斑。

**图8.13 停靠于武林门码头的"龙井号"**

[来源:杭州市京杭运河(杭州段)综合保护委员会]

---

① 柴惠康.重振古运河之旅的思考[J].旅游学刊,1997(2):30-33.

② 陈汉元.《话说运河》第三集 江河湖海处[EB/OL].[2010-3-19].央视网,https://jishi.cctv.com/2010/03/19/VIDE1355596144135260.shtml.

　　随着改革开放的深入，公路建设步伐加快，快捷、方便的汽车客运成为人们出行的主要交通方式。另一方面，国内旅游活动日渐丰富，除大众观光旅游外，修学、宗教、保健、购物等专项旅游竞相面世，度假中心、主题公园等人造景点也形成吸引，分流了大运河旅游客源。当时的船舶设施与旅游休闲需求存在较大差距。如苏杭线上的客船舱室狭小，双人房面积 $2\sim4m^2$，四人房面积 $3\sim5m^2$，人均面积仅 $1m^2$ 左右；设施简陋，空调因老化效果不佳，房间内缺乏生活配套设施；平均船龄超过17年，船体陈旧老化，结构不合理。而且当时苏杭线共有近700个卧铺，客位利用效率较低，淡季停航多，成本居高不下，经营效益较差[①]。此外，运河水资源污染、航道不畅通、两岸风情风貌受损，使得大运河旅游遭到严重打击[②]。于是，苏杭运河水上线路的客源逐渐萎缩，自20世纪90年代初开始持续下滑，年均旅客运量由1985年的136万人次下降到1995年的28万人次[③]，自1989年至1997年，客源年均下降达18.4%，1998年以后进入稳定期[④]。经营边际成本的上升，倒逼运河客运市场定位的转型，运河长线旅游由大众型产品向"亚豪华"休闲型产品转变，运河水上旅游与水上客运开始分离。其他水运客线陆续停航，客源结构从交通型转为旅游型。苏州轮船运输公司通过座改卧，船舶基本实行全卧铺运行，将苏杭客班船改造为高档游船，减少了一定的船舶座位，服务对象由大众市场转向具有较高消费能力的中高层群体。杭航客运旅游公司将原集中管理的客运线和旅游线一分为二，成立客运业务部和水上旅游部，促使运河旅游与市场接轨[⑤]。

　　2000年以后，长三角地区城市交通日益发达，陆路、铁路交通兴起，特别是苏嘉杭高速公路路网完善，导致苏杭线客流每况愈下。当时运河上的诸多客运线已相继停航，只有苏杭线还维持正常营业。两地轮船公司每天晚上还能对开一班客轮，黄金周期间甚至需要增加运力。在此情况下，客轮公司多次对客轮进行改造，将上下两层客舱全部改造成了四人间和双人间，并增加了舒适度和娱乐设施，使其

① 杨雪平.苏杭线经营决策研究[J].中国水运，2000(11)：16-17.

② 张帆.对大运河线旅游开发潜力的思考[J].旅游科学，1999(2)：4-7.

③ 钱志荣，范巧珍，刘学刚.认清市场走向，明确服务对象，实现苏杭线旅游经营战略转变[J].江苏交通，1996(12)：30-33.

④ 杨雪平.苏杭线经营决策研究[J].中国水运，2000(11)：16-17.

⑤ 沈旭炜.改革开放后我国大运河旅游发展阶段及特征[J].商丘职业技术学院学报，2017，16(5)：51-55.

更符合旅游者的需求，使苏杭线从交通功能向旅游功能转变。2003年，沪宁、苏嘉杭锡宜等高速公路开通，运河客轮的客源加速流失，这直接导致了"杭州—无锡"航线停运，"苏州—杭州"航线成为古运河上硕果仅存的一条客运线。2007年上半年，苏杭线宣告停航，杭州市区所有客运航线结束营业，告别历史舞台。

### （二）水上巴士的复苏

大尺度跨省域的水上客运线路经过时代和市场的洗礼，已经完成阶段性的任务，退出历史舞台。但在具有发达河道水网和内河航道资源的大运河沿线城市，如何实现内河航道资源化发展，以此构建公共交通体系造福更多民生，一直是各个城市在努力寻求破题的现实议题。近年来随着城镇化的快速推进和城市人口的高速膨胀，由此带来的交通拥堵、尾气污染、噪声干扰等城市病，让更多的城市将公共交通的目光投向了运河的航道，带有公共交通性质的水上巴士在这样的背景下应运而生。

2004年10月28日，杭州市水上巴士正式开通，杭州成为全国首个在市区运河主干道中开通水上公共交通的城市（图8.14）。杭州市水上巴士开辟了8条贯穿杭州各大城区的水上公交线路，船票定价3元，还开通了公交卡和老年卡，从开通至今18年来从未涨价。杭州运河水上巴士目前共有4条线路：沿大运河航行的1号线，余杭塘河的2号线，上塘河的3号线以及东河的7号线。1号线是双层游轮，可坐20人；2号线与3号线是中型游船，可乘坐15人；7号线是漕舫船，只能乘坐8个人。其中沿运河行驶的1号线最早开通，也是最经典的线路，从熙攘繁华的武林门到小桥流水的拱宸桥，看遍繁华杭州城，每年接送游客40万人次以上。

为配合漕舫和水上巴士运营，杭州于运河沿线设立了武林门码头、卖鱼桥码头、香积寺码头、桥西码头、土特产码头、拱宸桥码头等旅游公交码头，方便市民游客的集散。此外，在发挥公共交通职能的基础上，杭州水上巴士主动进行服务创新，积极打造本地文化的展示窗口。从2019年8月开始，杭州水上巴士推出"三语报站"的功能，在原有普通话、英语双语报站的基础上，别出心裁地增加了杭州本地方言的童音报站，让乘客们都"竖起耳朵听"，得到了很高的点赞率，有力地提高了在地文化的感染力和认同感。2022年6月，杭州推出两艘"亚运版"水上巴士，将亚运元素很好地融入水上巴士的船身和内舱，成为展示这座城市文化的鲜活样本。水上巴士被杭州市委、市政府纳入"五位一体"品质大公交体系，在优化城

市交通运输网络、缓解杭州交通堵塞、提升城市品位及方便市民出行等方面起到了
积极的作用；而且打开了水上看杭州的窗口，发挥着不容小觑的旅游功能，成为
外地游客游览和体验杭州运河的一道靓丽风景线。

**图8.14　杭州水上巴士**

（来源：沈旭炜 摄，拍摄时间：2021.3.13）

杭州的巴士充分利用城市水文条件、构建立体化的全面城市公共交通体系方面
在国内起到了示范带头作用。如嘉兴水上巴士也于2020年9月开通试运行，定班定
点，为广大市民游客生活与旅游提供了极大的便利性。

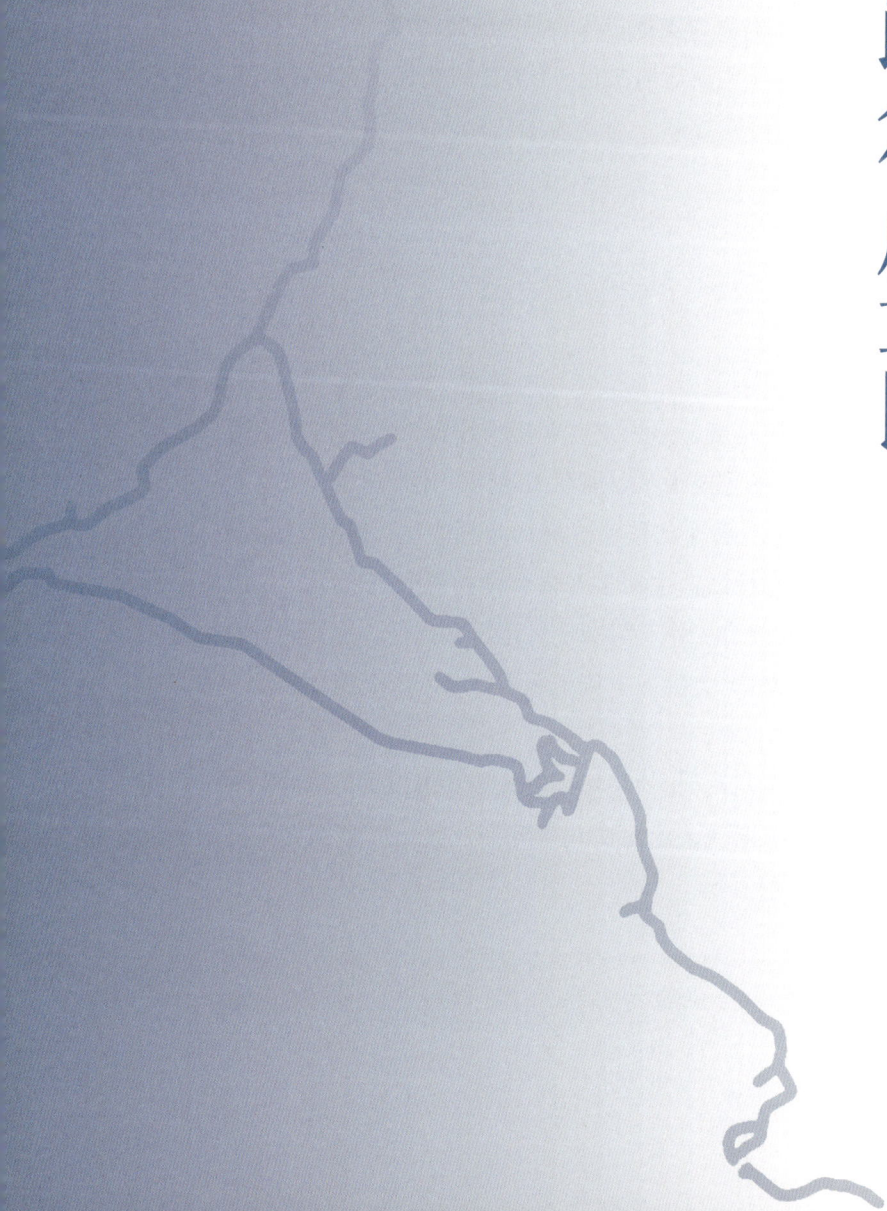

第九章

路径擘画

大运河是一部书写在华夏大地上的宏伟诗篇。遵照习近平总书记重要指示批示精神，高质量打造大运河文化带和推进大运河国家文化公园建设，是党中央、国务院作出的一项重大决策部署。浙江省第十五次党代会报告提出，要提升大运河国家文化公园能级[①]。以实现中华民族伟大复兴和传承中华文明为战略目标，以大运河世界文化遗产为核心，以统筹大运河文化保护传承利用为主线，共抓大保护，不搞大开发，高标准推进文化遗存保护、名城名镇提升、非遗保护传承、生态环境保护、水利能力提升、文旅融合发展、绿色航运提升、国际文化交流，彰显大运河的重大历史价值、文化价值和时代价值，打造"千年古韵、江南丝路、通江达海、运济天下"的大运河文化保护传承利用的浙江样本，使之成为中华民族伟大复兴的文化标志性品牌和文化浙江建设的强力支撑。本章从构筑顶层设计、强化生态治理、加强遗产保护、推进文旅深融、创新运河文化5个方面提出了大运河文化带打造的路径对策，以供相关管理部门研究参考。

# 第一节　构筑顶层设计

2017年，习近平总书记在北京通州视察时明确作出保护大运河是运河沿线所有地区的历史使命和共同责任的重要指示。浙江大运河文化带建设，在党和国家宏观指导下统一规划与统筹发展，各个河段所在城市要树立"一盘棋"的大局意识，立足大运河线性、活态等基本特征，主动学习借鉴国内外先进经验，积极协调部门，科学谋划与周全布局顶层设计工作，为浙江大运河文化带长远发展有效构建一个既具有统一约束力又具有弹性张力的保护传承利用体系，形成流域共治、战略共保的大格局。

构筑大运河文化带的顶层设计，指的是从顶层统筹考虑保护传承利用三者之间的关系和工作重点；统筹考虑浙江大运河文化带和浙江大运河国家文化公园建设

---

① 袁家军.忠实践行"八八战略"坚决做到"两个维护"在高质量发展中奋力推进中国特色社会主义共同富裕先行和省域现代化先行：在中国共产党浙江省第十五次代表大会上的报告[N].浙江日报，2022-6-27.

在国家战略空间布局的内在联系与战略定位，形成与其他国家战略和重大地方战略的相互配合关系；统筹考虑和厘清沿线各市（区）、各职能部门在大运河文化带打造过程中的职责定位，保障实现已有的各项预期目标。解决这些问题，靠某个领域、某个部门、某个地区不可能单独完成，必须从顶层设计上探索思考解决问题的根本办法，全面系统地建立共建共享的体制机制[①]。

## ■ 一、统一思想认识

在中国式现代化新征程大背景下建设浙江大运河文化带，必须要首先准确把握习近平总书记重要指示中"宝贵遗产"和"流动的文化"的深刻内涵，以及对大运河文化保护、传承、利用三者的"统筹"关系。充分认识大运河文化带打造和大运河国家文化公园建设对传承中华优秀传统文化、坚定文化自信、实现中华民族伟大复兴的重大历史和现实意义，在严格保护大运河文化遗产的基础上，推进大运河文化的有效传承和资源的合理利用，实现保护传承利用的有机统一[②]。

必须坚持新发展理念，把运河文化作为最宝贵的精神财富，发挥运河文化的引领作用，把打造大运河文化带作为大运河沿线地区社会经济协调发展的务实之举，进而整体推动高质量发展[③]。要防范对大运河的过度开发利用，打造大运河文化带的历史使命就是要保护好传承好利用好千年文脉。要按照生态优先、绿色发展理念，坚守不破坏现有生态资源、不挤占运河生态空间的原则，以统一规划、整体推进的"先慢后快"思路，与遗产保护、文化开发、城乡建设、土地利用等其他规划内容和政策措施在工作目标、思路、步调上保持一致，稳步推进浙江大运河文化带高质量建设。

大运河文化带作为一个跨区域的文化复合共同体，对建设大运河国家文化公园所呈现出的文化内涵具有十分重要的概括性意义[④]。要深入挖掘以大运河为核心的历史文化资源，调动运河沿线城市的资源和力量，构建大运河保护传承利用共同体，以文化引领区域协调发展。加强资源共享、项目共创、人才共育，着力推动精

---

① 黄杰.强化大运河文化带建设系统性整体性协同性[J].群众，2018（10）：33-34.

② 车俊.坚决扛起大运河文化带建设的浙江担当[J].今日浙江，2019（7）：8-10.

③ 姜师立.用运河文化引领沿线区域高质量发展[J].群众，2020（24）：50-51.

④ 孙久文，易淑昶.大运河文化带建设与中国区域空间格局重塑[J].南京社会科学，2019（1）：11-16，33.

细化保护、活态化传承、科学化利用。通过互动交流让千年文脉"流动"起来，让古老的运河"活起来""火起来"，使之成为中国精神、中华文化的独特符号。

## ▼ 二、对接重大战略

打造大运河文化带，是新时代以习近平同志为核心的党中央作出的一项重大决策部署，也是立足国家战略大格局、实施区域统筹发展的重大举措。推动大运河文化带建设与国家区域发展战略的有效衔接，是延续和增强大运河文化的生命力、拓展大运河国家文化公园建设空间的发展路径。打造大运河文化带与国家区域发展战略的有效衔接，就是要推动功能定位的匹配，在战略互补、强化和制约的过程中践行创新、协调、绿色、开放、共享的五大发展理念①。坚持"世界视野，中国高度，本土特色"理念，体现大运河在丝路、瓷路、茶路、盐路、驿路的战略地位。紧密结合国家重大区域协调发展战略，衔接长三角区域一体化、长江经济带、乡村振兴等重大国家战略，加强大运河承载资源的合理开发利用，以文化引领区域经济高质量发展、社会和谐繁荣，为新时代区域协调发展提供浙江样板。

## ▼ 三、健全机制建设

大运河文化带的系统性指的是建设内容包含文化运河、生态运河、经济运河等诸多方面，同时大运河又具有跨地区、跨流域的航运、灌溉、防洪排涝、输水通道、生态修复、文化承载等综合功能，是一个涉及面广的庞大系统工程②。要实现大运河文化保护传承利用，就要借鉴在当年申遗过程中建立的协调联动机制，从浙江省级层面推动大运河沿线杭嘉湖绍甬5个地级市建立跨地区、跨部门的综合性协调联动机制，定期召开会议，将工作中出现的涉及大运河文化带建设的内容及时反映出来并加以讨论，构建多层次多形式的区域合作沟通渠道，形成上下之间的合理联动与沿线城市之间的协调互动分工体系，强化基础设施共建、服务配套共抓，增

---

① 汪群，陈杰.推进大运河文化带江苏段建设与国家区域发展战略的有效衔接[J].常州工学院学报（社科版），2019，37(6)：1-5.

② 黄杰.强化大运河文化带建设系统性整体性协同性[J].群众，2018(10)：33-34.

强大运河文化保护传承利用的协同性。

我国大运河分属于水利、航运、农业、环保、文物等多个部门管理，体现了我国横向分部门管理与纵向分级管理相结合。对于运河这类活态遗产管理部门必然存在多重性，因此管理体系的健全尤为重要，也是有效管理的保障。由于我国大运河跨区域跨行业管理情况较为复杂，更需要建立一个由国家层面上可以引导各省市大运河遗产保护管理工作的协同机构，向各省市提出宏观的保护行动要求，各省市能够积极参与并服从配合。在合作过程中，尤其要注重部门协调，各部门各司其职又彼此协作，在管理运河方面达成共识。在政策制定过程中，要学习尊重不同观点和不同诉求。要理顺中央政府与地方政府、不同部门关系，明确职责，提高效率。

此外，还需要将加强顶层设计与鼓励各地各部门的基层创新和人民群众的首创精神相结合。打造大运河文化带是一项全新的探索性事业，没有成功的先例可以学习借鉴，在实践过程中需要不断摸索和总结经验。在加强顶层设计的同时，需要通过合理的制度安排，实现责、权、利的有效分配，充分激发和释放基层部门和人民群众的积极性、创新性和能动性，能够容忍创新，能够允许试错。顶层设计与基层创新、首创精神是高质量打造大运河文化带的"两条腿"，只有"两条腿"走路的大运河文化带打造才能行稳致远。

## 第二节　强化生态治理

大运河生态带是大运河文化带的基底带。兴水之利、涵养生态，建设绿色生态廊道、提升生态系统服务功能、促进生态资源的活化利用，是打造大运河文化带的基础性内容。要把大运河生态环境建设作为践行习近平总书记"绿水青山就是金山银山"重要论述的实践范本，划定大运河流域生态红线，加快运河沿岸生态保护建设和景观设计，推进水生态修复和沿岸绿化，加强重点区域污染防治，加强运河水利设施保护与建设，持续提升运河水质，更好发挥防洪灌溉作用，建设生态文明发展高地，打造生态美丽长河，构建山水林田湖生命共同体，把浙江大运河文化带打造成诗画江南的美丽"一抹绿"。

## 一、落实制度建设

一是落实大运河空间环境准入制度。大运河文化带打造，要有效衔接国家区域发展战略，不仅要完善沿线生态资源保护利用整体规划，而且还要与其他国家区域发展战略进行统筹协调、整体规划。实施大运河流域环境功能区划，落实空间环境准入制度。切实加强核心保护地带生态环境保护，依法有序关闭、腾退炼油、油品存储等对生态环境有直接或潜在影响的落后产能，加快淘汰老旧船舶，鼓励绿色节能环保型船舶投入使用和船上污染物储存、处理设备改造。严守建设开发地带生态空间，按照环境功能区划要求对开发建设项目设置准入门槛，严禁高污染、高耗能行业新增产能，实施生态保护红线环境准入负面清单。

二是真正落实好河长制长效管理。河道是大运河的主要载体，河道水系治理管护和生态系统保护修复，需要长效地科学配置和优化调度水资源，加强岸线保护，以全面提升大运河河道和岸线保护、防洪排涝的生态功能[①]。要不折不扣扎实落实好河长制长效管理机制，完善定期或不定期抽检机制，运用数字化赋能监测监管机制。

## 二、开展综合治理

一是积极构建运河生态水系。加快推动工程治水向生态治水转变，做好清淤与截污、引水与排水、净化与绿化结合，促进河流生态修复。深入开展大运河流域的河湖库塘清淤。持续推进湖州苕溪清水入湖河道整治、宁波湖塘江生态环境修复工程等一批河道清淤、河网修复工程。加速运河水系河网湿地生态功能恢复。实施水系连通工程，提高运河水系自净能力。审慎开展河岸河堤固化工程，维持水系河网自然湿地面积。

二是开展沿河环境综合治理。按照"关停淘汰一批、整合入园一批、规范提升一批"整体要求，加快运河沿岸区域传统工业区"腾笼换鸟""退二进三"，联动开展工业污染物排放整治。加快城镇污水处理设施建设与提标改造，扎实开展农村环

① 孙久文，易淑昶.大运河文化带建设与中国区域空间格局重塑[J].南京社会科学，2019（1）：11-16，33.

境综合整治，实施重点流域水环境治理计划，推进运河流域核心地区污水零直排。加快垃圾和污水接收、转运及处理设施建设，建立健全含油污水、垃圾等接收、转运和处理机制，做到含油污水、垃圾上岸处理，提高含油污水、化学品洗舱水等接收处置能力及污染事故应急能力。

## ◤ 三、建设休憩绿道

一是编制沿河景观提升与公共艺术规划。充分结合运河文化底蕴深厚、江河湖泊水网密集、古镇古桥古埠古道较多等特点，从省级层面精心谋划浙东运河文化园、拱墅运河大剧院、杭州大运河博物院、杭州运河灯光秀等一批大运河文化地标项目，开展运河民居修缮和滨水景区建设，展现运河生活、江南风情，打造滨水景观带。推动沿线地区码头、路标、游客服务中心等文化旅游服务设施形象设计，进一步突出大运河文化韵味的整体性、层次性和连续性。

二是整合运河沿线沿岸绿道资源。按照"以城区带动乡镇，以乡镇带动郊野"的建设思路，从大运河遗产河道整体断面、护岸设计、湖泊湿地边界处理、城市边缘与水系边界设计、林带斑块构成、文化遗产廊道展示等着手，对大运河沿线绿道的景观元素、空间区位、位置形状、尺度、连续性等区域景观格局进行战略性重构，打造贯通大运河（浙江段）的中国大运河浙江遗产绿道。

三是建设大运河公共休憩绿道长廊。加快建成与运河沿线区域空间相适应、滨水绿道全覆盖、慢行路网与道路公交系统相衔接，安全、便捷、连续、优美、舒适的沿河生态廊道网，加强运河人行步道、骑行车道、慢生活休憩片区小广场等建设，有条件的城市将其纳入重点内河航运提升工程一并规划、设计和建设。

# 第三节　加强遗产保护

大运河是中华民族的共同遗产，突出文化遗产要素资源保护传承利用的意义和价值，是打造大运河文化带的第一要务。坚持"保护第一、加强管理、挖掘价值、有效利用、让文物活起来"的新时代文物工作方针，将文化遗产保护放在大运河文化带打造的优先地位，以高度的责任感和使命感做好保护工作，打造大运河文化遗产保护的中国高地。

## 一、全局谋划，整体推进

要按照"河为线、城（园）为珠、线串珠、珠带面"的总体布局，推进形成以大运河文化旅游休憩长廊为主线，联动江南运河文化片和浙东运河文化片，串联大运河沿线丰富的历史文化遗存和非物质文化遗产，构建浙江大运河文化遗产利用方案。

其一，以杭、嘉、湖主要县（市、区）为基本单元，打造以"诗画江南·水乡古镇"为特色的江南运河文化展示区，彰显江南运河城河共生的内涵特征，加强乌镇、南浔、长安、塘栖、西兴、善琏等运河古镇以及杭州拱宸桥桥西、小河直街，嘉兴月芦文杉等历史街区的保护和利用，深入挖掘红色革命文化、丝绸文化、溇港文化、桥梁文化、船舶文化等江南运河区域特色文化资源。

其二，依托杭州、宁波、绍兴主要县（市、区），打造以"古越风情·丝路启航"为特色的浙东运河文化展示区，彰显浙东运河通江达海、运济天下的独特战略地位。以宁波"一带一路"建设综合试验区和绍兴浙东运河文化园为核心，加强古纤道、古会馆、名人故居等历史文化遗存保护利用，深入挖掘古越文化、海丝文化、名人文化、戏曲文化等特色资源，加快推进浙东运河河海联运，提升发展绍兴黄酒小镇、柯桥兰亭书法小镇、越剧小镇、梁祝小镇以及八字桥、官河历史文化街区等文化载体。

## 二、基于价值，创新发展

打造大运河文化带，高质量建设大运河国家文化公园，不应是简单的复古，而应是创新，不应是简单恢复古代大运河的风貌，而应是着眼于今天和未来，将古代运河文化精华融入当代运河人文生活，转化为符合社会主义核心价值观的创新文化[①]。深入挖掘与运河伴生的古镇、历史文化街区和文物遗存的历史、文化、旅游

① 葛剑雄.大运河历史与大运河文化带建设刍议[J].江苏社会科学，2018（2）：126-129.

价值，串联乌镇、长安、南浔、新市、塘栖、西兴、慈城等古镇，拱宸桥西、小河直街、八字桥、月湖等历史文化街区，打造以江南水乡建筑群和运河遗迹为主要载体，以展示运河人文内涵和传承运河人文情怀为主要功能的运河经典文化线路。提升运河文化名城韵味，支持杭州、宁波、湖州、嘉兴、绍兴建设国家大运河文化保护传承利用示范城市。加快构建以大运河为轴线，以重点历史文化街区、运河文化遗产、运河文化展示利用项目为主要支撑的大运河文化集中展示平台。将大运河文化元素融入城市建筑设计、景观风貌规划、旅游资源开发、特色产业培育以及对外宣传展示中，增强大运河沿线历史文化名城可识别性和认知感。鼓励沿线县（市、区）创建A级景区城。突出历史格局、城镇肌理和传统风貌完整性保护，加强历史文化名镇名村序列中运河社会生态系统的延续性保护。开展大运河（浙江段）历史地段资源调查和历史村镇资源调查，将符合条件的历史地段和历史村镇纳入历史文化名城名镇名村街区体系，加快推进保护规划编制工作。加快实施乡村振兴战略，推进现代农业园区和都市农村文化创意园，打造一批以江南水乡为特色的运河景区村落和乡村振兴示范村落，鼓励沿线乡镇创建A级景区镇、景区村。推进历史建筑活化利用，鼓励历史建筑产权人和使用人对历史建筑进行适度、合理的功能使用。要建立保护档案，科学合理确定修缮内容和规模。与美丽乡村建设有机结合，实施乡村振兴战略，加强对运河历史文化聚落整体保护和综合整治。

## 三、因地制宜，各具特色

大运河（浙江段）杭嘉湖绍甬5个地级市具有不同的特色优势，应当对运河沿线城市分设功能区，使大运河成为具有浓厚水文化色彩的地理标志。江南运河（浙江段）的杭州、嘉兴、湖州等地开发运河旅游较早，已形成一定规模品牌。浙东运河绍兴、宁波等地运河旅游起步相对较晚，很多河道、资源依然保持原始风貌。虽然各地开发步调不一，但在文化旅游融合和大运河衍生产品开发上依然存在一定的同质化现象。因此，不同城市要在近似的大运河文化特质中寻找宣传差异度，进而打造各自区域品牌特色。如浙东运河绍兴段的古纤道、水门和故水道保存完整，可以与浙东诗路文化、名人文化等进行融合，打造经典研学品牌。浙东运河余姚段上的闸坝堰等水利工程及其附属设施保存完整，可以在保护基础上，适当复原小船过坝的场景，增加体验度和场所感。江南运河临平段的塘栖古镇以美食小吃持续吸引游客多年，营造的休闲夜景以及大运河上唯一的七孔拱桥，形成了不可复制的辨识度，可以进一步围绕这些主题元素进行演绎。

## 四、社会参与，共建共享

大运河（浙江段）文化遗产保护、航道航运、水利工程建设、旅游开发等工作分别由不同地域和不同部门分担，容易导致很多问题很难在"统一的、整体的"大运河保护与建设的前提下达成一致意见。要实现大运河共建共享治理格局，必须打破大运河文化带上不同城市、不同部门、不同层级之间的行政壁垒，实施政府合作，实现资源共享和优势互补。其中，依靠数字技术构建一个开放式的协作平台，是相对快捷且有效的方法。平台化治理思路，旨在改变传统的由政府主导的管理思路，构建多方利益主体共同参与社会治理的利益表达平台，推动公共服务或公共产品协作创新。通过引导多元参与，寻找调动那些以前没有进入政府及公众视野或没有得到完全开发利用的资源，进而提出解决问题的创新方案。

大运河的线性特征使它的发展与沿线群众的生活紧密相关，大运河对于多数人而言更多的是一种地方情怀。公众参与在浙江大运河文化带打造过程中必不可少。浙江在大运河文化带打造过程中，在积极发挥省、市、县、镇各级政府主导作用的同时，依然需要鼓励各种形式的民间力量、社会资本、国际组织、普通个体参与其中，形成众人拾柴火焰高的局面。首先要加强对公众参与的引导，让社会公众能够认识到大运河对于自身的重要性和价值，让人们能够自觉参与大运河保护。其次运河沿岸要建立遗产保护或运河保护相关机构，让社会民众有组织可寻、有组织可依，增强凝聚力和积极性。最后，要让社会民众参与落到实处，让社会民众真正参与到大运河保护、规划、制定方案的各个环节。不仅要让沿岸居民参与其中，而且还要注重与沿岸少数民族地区的联系，尤其加强沿岸民族特色区域保护。可以借鉴杭州运河综合保护工程的成功经验，采用"市区（县）联动、市场平衡"的方法统筹大运河文化保护传承，集聚国家、地方和社会资源资本，最优化最大化激活释放大运河空间文化潜能，真正形成全民共保共建共治共享的中华民族文化地标。

# 第四节　推进文旅深融

　　休闲旅游是感悟大运河文化的重要方式，大运河文化保护传承利用要紧扣满足人民群众日益增长的美好生活需要这一主线，以国家文化公园为主阵地，坚持以文化与旅游深度融合发展为导向，让沿线城市共同塑造、共同享用文化旅游品牌，打造缤纷大运河旅游带，推动大运河成为国际旅游的重要目的地[①]。《浙江省大运河文化保护传承利用实施规划》提出要将大运河（浙江段）打造成为传承中华文明的文化旅游精品带。要顺应产业融合发展趋势，强化大运河作为城市发展轴的文化、产业、人口集聚功能，以历史文化名城名镇名村街区体系建设和配套服务为先导，促进文化、旅游、历史经典、时尚等产业集聚，赋予大运河文化新时代新内涵。依托运河历史文化名城名镇名村街区，综合展示运河风貌、传统民居、生活美学、生产场景等，打造承载记忆、回味乡愁的文化旅游精品路线，把大运河（浙江段）打造成诗画浙江的一道靓丽风景线。

## ▌ 一、树立科学理念

　　文化旅游资源是旅游资源的子概念，广义上看，凡是能为旅游者提供文化体验的旅游资源，包括具有历史、艺术或科学价值的文物、建筑、遗址遗迹以及口头传统和表述、表演艺术、社会风俗、礼仪、节庆、实践经验与知识、手工技能等传统文化表现形式都属于文化旅游资源的范畴[②]。大运河沿岸拥有河道驳岸、湖泊湿地、驿站纤道、古塔寺庙、古桥城门、会馆民居、园林街巷等众多的自然和文化景观，还有琳琅满目的非物质文化遗产，为旅游产业的发展提供全新的成长空间[③]。在实践过程中，由于资源本身的复杂性、交叉性与动态性，对于文化旅游资源的内涵认

---

① 姜师立.用运河文化引领沿线区域高质量发展[J].群众，2020（24）：50-51.

② 许春晓，胡婷.文化旅游资源分类赋权价值评估模型与实测[J].旅游科学，2017，31（1）：44-56.

③ 姜师立.文旅融合背景下大运河旅游发展高质量对策研究[J].中国名城，2019（6）：88-95.

识和分类体系建设还处于一个不断探索与完善的阶段。文物古迹等历史文化遗产是主要的文化旅游资源。与重视视觉审美体验的自然景点观光不同，文化旅游活动在观赏历史遗迹或文化遗产的同时，往往更加倾向于探寻其内在的文化意义，是一种文化建构与文化认同的过程。在人们的观念中，将历史文化遗产和文化旅游资源的观念混淆在一起是经常性的，人们经常将历史文化资源的价值评判作为旅游开发的潜力评估[①]，尽管两者存在着密切联系。

　　旅游要满足民众精神和物质享受的需要，但作为一项产业要讲经济效益。要从大运河（浙江段）的实际出发，不要将运河地区的旅游资源估计过高，而且要对不利因素有充分的认识。例如，还在利用的运河河道是黄金水道，承担着繁忙的运输任务，能够用于游船航行的安全水域有限。运河周围现有的部分景点中，尤其在节假日，游客容易呈现过度饱和的局面，而大多数河段缺乏观赏性。又譬如，有些地方准备发展豪华游船，但水上旅游时间较长，有消费能力的人往往没有时间，有时间的人又往往没有消费能力，所以不能盲目跟风上马这些项目[②]。

　　大运河（浙江段）文化资源风格独特、种类多样，可以满足不同行业人群需求。在多向挖掘文化内涵的基础上，应通过"资源共享、经验互补"的整合思路，对现有文化产品、旅游产品在文化内涵上进行深度挖掘，找出其相同的文化背景，再通过文化这条纽带将这些产品整合成一个全新的旅游品牌，形成跨区域的大格局。应根据运河文化主体特质，展现地域文化的独特魅力，将历史遗迹、文物、传统艺术的内涵和延展内容加以展现演绎，满足旅游者体验旅游文化深层次内涵的精神需求。譬如，运河城市都有很多非遗资源，可以因地制宜打造相应的文化舞台。我们以前可能喜欢去咖啡馆喝咖啡，现在可以在运河船上或者拱宸桥边、浙东运河文化公园里喝茶；一边喝茶，一边欣赏舞台化的非遗展演，让游客有视觉的愉悦、听觉的欢快、味觉的遗香，推动运河非遗活态传承，使之成为国家文化公园里的名片[③]。

---

① 戴代新.我国文化旅游资源保护与利用的误区及对策：以宜宾市僰文化旅游开发研究为例[J].同济大学学报（社会科学版），2010，21（1）：46-51，78.

② 葛剑雄.大运河历史与大运河文化带建设刍议[J].江苏社会科学，2018（2）：126-129.

③ 付鑫鑫.大运河，从"地理空间"跃升"文化空间"[N].文汇报，2021-9-25.

## 二、做强产业平台

充分发挥杭州作为全国文化创意中心的引领作用，以杭州、宁波国家级文化与科技融合示范基地建设为契机，大力发展创意设计服务、文化软件服务、文化休闲娱乐服务、文化艺术服务等现代服务性行业。鼓励文化新技术的应用和新业态的集聚，科学规划和合理构建产城人文融合发展载体，聚力打造杭钢旧址公园、运河天地文化创意区、宁波三江口文化区等沿运河文化产业发展重大平台，培育形成各具特色的运河文化产业发展格局。充分发挥运河沿线历史经典产业和时尚产业集聚优势，以丝绸、黄酒、茶叶、湖笔等历史经典产业和针织、皮革、家居等时尚产业为重点，加快推进历史经典产业和时尚产业与文化、旅游的融合发展，打造文化传承、时尚设计、产品制造等全国领先的特色产业基地，打造运河文化与特色产业融合发展的示范样板。

## 三、构建推广联盟

强化杭州、宁波等中心城市的国际影响力和核心带动作用，加强旅游资源与线路的跨区域整合，重点打造丝绸之路、诗画之路、古镇之路、曲艺之路等一批国际精品文化旅游线路，把运河文化内涵和运河文化元素融入文化旅游开发全过程，加快建设贯通大运河（浙江段）沿线5市的水上旅游通道，打造独具江南韵味和浙江魅力的国际运河文化旅游目的地。深入挖掘杭州、宁波、嘉兴、湖州、绍兴五地以运河文化为核心的城市内在联系和文化脉络，以大运河为城市纽带，在大运河文化研究、文化创意设计、文化产品开发、文化旅游发展及市场营销、城市公共配套设施建设等方面加强共建共享和互联互动。每年定期组织开展浙江大运河城市旅游峰会，打造具有强烈运河城市身份认同的"浙江大运河城市推广联盟"。以杭州市举办的中国大运河庙会为依托，将中国大运河庙会提升为由省政府主办、各地方人民政府轮流承办的重大节庆文化品牌活动，刺激消费，打造浙江节庆会展旅游新亮点和扩大运河品牌影响力的新载体。凸显浙江数字经济高地优势，整合相关互联网资源，利用GIS、AR、VR等技术，打造大运河（浙江段）沉浸式线上虚拟体验平台和大运河文化遗产数据库，对大运河文化遗产要素进行网络集成与一键展示。整合大运河（浙江段）沿线吃、住、行、游、购、娱等旅游要素，完善大运河文化旅游网络服务和信息服务，创新运河旅游营销模式和体验模式。

## ◢ 四、塑造地域特色

浙江大运河的工业遗产作为近代中国工业发展的历史见证，极具时代和地域特色。目前浙江段部分工业遗产已被改造为博物馆向公众展示，还可以借鉴上海、广州、南京、武汉等地工业遗产开发的经验，在不改变文物真实性与完整性的前提下，进一步加大开发利用的力度，引导社会力量、社会资金进入工业遗产保护开发领域，将工业遗产的保护规划纳入城市总体规划的框架内，通过改造为创意产业园区、商业中心、美术馆等方式，作为新的旅游资源进行开发。

## ◢ 五、实现资源整合

在战略思维层面上，资源整合是系统论的一种思维方式，通常指一个组织对不同来源、层次、结构、内容的资源进行识别与选择、汲取与配置、激活和有机融合，使其具有较强的柔性、条理性、系统性和价值性，并创造出新的资源的一个复杂的动态过程①。大运河（浙江段）沿线城市应根据自身资源情况和文化特点，确定和发展优势特色产业。要优化完善基础设施和配套服务，合理规划文化旅游线路，整体推进大运河文化旅游推广，培育统一的浙江大运河文化旅游品牌。充分挖掘大运河（浙江段）文化内涵，保护运河文化遗存，延续运河文脉，传承运河文明，既不能以牺牲宝贵的文化遗产为代价，进行过度的土地、商业、旅游开发；又不因保护而拒游客于门外。要充分发挥航运功能，增强古运河新活力。以京杭运河二通道通航为契机，重点谋划大运河（临平段）博陆区块策划设计，打造新的河湾活力。要注意协调新旧运河航道航运发展，对因航运带来的水体污染等问题要引起长久的足够重视，将大力提倡绿色航运、强调运河水环境生态的可持续发展作为增强大运河活力的重要方法。高度重视运河文化遗产的完整性和真实性，深入挖掘文化内涵，不断提高市民游客对大运河世界文化遗产的认识水平，将运河工业遗存、运

---

① 罗剑.建立中国西部阳戏文化带的设想[J].三峡论坛（三峡文学·理论版），2013（2）：143-148.

河仓储设施、运河水工设施、运河城市发展等进行整合，打造新的精品旅游线路，实现"1+1>2"的效果，实现遗产保护开发共赢。要充分挖掘和利用大运河（浙江段）丰富的自然景观和人文资源，谋划实施运河综合保护工程2.0版本，丰富旅游内涵，完善旅游服务，提升旅游功能，真正践行和努力打造习近平总书记"人民的运河、游客的运河"重要论述的浙江样章。

## 第五节　创新运河文化

2023年6月2日，习近平总书记在文化传承发展座谈会上指出，对文化建设来说，守正才能不迷失自我、不迷失方向，创新才能把握时代、引领时代。打造大运河文化带，就是要创新性转化、创造性发展大运河所承载的中华优秀传统文化，使大运河文化能够在守正创新中实现传统与现代的有机衔接。使得大运河文化能够"新"起来、"活"起来、"兴"起来，阐发出符合新时代发展需求的新内涵和新价值，激发出创新创业的活力，成为区域开放创新发展的持久动力源[1]。

### ▌ 一、推动文化交流

新时代大运河文化带建设研究应当运用历史唯物论，处理好保护与开发的矛盾、传承与创新的冲突，因地制宜，加强交流互鉴和综合性研究[2]。要以大运河为纽带，加强沿线历史文化名城交流与合作，推进京津、燕赵、齐鲁、中原、淮扬、吴越等文化在新时期的大繁荣、大交流、大发展。积极加强与大运河沿线省市在运河文化内涵挖掘、旅游产品开发、旅游市场开拓等领域的合作，推出运河最美民宿、运河精品非遗、运河戏曲之路等主题旅游线路或活动。积极发挥北京和杭州在文化产业发展中的优势和特点，谋划合作设立京杭文化产业合作园，重点在数字内

① 汪群，陈杰.推进大运河文化带江苏段建设与国家区域发展战略的有效衔接[J].常州工学院学报（社科版），2019，37（6）：1-5.
② 葛剑雄.大运河历史与大运河文化带建设刍议[J].江苏社会科学，2018（2）：126-129.

容产业、影视产业、文博产业、文艺创作等领域开展合作。进一步围绕运河生态文明建设、运河旅游航线等，积极加大环境保护、产业创新、规划统筹等领域合作力度，推进宁杭生态经济发展带建设。

## 二、强化文明互鉴

大运河串联起陆上丝绸之路和海上丝绸之路，成为中外文化交流的重要廊道。中国大运河拥有世界文化遗产的身份，这既是对中国人民伟大创造和智慧结晶的认同，又丰富了世界文化遗产宝库，成为中国遗产"走出去"的标志性品牌[①]。要充分利用中国大运河作为世界文化遗产的金名片，积极开展运河沿线省区、城市经济文化交流，广泛开展国际运河文明互鉴，通过与他国文化相互交流、学习、借鉴，发展面向世界、面向未来的中国大运河文化。传播中国声音，讲好中国故事，推动浙江大运河文化带和浙江大运河国家文化公园成为国际国内运河文化交流的核心区、对外文化交流开放的新高地。

### （一）打造国际运河文化交融区

结合杭州城市国际化战略，发起设立中国（杭州）国际运河文化交流协会，规划建设包括运河大剧院等地标性文化设施在内的世界运河文化交流中心，广泛开展运河文化相关的国际交流合作。以宁波三江口区域为重点，支持宁波建设中国大运河连接海上丝绸之路的核心区。推动绍兴、嘉兴、湖州特色化发展，以国际运河文化艺术交流年、国际运河城市旅游年等活动为载体，树立特色化国际交流形象。

### （二）积极开展国际运河城市间交流

加强与法国米迪运河、加拿大里多运河等同类世界文化遗产地和泰晤士河、塞纳河等国际知名河流的交流合作，在世界遗产保护与管理、沿河文化景观设计、文化创意产业发展等领域开展广泛深入交流。

---

① 丁煦诗.大运河"世遗"框架与《纲要》框架涉及城市比较研究[J].江南大学学报（人文社会科学版），2020，19（1）：46-52.

### （三）广泛开展国际文化艺术交流

开展文物保护、非遗保护传承等专业技术国际交流培训项目，启动国际运河文化艺术交流志愿者计划，积极支持《遇见大运河》等一批优秀作品国际巡演。积极启动丝路城市文化交流年、运河文化城市旅游年等活动，支持沿线地市策划举办具有国际影响的艺术节、戏剧节、音乐节、电影节等重大文化活动，积极承办国际龙舟赛、划艇赛等特色文体赛事。

## ◤ 三、深化文化建设

文化建设队伍不仅包括由本领域体制内外从业人员组成的工作者，还包括以各级党政领导为主构成的文化决策者，由各级法、财、人、事、研、地等公权部门组成的保障者，由社会力量和志愿者组成的支持者，以及由人民大众组成的消费者。五股力量共同构成文化建设者队伍，缺失其中任何一股，都难以拧成一根绳，都将导致文化建设或者事倍功半，或者行之不远[①]。

### （一）统筹协调发展

文化建设是总体布局的一部分，文化建设不仅要关注本身，还要为其他建设服务。其他建设也要妥善处理与文化的关系，解决文化建设与其他建设不协调不平衡问题。在文化建设内部，文化和旅游之间，优秀传统文化、革命文化和先进文化之间相互支撑，共同促进，五种力量同时发力形成合力，推动文化建设持续健康发展。

### （二）改革驱动创新

坚定创新理念，坚持古为今用、推陈出新，坚持有鉴别地对待、有扬弃地继承。坚定改革决心，深化文化体制改革，完善文化管理体制，破除旧体制壁垒，释放体制改革红利。坚决打破利益藩篱，纠正不公平的利益分配方式。

---

① 唐建军.中华民族当代文化建设的理论高峰：习近平总书记关于文化建设的重要论述研究[J].海南师范大学学报（社会科学版），2019，32（1）：78-83.

### (三) 发挥科技作用

深入实施科教兴国战略和人才强国战略，推动科技研发，促进科技成果转化，加强大数据、云计算、移动互联网等新一代信息技术的应用，占领文化发展高地。

### (四) 整合平台资源

鼓励沿运河各城市、各区县、相关智库、行业协会、社会组织等建立跨地区、跨部门、跨行业的常态化合作机制。整合沿运河各市运河领域的重大项目，开展运河文化交流、运河遗产保护、运河城市治理、运河旅游互动的区域合作，形成全方位的协作共享合力。依托浙江大学、宁波大学、浙江外国语学院等地方院校，建设杭嘉湖、绍甬两大文化和人才培养高地。积极主动对接教育部，打造大运河国家文化公园吴越文化高地。

# 田野调查

## ▶ 一、江南运河（浙江段）

（1）遗产河段

江南运河浙江段始建于春秋时期（公元前5世纪），隋朝（7世纪初）在前代开凿的运河基础上疏浚加深而成，作为江南运河南段实现了大运河全线贯通。宋代（10—11世纪）又在大运河与钱塘江交汇处开凿龙山河等河段，完善钱塘江运口。

一是苏州塘、杭州塘。苏州塘、杭州塘北段始凿于汉代，全线贯通于隋代，现为运河主河道，大部分经升级拓宽改造以适应现代航运的要求（图1）。杭州塘南段开凿于元末，由张士诚发动军民开挖，经塘栖、武林巷（今武林头）至江涨桥段，形成运河在杭州境内今日的走向。杭州塘南段为运河主河道，基本保持原有线位，现为4级航道（图2）。苏州塘、杭州塘为现今江南运河浙江段东线，长132km，现为4级航道。

**图1 苏州塘（嘉兴长虹桥以北段）**
（来源：沈旭炜 摄，拍摄时间：2020.10.21）

**图2 杭州塘南段（拱墅区谢村段）**
（来源：沈旭炜 摄，拍摄时间：2020.8.5）

二是江南运河南浔段，即頔塘故道。頔塘故道是完好保存的江南运河支线河道，是大运河在水网密布的长江三角洲地区延伸和扩展的河段。頔塘运河始建于西晋太康年间（280—289年），作为湖州地区的区域运河。隋代初期，贯通南北的大运河建成，頔塘成为湖州联系大运河的重要航道。南宋时期，頔塘成为大运河支线——江南运河西线的一部分。后多次疏浚维修，一直保持着航运的功能。1952年于南浔镇北另开一段航道，绕开原頔塘河道，长约1.6km的頔塘故道因而得以完好保留，现已无航运功能，主要作为城市排水与景观河道，河堤均为砖石护坡，有多处河埠，保存状况良好（图3）。

**图3 南浔頔塘故道**

（来源：沈旭炜 摄，拍摄时间：2020.11.12）

三是上塘河、崇长港。上塘河、崇长港为江南运河浙江段故道，隋唐至元末作为运河主航道，源自杭州施家桥，向东北至海宁崇福接东线主航道。其中上塘河为"三塘五坝"之一，前身为秦始皇开辟的陵水道之一段（图4），崇长港前身为春秋时期的百尺渎、越水道（图5）。上塘河、崇长港长46.5km，河道平均宽30～70m，现为6级航道，主要功能转为水利行洪。

**图4 上塘河（余杭与海宁交界段）**

（来源：黄朝伟 摄，拍摄时间：2018.8.24）

**图5 崇长港（嘉兴长安镇下闸段）**

（来源：沈旭炜 摄，拍摄时间：2020.10.21）

四是杭州中河、龙山河。杭州中河南北纵贯杭州城区中部，南接龙山河，水流方向由南向北汇入上塘河，现为城市景观河道（图6）。龙山河原是中河通钱塘江的水道，始凿于吴越钱镠时。宋代，龙山河由西向东北，由南水城门入城。清代末期，龙山河起自兴家桥，至大通桥外的闸口，水流由北向南，经龙山闸注入钱塘江。龙山河现南起闸口，北至凤山门，连接中河，全长4400m，与钱塘江已不相通，现为城市景观河道（图7）。

**图6 杭州中河**
（来源：黄朝伟 摄，拍摄时间：2021.1.21）

**图7 龙山河**
（来源：黄朝伟 摄，拍摄时间：2019.11.15）

时至今日，江南运河嘉兴—杭州段仍作为长江三角洲地区重要的航运通道不断维护，在漕运结束后仍保持了航运功能，至今仍是江南地区重要的内河航道。数据显示，2016年，江南运河嘉兴—杭州段中的苏州塘、杭州塘全年货运量1.12亿t，保持近20年来稳步增长态势，承担着大量的煤炭、木材、粮食、矿建、钢材、水泥等生产生活原料以及化工、集装箱等工业运输[①]。

（2）遗产点

**——长安闸**。长安闸为连接江南运河和上塘河水系的重要水利枢纽工程，于1068年由长安堰改成长安三闸，形成复式船闸与拖船坝并存的格局，是世界水运史上最早的复式船闸（图8）。元至正二年（1342年）维修，于老坝之西增建新坝，是现在长安镇拖船坝的前身，并设专门机构进行运输管理与维护，清中期后逐渐废弃，现仅存遗迹。

"复闸"是由多个闸门组成多级闸室，通过联合运用，有效地平衡航道水位差，

---

① 孙燕，卢瑶瑶，钱冰冰.整合线城市的力量 京杭大运河的传承与发展[EB/OL]. [2017-8-16].浙江在线，http://biz.zjol.com.cn/zjjjbd/zjxw/201708/t20170816_4809540.shtml.

**图8　长安闸（上闸）**

（来源：沈旭炜 摄，拍摄时间：2017.11.3）

将河段的高差集中到一处之后分级控制，使得整个河段的水流都比较平稳，船只航行的条件得到极大提高。配置澳及澳闸的复闸工程规划更加精细，运行条件也得到显著提高。澳有两个，分别以积水、归水为名，积水澳的正常水位高于或平于所连闸室（一般是上游闸室）的高水位（即复闸上游的水位），以补充船只过闸所耗之水，抬高闸室水位与上游平以待下次开闸入船；归水澳正常水位低于或平于下闸室的低水位，以回收闸室水位降低时的下泄水量，使其不流失到下游；归水澳中的水可以根据需要提升至积水澳中重复使用。澳的水源是蓄积高处的流水或雨水，提升低处积水或流水，或者临近大江的地方在潮涨时引蓄潮水。普通的复闸过一次船最少也要消耗（下泄）一闸室的水，而"澳"的存在则使这些本来要下泄流失的水得以重复利用。澳闸在运行管理上也较简单的复闸要求更高。

配备有澳的复闸是历史上曾存在于江南运河上的独特水利工程。但当时的管理体制无法匹配较高水平的工程，复杂的工程并未应用多长时间，水澳很快就废弃，发生了废闸为堰的倒退现象。复闸需要严格执行运输组织管理，但从它诞生开始便遭遇来自古老行政管理体制的障碍。各复闸后都改建为单闸，有的甚至一度废闸为堰。历史上的长安闸包括新老两坝（其中新坝又称为"长安镇拖船坝"）、上中下三闸和储水之用的两澳。现存文物本体除老坝位置不可考之外，其他各闸、坝均能确认其位置，基本格局尚存。现各闸均改建为闸桥，闸基闸槽都保存完好。两处水澳范围基本确认。

长安闸是江南运河重要的水利水运工程遗产，首创运河闸澳制，达到平稳航道、节约水量、水量循环利用的多重目的，是我国古代先进水利技术的实证，是反映运河水利设施发展和运河河道变迁的重要实物。长安闸具有完善的工程设施，达到了引潮行运、蓄积潮水、水量循环利用的多重目的，具有保障程度较高的输水功能，是世界水运史上现存建筑年代最早的复闸实例，是这一时期中国水利水运技术领先世界的标志性工程，欧洲大约在300年后才出现类似工程。

2012年，考古专家对长安闸坝遗址中的第三个闸门下闸进行了考古发掘，发现系统性设计建造的闸基、闸墙、闸门柱和翼墙（图9）。闸体后侧由石柱和两排石板组成，石板后方堆着不少大石块。石柱与石板间都有"卡槽"，使两者对接得十分紧密。石柱与石板之间起粘合作用的应该是古代的一种特殊的胶粘剂，包括鸡蛋清、糯米等。据初步判断，下闸遗存属于宋代，是中国大运河中现存最重要的宋代遗迹之一，为研究宋代水闸门提供了重要依据。

**图9  长安闸（下闸）**
(来源：沈旭炜 摄，拍摄时间：2020.10.21)

——**长虹桥**。位于嘉兴苏州塘上，在嘉兴市郊区王江泾镇一里街东南，是一座典型的三孔实腹薄孔薄墩联拱桥，纵联分节并列砌筑法的半圆形石拱，现保存完整（图10）。全长72.8m，桥面宽4.9m，造型优美，气势雄伟。长虹桥始建于明万历年间，清康熙五年（1666年）重修，嘉庆十七年（1812年）再修，太平天国时桥栏石损毁，光绪六年（1880年）修复。

**图10　长虹桥**

（来源：沈旭炜 摄，拍摄角度为由西南往东北方向，
拍摄时间：2020.10.21）

**图11　拱宸桥**

（来源：沈旭炜 摄，拍摄角度为由西南往东北方向，
拍摄时间：2021.1.28）

**图12　广济桥**

（来源：黄朝伟 摄，拍摄角度为由东南往西北方向，
拍摄时间：2017.1.17）

——**拱宸桥**。位于杭州北部的大运河杭州塘上，处于浙江省杭州市区大关桥之北，是三孔驼峰薄拱薄墩联孔石拱桥。全长98m，桥面中部宽5.90m，桥身高约16m，采用木桩基础结构，拱券为纵联分节并列砌筑。拱宸桥始建于明崇祯四年（1631年），现保存完整，仍在使用（图11）。

——**广济桥**。曾名通济桥、碧天桥，俗称长桥，位于杭州塘沿线的塘栖古镇上，是大运河沿线保存较好的薄墩联拱七孔实腹拱桥，也是大运河上保存至今规模最大的薄墩联拱石桥。桥全长78.7m，面宽5.2m，矢高7.75m，中孔净跨15.6m。七孔，拱券纵联并列分节砌筑。广济桥初建于明弘治年间（公元15世纪末），今桥为清康熙年间（公元17世纪末）重修。如今广济长桥势如长虹，造型秀丽，历经500余年仍雄踞大运河之上，现保存完好（图12）。

——**杭州桥西历史文化街区**。位于大运河（杭州段）主航道西岸，依托拱宸桥作为水陆交通要道的地域优势而形成的一个城市居民聚集区，其发展历史是运河文化的重要组成部分，是体现河、桥节点作用的重要区域，是反映大运河（杭州段）沿岸历史场景的重要区段，充分证明了杭州段运河对运河聚落的格局与演变有着重大的影响。因为大运河，这一带曾经是杭州最热闹的商业区，形成了有名的"北关夜市"。传统街巷有桥弄街、桥西直街、如意里、吉祥寺弄、同和里、敬胜里、通源里等。现拱宸桥西历史街区格局保存完好，现存面积39.6hm²，仍作为杭州北部重要的居住区和商业区（图13）。

——杭州凤山水城门遗址。杭州凤山水城门是位于杭州中河—龙山河上的古代水城门，处于杭州古城南端，扼守江南运河通往钱塘江的水道。杭州凤山水城门门洞由两个不同跨径的石拱券并联而成。南券中间有方形闸槽。两券间有石雕门臼，原有木质城门。杭州凤山水城门始建于公元13～14世纪（元代），公元15～19世纪（明清两代）多次修缮、重修。现作为杭州城墙遗址的一部分对公众开放（图14）。

**图13  杭州桥西历史文化街区**
（来源：沈旭炜 摄，拍摄时间：2021.1.28）

**图14  杭州凤山水城门遗址**
（来源：黄朝伟 摄，拍摄时间：2021.1.21）

——杭州富义仓。位于杭州市拱墅区运河主航道与支流胜利河的交叉口，便于粮食的收储与转运，是江南运河杭州塘运河沿岸保存较完整的古代城市公共仓储建筑群。富义仓建于19世纪末（清光绪年间），是杭州城北部地区重要的仓储建筑群，见证了历史上米市、仓储和码头装卸等经济业态曾经的发展、繁荣。原有四排仓储式厂房，现尚存三排，基本格局尚存，卸货的码头仍在（图15）。

——南浔镇历史文化街区。南浔镇位于頔塘东端，是頔塘上最知名的大运河古镇。南浔镇原为一村落，于南宋时期发展壮大，成为市镇。公元15～19世纪（明清时期）由于蚕桑业、手工缫丝业而发展繁荣，并依靠大运河支线——頔塘运河的交通便利，发展形成了基于頔塘运河的独特十字港架构格局。20世纪初，南浔古镇依托大运河及周边地区发达的蚕桑与农耕经济，作为名甲天下的南浔辑里丝的主要产地和集散地，成长为国内最大的丝商群体，南浔也因此一跃而成为江南重要的商业城镇。南浔镇历史文化街区现为南浔镇区内核心居民区，总面积1.68km²（图16）。街区内保留着明清历史风貌，较完整地体现了清末民初南浔古镇的街区格局和历史风貌。街区内相关建筑遗产保存完好，重要保护建筑作为博物馆向公众开放，其余民居建筑基本保持了原有的居住功能。

**图15　富义仓**
（来源：许梦娇 摄，拍摄时间：2016.8.27）

**图16　南浔镇历史文化街区**
（来源：沈旭炜 摄，拍摄时间：2020.11.12）

## ▌ 二、浙东运河

浙东运河的兴建始于春秋越国的山阴水道，至南北朝时以渠化天然河道为主的运河体系已初步形成，唐代的浙东运河在绍兴以西有局部改建。宋代是浙东运河的形成时期，其标志是运河上的工程设施和管理制度的完备，国家对运河实行准军事化的管理，在文献中也开始正式有了运河之名，至此浙东运河自钱塘江经绍兴、宁波通海的完整水运体系已经形成。

（1）遗产河段

——**山阴故水道**。始建于春秋时代（公元前6—5世纪），是此段最早修建的一条人工水道。南北朝时期（公元4世纪）逐渐形成了以渠化天然河道为主的运河体系，唐宋时期在工程与制度上进行了较大的完善，形成了完整的水运体系（包括西兴运河、绍兴城内运河等河段）。而绍兴护城河由北宋皇祐年间（1049—1054年）开凿的护城壕发展而来。后来此段运河作为连接海上丝绸之路与大运河的交通要道不断受到疏浚和维护。现除了部分河道保留了原有的航运功能外，其余河道已无航运功能，改作城市景观河道或泄洪排水河道（图17）。

**图17 山阴故水道**
（来源：沈旭炜 摄，拍摄时间：2020.7.3）

——**浙东运河杭州萧山—绍兴段**。包括如今的西兴运河、绍兴城内运河、绍兴护城河、山阴故水道等河段，西起杭州西兴的钱塘江边，东至上虞县东关镇曹娥江边，全长约90km。

——**浙东运河上虞—余姚段（虞余运河）**。东起上虞百官街道赵家村曹娥江边，至余姚斗门入姚江干流，总长25km，是沟通曹娥江和姚江的运河河段，历史上对于促进沿线城镇的繁荣发挥着重要作用，至今仍保留着运河两岸村镇相依的自然风貌。浙东运河上虞—余姚段始建于宋，是利用当地的湖泊沼泽，经人工整理后形成的运河。现为六级航道，平均宽22m，水深1.5m。

——**浙东运河宁波段**。宋代浙东运河黄金时期开凿的航道，取代了丈亭以东姚江自然段，避免海潮对航运的影响，这种自然江河与人工塘河并行结合、复线运行、因势取舍的设计、构筑理念与航运方式，正是宁波地区古代航运系统的一个重要特征，体现了线路规划的科学性。通过基本人工化的慈江、刹子港进行航运。此段河道西起丈亭经慈城向南抵小西坝，总长约23km。现此段运河航运功能已减弱，为等外级航道。浙东运河从西往东到达明州府城的最后一段运河航程，因此也称为古浙东运河的末段。

——**宁波三江口**。是大运河与海上丝绸之路的连接点。自古以来明州（宁波）始终是一个优良的对外开放港口，特别是在唐朝时期，"海外杂国、贾船交至"，宁波与扬州、广州一起并列为中国对外开埠的三大港口；宋代，宁波又与广州、泉州并列为我国三大主要贸易港；清末，宁波被定为"五口通商"口岸的其中之一。

宋代，浙东运河全线贯通后，到达宁波的内河航船，一般从三江口换乘海船经甬江出海。同样，东来的海船，在宁波三江口驻泊后，改乘内河船，经浙东运河至杭州，与大运河对接（图18）。

**图18　宁波三江口**

（来源：沈旭炜 摄，拍摄时间：2020.6.23）

（2）遗产点

——**西兴过塘行码头**。西兴为春秋时（公元前6—5世纪）越国渡钱塘江主要渡口，后逐渐改为驿站，并设镇。自古以来西兴为钱塘江与浙东运河运口，市廛繁盛。过塘行，即转运栈，在明清时代浙东运河与钱塘江之间无法直接行船通航的时期里，专门负责浙东运河与钱塘江之间的货物、人员转运工作。西兴镇保存了大量的"过塘行"。清代鼎盛时西兴镇曾有过塘行72家之多，每家有专门的转运货物类型：专过茶叶的、烟叶的、药材的、棉花绸缎的、百杂货的，等等。西兴码头是浙东运河西端的码头，是沟通钱塘江与浙东运河的运输枢纽。现因钱塘江河道北移，码头已废弃，失去原有的运输功能，相关水工设施作为遗址保存完好（图19）。

——**八字桥**。坐落于绍兴城河段运道上，位于浙江省绍兴市越城区八字桥直街东端，三河交汇处。始建于南宋（12—13世纪），后多次维修。八字桥为梁式石桥，主桥东西向，横跨稽山河，总长32.82m，桥洞净跨4.91m，宽3.2m，洞高3.84m。八字桥为我国早期简支梁桥中的孤例。建造者根据特殊地形，结合周边环境，因地制宜，合理设计了跨越三河、沟通四路、状如八字的桥梁，巧妙地解决了复杂的水陆交通问题，是根据特殊地形，结合周边环境，因地制宜地合理设计。八字桥现保存完好，仍是水道沿线重要的桥梁（图20）。

——**八字桥历史文化街区**。位于绍兴古城北部，是依托绍兴八字桥与大运河的地域优势而形成的一个城市商业区，具有水陆双交通体系，是绍兴水城的一个缩影，反映了运河的开凿与变迁对运河聚落的格局与演变产生的重大影响。八字桥历史街区面积约19.66hm²，街区内有八字桥、广宁桥、东双桥、纺车桥、龙华桥等古桥，居民临河而居，沿街穿行，形成了特有的江南水乡景观，是绍兴古城街河布局的典型代表（图21）。

**图19　西兴过塘行码头**
（来源：许梦娇 摄，拍摄时间：2016.8.28）

**图20　八字桥**
（来源：沈旭炜 摄，拍摄时间：2020.7.3）

**图21　八字桥历史文化街区**
（来源：沈旭炜 摄，拍摄时间：2020.7.3）

——古纤道。位于浙东运河萧山—绍兴段的沿岸，是运河与天然河流交汇处的工程设施，是古代以人力背纤为行船提供动力的通道，是运河船运的重要辅助设施。古纤道全长7.7km，始建于西晋。当时开凿西兴运河后，即逐渐在岸边形成纤道。唐元和十年（815年）进行大规模修整。明弘治年间改用石砌纤道，形成现有规模。随着交通运输事业的发展，运河上来往船只已由昔日的人力驱动变为机械驱动，古纤道的功能演变成为观光旅游、欣赏水乡景色等（图22）。

　　——宁波庆安会馆。位于浙东运河沿线，是在水运交通便利、商业发达、经济繁荣的地区逐渐发展出的商业设施，反映了大运河沿线因运河而发展繁荣的贸易和工商业情况，代表了由于漕运维护修建的大运河的衍生影响。会馆同时又是祀神的庙宇，供奉航海保护神妈祖，反映了在与海上丝绸之路文化线路链接的重要节点上受到外来影响的传统习俗的传播与发展。宁波庆安会馆始建于清道光三十年至咸丰三年（1850—1853年），由甬埠行驶北洋的舶商组织修建。现保存完好，作为全国首家海事民俗博物馆对公众开放（图23）。

图22　古纤道
（来源：沈旭炜 摄，拍摄时间：
2018.1.9）

图23　宁波庆安会馆
（来源：沈旭炜 摄，拍摄时间：2020.6.23）

# 《杭州全书》已出版书目

## ◤ 文献集成

### 杭州文献集成（9种50册）

1.《武林掌故丛编》（第1—13册）（杭州出版社2013年出版）

2.《武林往哲遗著》（第14—22册）（杭州出版社2013年出版）

3.《武林坊巷志》（第23—30册）（浙江人民出版社2015年出版）

4.《吴越史著丛编》（第31—32册）（浙江古籍出版社2017年出版）

5.《咸淳临安志》（第41—42册）（浙江古籍出版社2017年出版）

6.《杭郡诗辑（续辑、三辑）》（第33-40册）（浙江古籍出版社2021年出版）

7.《杭州医药文献集成》（第43-47册）（浙江古籍出版社2023年出版）

8.《杭帮菜文献集成（第4册）·杭州饮食古籍文献》（杭州出版社2022年出版）

9.《杭帮菜文献集成（第9-10册）·中华人民共和国成立以来杭帮菜文献》（杭州出版社2022年出版）

### 西湖文献集成（50册）

1.《正史及全国地理志等中的西湖史料专辑》（杭州出版社2004年出版）

2.《宋代史志西湖文献专辑》（杭州出版社2004年出版）

3.《明代史志西湖文献专辑》（杭州出版社2004年出版）

4.《清代史志西湖文献专辑一》（杭州出版社2004年出版）

5.《清代史志西湖文献专辑二》（杭州出版社2004年出版）

6.《清代史志西湖文献专辑三》（杭州出版社2004年出版）

7.《清代史志西湖文献专辑四》（杭州出版社2004年出版）

8.《清代史志西湖文献专辑五》（杭州出版社2004年出版）

9.《清代史志西湖文献专辑六》（杭州出版社2004年出版）

10.《民国史志西湖文献专辑一》(杭州出版社2004年出版)

11.《民国史志西湖文献专辑二》(杭州出版社2004年出版)

12.《中华人民共和国成立50年以来西湖重要文献专辑》(杭州出版社2004年出版)

13.《历代西湖文选专辑》(杭州出版社2004年出版)

14.《历代西湖文选散文专辑》(杭州出版社2004年出版)

15.《雷峰塔专辑》(杭州出版社2004年出版)

16.《西湖博览会专辑一》(杭州出版社2004年出版)

17.《西湖博览会专辑二》(杭州出版社2004年出版)

18.《西溪专辑》(杭州出版社2004年出版)

19.《西湖风俗专辑》(杭州出版社2004年出版)

20.《书院·文澜阁·西泠印社专辑》(杭州出版社2004年出版)

21.《西湖山水志专辑》(杭州出版社2004年出版)

22.《西湖寺观志专辑一》(杭州出版社2004年出版)

23.《西湖寺观志专辑二》(杭州出版社2004年出版)

24.《西湖寺观志专辑三》(杭州出版社2004年出版)

25.《西湖祠庙志专辑》(杭州出版社2004年出版)

26.《西湖诗词曲赋楹联专辑一》(杭州出版社2004年出版)

27.《西湖诗词曲赋楹联专辑二》(杭州出版社2004年出版)

28.《西湖小说专辑一》(杭州出版社2004年出版)

29.《西湖小说专辑二》(杭州出版社2004年出版)

30.《海外西湖史料专辑》(杭州出版社2004年出版)

31.《西湖文献集成续辑(第1册)·清代西湖史料》(杭州出版社2013年出版)

32.《西湖文献集成续辑(第2册)·民国西湖史料一》(杭州出版社2013年出版)

33.《西湖文献集成续辑(第3册)·民国西湖史料二》(杭州出版社2013年出版)

34.《西湖文献集成续辑(第4册)·西湖寺观史料一》(杭州出版社2013年出版)

35.《西湖文献集成续辑(第5册)·西湖寺观史料二》(杭州出版社2013年出版)

36.《西湖文献集成续辑(第6册)·西湖博览会史料一》(杭州出版社2013年出版)

37.《西湖文献集成续辑(第7册)·西湖博览会史料二》(杭州出版社2013年出版)

38.《西湖文献集成续辑(第8册)·西湖博览会史料三》(杭州出版社2013年出版)

39.《西湖文献集成续辑(第9册)·西湖博览会史料四》(杭州出版社2013年出版)

40.《西湖文献集成续辑（第10册）·西湖博览会史料五》（杭州出版社2013年出版）

41.《西湖文献集成续辑（第11册）·明清西湖史料》（杭州出版社2015年出版）

42.《西湖文献集成续辑（第12册）·民国西湖史料（一）》（杭州出版社2015年出版）

43.《西湖文献集成续辑（第13册）·民国西湖史料（二）》（杭州出版社2015年出版）

44.《西湖文献集成续辑（第14册）·西湖书院史料（一）》（杭州出版社2016年出版）

45.《西湖文献集成续辑（第15册）·西湖书院史料（二）》（杭州出版社2016年出版）

46.《西湖文献集成续辑（第16册）·西湖戏曲史料》（杭州出版社2016年出版）

47.《西湖文献集成续辑（第17册）·西湖诗词史料》（杭州出版社2016年出版）

48.《西湖文献集成续辑（第18册）·西湖小说史料（一）》（杭州出版社2016年出版）

49.《西湖文献集成续辑（第19册）·西湖小说史料（二）》（杭州出版社2016年出版）

50.《西湖文献集成续辑（第20册）·西湖小说史料（三）》（杭州出版社2016年出版）

### 西溪文献集成（9册）

1.《西溪地理史料》（第1册）（杭州出版社2016年出版）

2.《西溪洪氏、沈氏家族史料》（第2册）（杭州出版社2015年出版）

3.《西溪丁氏家族史料》（第3册）（杭州出版社2015年出版）

4.《西溪两浙词人祠堂·蕉园诗社史料》（第4册）（杭州出版社2016年出版）

5.《西溪蒋氏家族、其他人物史料》（第5册）（杭州出版社2017年出版）

6.《西溪诗词》（第6册）（杭州出版社2017年出版）

7.《西溪文选》（第7册）（杭州出版社2016年出版）

8.《西溪文物图录·书画金石》（第8册）（杭州出版社2016年出版）

9.《西溪宗教史料》（第9册）（杭州出版社2016年出版）

### 运河（河道）文献集成（11册）

1.《杭州运河（河道）文献集成（第1册）》（浙江古籍出版社2018年出版）

2.《杭州运河（河道）文献集成（第2册）》（浙江古籍出版社2018年出版）

3.《杭州运河（河道）文献集成（第3册）》（浙江古籍出版社2018年出版）

4.《杭州运河（河道）文献集成（第4册）》（浙江古籍出版社2018年出版）

5.《杭州运河（河道）文献集成（第5册）·北新关卷》（浙江古籍出版社2022年出版）

6.《杭州运河（河道）文献集成（第6册）·宗教卷》（浙江古籍出版社2022年出版）

7.《杭州运河（河道）文献集成（第7册）·历代方志中的杭州运河（河道）史料（上）》（浙江古籍出版社2022年出版）

8.《杭州运河（河道）文献集成（第8册）·历代方志中的杭州运河（河道）史料（下）》（浙江古籍出版社2022年出版）

9.《杭州运河（河道）文献集成（第9册）·历代掌故中的杭州运河（河道）史料（上）》（浙江古籍出版社2022年出版）

10.《杭州运河（河道）文献集成（第10册）·历代掌故中的杭州运河（河道）史料（下）》（浙江古籍出版社2022年出版）

11.《杭州运河（河道）文献集成（第11册）·历代史志中的杭州运河（河道）史料》（浙江古籍出版社2022年出版）

## 钱塘江文献集成（31册）

1.《钱塘江海塘史料（一）》（第1册）（杭州出版社2014年出版）

2.《钱塘江海塘史料（二）》（第2册）（杭州出版社2014年出版）

3.《钱塘江海塘史料（三）》（第3册）（杭州出版社2014年出版）

4.《钱塘江海塘史料（四）》（第4册）（杭州出版社2014年出版）

5.《钱塘江海塘史料（五）》（第5册）（杭州出版社2014年出版）

6.《钱塘江海塘史料（六）》（第6册）（杭州出版社2014年出版）

7.《钱塘江海塘史料（七）》（第7册）（杭州出版社2014年出版）

8.《钱塘江潮史料》（第8册）（杭州出版社2016年出版）

9.《钱塘江大桥史料（一）》（第9册）（杭州出版社2015年出版）

10.《钱塘江大桥史料（二）》（第10册）（杭州出版社2015年出版）

11.《钱塘江大桥史料（三）》（第11册）（杭州出版社2017年出版）

12.《钱塘江史书史料（一）》（第12册）（杭州出版社2016年出版）

13.《钱塘江史书史料（二）》（第13册）（杭州出版社2019年出版）

14.《钱塘江明清实录史料》（第14册）（杭州出版社2019年出版）

15.《钱塘江省府志史料》（第15册）（杭州出版社2019年出版）

16.《钱塘江县志史料》（第16册）（杭州出版社2019年出版）

17.《城区专辑》（第17册）（杭州出版社2016年出版）

18.《之江大学专辑》(第18册)(杭州出版社2016年出版)

19.《富春江、萧山专辑》(第19册)(杭州出版社2017年出版)

20.《海宁专辑(一)》(第20册)(杭州出版社2015年出版)

21.《海宁专辑(二)》(第21册)(杭州出版社2015年出版)

22.《钱塘江文论史料(一)》(第22册)(杭州出版社2018年出版)

23.《钱塘江文论史料(二)》(第23册)(杭州出版社2017年出版)

24.《钱塘江文论史料(三)》(第24册)(杭州出版社2017年出版)

25.《钱塘江文论史料(四)》(第25册)(杭州出版社2017年出版)

26.《钱塘江笔记史料》(第26册)(杭州出版社2018年出版)

27.《钱塘江小说史料》(第27册)(杭州出版社2016年出版)

28.《钱塘江诗词史料》(第28册)(杭州出版社2016年出版)

29.《钱塘江绘画图录(山水卷)》(第29册)(杭州出版社2022年出版)

30.《钱塘江绘画图录(版画卷)》(第30册)(杭州出版社2022年出版)

31.《钱塘江渔业史料》(第31册)(杭州出版社2017年出版)

## 良渚文献集成(10册)

1.《良渚考古发掘史料集成(第1册)·浙江卷一》(浙江古籍出版社2023年出版)

2.《良渚考古发掘史料集成(第2册)·浙江卷二》(浙江古籍出版社2023年出版)

3.《良渚考古发掘史料集成(第3册)·浙江卷三》(浙江古籍出版社2023年出版)

4.《良渚考古发掘史料集成(第4册)·浙江卷四》(浙江古籍出版社2023年出版)

5.《良渚考古发掘史料集成(第5册)·江苏卷一》(浙江古籍出版社2023年出版)

6.《良渚考古发掘史料集成(第6册)·江苏卷二》(浙江古籍出版社2023年出版)

7.《良渚考古发掘史料集成(第7册)·江苏卷三》(浙江古籍出版社2023年出版)

8.《良渚考古发掘史料集成(第8册)·江苏卷四》(浙江古籍出版社2023年出版)

9.《良渚考古发掘史料集成(第9册)·上海卷》(浙江古籍出版社2023年出版)

10.《良渚考古发掘史料集成(第10册)·其他卷》(浙江古籍出版社2023年出版)

## 余杭文献集成(1种2册)

《余杭历代人物碑传集(上下)》(浙江古籍出版社2019年出版)

### 湘湖（白马湖）文献集成（7种14册）

1.《湘湖水利文献专辑（上下）》（第1-2册）（杭州出版社2013年出版）

2.《民国时期湘湖建设文献专辑》（第4册）（杭州出版社2014年出版）

3.《历代史志湘湖文献专辑》（第3册）（杭州出版社2015年出版）

4.《湘湖文学文献专辑》（第5册）（杭州出版社2019年出版）

5.《湘湖家谱艺文文献选辑》（上下）（第6册）（杭州出版社2022年出版）

6.《湘湖师范期刊文献专辑（共六册）》（第7册）（杭州出版社2021年出版）

7.《白马湖文献集成》（西泠印社出版社2024年出版）

## ◤ 丛书

### 杭州丛书（8种11册）

1.《钱塘楹联集锦》（杭州出版社2013年出版）

2.《艮山门外话桑麻（上下）》（杭州出版社2013年出版）

3.《钱塘拾遗（上下）》（杭州出版社2014年出版）

4.《说杭州（上下）》（浙江古籍出版社2016年出版）

5.《钱塘自古繁华——杭州城市词赏析》（浙江古籍出版社2017年出版）

6.《湖上笠翁——李渔与杭州饮食文化》（浙江古籍出版社2018年出版）

7.《行走杭州山水间》（杭州出版社2021年出版）

8.《杭州造纸史话》（杭州出版社2022年出版）

### 西湖丛书（70册）

1.《西溪》（杭州出版社2004年出版）

2.《灵隐寺》（杭州出版社2004年出版）

3.《北山街》（杭州出版社2004年出版）

4.《西湖风俗》（杭州出版社2004年出版）

5.《于谦祠墓》（杭州出版社2004年出版）

6.《西湖美景》（杭州出版社2004年出版）

7.《西湖博览会》（杭州出版社2004年出版）

8.《西湖风情画》(杭州出版社2004年出版)

9.《西湖龙井茶》(杭州出版社2004年出版)

10.《白居易与西湖》(杭州出版社2004年出版)

11.《苏东坡与西湖》(杭州出版社2004年出版)

12.《林和靖与西湖》(杭州出版社2004年出版)

13.《毛泽东与西湖》(杭州出版社2004年出版)

14.《文澜阁与四库全书》(杭州出版社2004年出版)

15.《岳飞墓庙》(杭州出版社2005年出版)

16.《西湖别墅》(杭州出版社2005年出版)

17.《楼外楼》(杭州出版社2005年出版)

18.《西泠印社》(杭州出版社2005年出版)

19.《西湖楹联》(杭州出版社2005年出版)

20.《西湖诗词》(杭州出版社2005年出版)

21.《西湖织锦》(杭州出版社2005年出版)

22.《西湖老照片》(杭州出版社2005年出版)

23.《西湖八十景》(杭州出版社2005年出版)

24.《钱镠与西湖》(杭州出版社2005年出版)

25.《西湖名人墓葬》(杭州出版社2005年出版)

26.《康熙、乾隆两帝与西湖》(杭州出版社2005年出版)

27.《西湖造像》(杭州出版社2006年出版)

28.《西湖史话》(杭州出版社2006年出版)

29.《西湖戏曲》(杭州出版社2006年出版)

30.《西湖地名》(杭州出版社2006年出版)

31.《胡庆余堂》(杭州出版社2006年出版)

32.《西湖之谜》(杭州出版社2006年出版)

33.《西湖传说》(杭州出版社2006年出版)

34.《西湖游船》(杭州出版社2006年出版)

35.《洪昇与西湖》(杭州出版社2006年出版)

36.《高僧与西湖》(杭州出版社2006年出版)

37.《周恩来与西湖》(杭州出版社2006年出版)

38.《西湖老明信片》(杭州出版社2006年出版)

39.《西湖匾额》(杭州出版社2007年出版)

40.《西湖小品》(杭州出版社2007年出版)

41.《西湖游艺》(杭州出版社2007年出版)

42.《西湖亭阁》(杭州出版社2007年出版)

43.《西湖花卉》(杭州出版社2007年出版)

44.《司徒雷登与西湖》(杭州出版社2007年出版)

45.《吴山》(杭州出版社2008年出版)

46.《湖滨》(杭州出版社2008年出版)

47.《六和塔》(杭州出版社2008年出版)

48.《西湖绘画》(杭州出版社2008年出版)

49.《西湖名人》(杭州出版社2008年出版)

50.《纸币西湖》(杭州出版社2008年出版)

51.《西湖书法》(杭州出版社2008年出版)

52.《万松书缘》(杭州出版社2008年出版)

53.《西湖之堤》(杭州出版社2008年出版)

54.《巴金与西湖》(杭州出版社2008年出版)

55.《西湖名碑》(杭州出版社2013年出版)

56.《西湖孤山》(杭州出版社2013年出版)

57.《西湖茶文化》(杭州出版社2013年出版)

58.《宋画与西湖》(杭州出版社2013年出版)

59.《西湖文献撷英》(杭州出版社2013年出版)

60.《章太炎与西湖》(杭州出版社2013年出版)

61.《品味西湖三十景》(杭州出版社2013年出版)

62.《西湖赏石》(杭州出版社2014年出版)

63.《西湖一勺水——杭州西湖水井地图考略》(浙江人民美术出版社2019年出版)

64.《行走西湖山水间》(杭州出版社2019年出版)

65.《西湖摩崖萃珍一百品》(杭州出版社2019年出版)

66.《诗缘西子湖》(杭州出版社2020年出版)

67.《西湖古版画》(杭州出版社2020年出版)

68.《日本人眼中的西湖》(杭州出版社2021年出版)

69.《西方人眼中的西湖》(杭州出版社2021年出版)

70.《阮元与西湖》(杭州出版社2022年出版)

### 西溪丛书（69册）

1.《西溪寻踪》(杭州出版社2007年出版)

2.《西溪的传说》(杭州出版社2007年出版)

3.《西溪的动物》(杭州出版社2007年出版)

4.《西溪的植物》(杭州出版社2007年出版)

5.《西溪沿山十八坞》(杭州出版社2007年出版)

6.《西溪历代诗文选》(杭州出版社2007年出版)

7.《西溪书法楹联集》(杭州出版社2007年出版)

8.《西溪历史文化探述》(杭州出版社2007年出版)

9.《西溪胜景历史遗迹》(杭州出版社2007年出版)

10.《西溪的水》(杭州出版社2012年出版)

11.《西溪的桥》(杭州出版社2012年出版)

12.《西溪游记》(杭州出版社2012年出版)

13.《西溪丛语》(杭州出版社2012年出版)

14.《西溪画寻》(杭州出版社2012年出版)

15.《西溪民俗》(杭州出版社2012年出版)

16.《西溪雅士》(杭州出版社2012年出版)

17.《西溪望族》(杭州出版社2012年出版)

18.《西溪的物产》(杭州出版社2012年出版)

19.《西溪与越剧》(杭州出版社2012年出版)

20.《西溪医药文化》(杭州出版社2012年出版)

21.《西溪民间风情》(杭州出版社2012年出版)

22.《西溪民间故事》(杭州出版社2012年出版)

23.《西溪民间工艺》(杭州出版社2012年出版)

24.《西溪古镇古村落》(杭州出版社2012年出版)

25.《西溪的历史建筑》(杭州出版社2012年出版)

26.《西溪的宗教文化》(杭州出版社2012年出版)

27.《西溪与蕉园诗社》(杭州出版社2012年出版)

28.《西溪集古楹联匾额》(杭州出版社2012年出版)

29.《西溪蒋坦与〈秋灯琐忆〉》(杭州出版社2012年出版)

30.《西溪名人》(杭州出版社2013年出版)

31.《西溪隐红》(杭州出版社2013年出版)

32.《西溪留下》(杭州出版社2013年出版)

33.《西溪山坞》(杭州出版社2013年出版)

34.《西溪揽胜》(杭州出版社2013年出版)

35.《西溪与水浒》(杭州出版社2013年出版)

36.《西溪诗词选注》(杭州出版社2013年出版)

37.《西溪地名揽萃》(杭州出版社2013年出版)

38.《西溪的龙舟胜会》(杭州出版社2013年出版)

39.《西溪民间语言趣谈》(杭州出版社2013年出版)

40.《西溪新吟》(浙江人民出版社2016年出版)

41.《西溪商贸》(浙江人民出版社2016年出版)

42.《西溪原住民记影》(浙江人民出版社2016年出版)

43.《西溪创意产业园》(浙江人民出版社2016年出版)

44.《西溪渔文化》(浙江人民出版社2016年出版)

45.《西溪旧影》(浙江人民出版社2016年出版)

46.《西溪洪氏》(浙江人民出版社2016年出版)

47.《西溪的美食文化》(浙江人民出版社2016年出版)

48.《西溪节日文化》(浙江人民出版社2016年出版)

49.《千年古刹——永兴寺》(浙江人民出版社2017年出版)

50.《自画西溪旧事》(杭州出版社2018年出版)

51.《西溪民间武术》(杭州出版社2018年出版)

52.《西溪心影》(杭州出版社2018年出版)

53.《西溪教育偶拾》(浙江人民出版社2019年出版)

54.《西溪湿地原住民口述史》(杭州出版社2019年出版)

55.《西溪花语》(杭州出版社2019年出版)

56.《廿四节气里的西溪韵味》(杭州出版社2019年出版)

57.《名人与西溪·漫游篇》(浙江人民出版社2019年出版)

58.《名人与西溪·世家篇》(浙江人民出版社2019年出版)

59.《名人与西溪·梵隐篇》(浙江人民出版社2019年出版)

60.《名人与西溪·乡贤篇》(浙江人民出版社2019年出版)

61.《名人与西溪·文苑篇》(浙江人民出版社2019年出版)

62.《西溪梅文化》(杭州出版社2019年出版)

63.《西溪食经》(浙江科学技术出版社2020年出版)

64.《西溪青少年研学读本：民间故事》(杭州出版社2021年出版)

65.《西溪青少年研学读本：动物植物》(杭州出版社2021年出版)

66.《西溪青少年研学读本：民俗文化》(杭州出版社2021年出版)

67.《西溪青少年研学读本：人文景观》(杭州出版社2021年出版)

68.《西溪青少年研学读本：诗词散文》(杭州出版社2021年出版)

69.《西溪青少年研学读本：研学百科》(杭州出版社2021年出版)

## 运河（河道）丛书（51种75册）

1.《杭州运河风俗》(杭州出版社2006年出版)

2.《杭州运河遗韵》(杭州出版社2006年出版)

3.《杭州运河文献（上下）》(杭州出版社2006年出版)

4.《京杭大运河图说》(杭州出版社2006年出版)

5.《杭州运河历史研究》(杭州出版社2006年出版)

6.《杭州运河桥船码头》(杭州出版社2006年出版)

7.《杭州运河古诗词选评》(杭州出版社2006年出版)

8.《走近大运河·散文诗歌卷》(杭州出版社2006年出版)

9.《走近大运河·游记文学卷》(杭州出版社2006年出版)

10.《走近大运河·纪实文学卷》(杭州出版社2006年出版)

11.《走近大运河·传说故事卷》(杭州出版社2006年出版)

12.《走近大运河·美术摄影书法采风作品集》(杭州出版社2006年出版)

13.《杭州运河治理》(杭州出版社2013年出版)

14.《杭州运河新貌》(杭州出版社2013年出版)

15.《杭州运河歌谣》(杭州出版社2013年出版)

16.《杭州运河戏曲》(杭州出版社2013年出版)

17.《杭州运河集市》(杭州出版社2013年出版)

18.《杭州运河桥梁》(杭州出版社2013年出版)

19.《穿越千年的通途》(杭州出版社2013年出版)

20.《穿花泄月绕城来》(杭州出版社2013年出版)

21.《烟柳运河一脉清》(杭州出版社2013年出版)

22.《口述杭州河道历史》(杭州出版社2013年出版)

23.《杭州运河历史建筑》(杭州出版社2013年出版)

24.《杭州河道历史建筑》(杭州出版社2013年出版)

25.《外国人眼中的大运河》(杭州出版社2013年出版)

26.《杭州河道诗词楹联选粹》(杭州出版社2013年出版)

27.《杭州运河非物质文化遗产》(杭州出版社2013年出版)

28.《杭州运河宗教文化掠影》(杭州出版社2013年出版)

29.《杭州运河土特产》(杭州出版社2013年出版)

30.《杭州运河史话》(杭州出版社2013年出版)

31.《杭州运河旅游》(杭州出版社2013年出版)

32.《杭州河道文明探寻》(杭州出版社2013年出版)

33.《杭州运河名人》(杭州出版社2014年出版)

34.《中东河新传》(杭州出版社2014年出版)

35.《杭州运河船》(杭州出版社2015年出版)

36.《杭州运河名胜》(杭州出版社2015年出版)

37.《杭州河道社区》(杭州出版社2015年出版)

38.《运河边的租界——拱宸桥》(杭州出版社2015年出版)

39.《运河文化名镇塘栖》(杭州出版社2015年出版)

40.《杭州运河旧影》(杭州出版社2017年出版)

41.《运河上的杭州》(浙江人民美术出版社2017年出版)

42.《西湖绸伞寻踪》(浙江人民美术出版社2017年出版)

43.《杭州运河文化之旅》(浙江人民美术出版社2017年出版)

44.《亲历杭州河道治理》(浙江古籍出版社2018年出版)

45.《杭州河道故事与传说》(浙江古籍出版社2018年出版)

46.《杭州运河老厂》(杭州出版社2018年出版)

47.《运河村落的蚕丝情结》(杭州出版社2018年出版)

48.《运河文物故事》(杭州出版社2019年出版)

49.《杭州河道名称历史由来》(浙江古籍出版社2019年出版)

50.《杭州古代河道治理》(杭州出版社2020年出版)

51.《杭州运河老字号丛书·百年汇昌》(杭州出版社2021年出版)

52.《杭州运河老字号丛书·方回春堂》(杭州出版社2021年出版)

53.《杭州运河老字号丛书·胡庆余堂》(杭州出版社2021年出版)

54.《杭州运河老字号丛书·王星记》(杭州出版社2021年出版)

55.《杭州运河老字号丛书·奎元馆》(杭州出版社2021年出版)

56.《杭州运河老字号丛书·都锦生》(杭州出版社2021年出版)

57.《杭州运河老字号丛书·西泠印社》(杭州出版社2021年出版)

58.《杭州运河老字号丛书·孔凤春》(杭州出版社2021年出版)

59.《杭州运河老字号丛书·张小泉》(杭州出版社2021年出版)

60.《杭州运河老字号丛书·知味观》(杭州出版社2021年出版)

61.《杭州运河老字号丛书·前世与今生》(杭州出版社2021年出版)

62.《杭州运河老字号丛书·传承与发展》(杭州出版社2021年出版)

63.《杭州河道老字号系列丛书·传承振兴展新颜》(杭州出版社2021年出版)

64.《杭州河道老字号系列丛书·船泊河港寻菜香》(杭州出版社2021年出版)

65.《杭州河道老字号系列丛书·船载药材运输忙》(杭州出版社2021年出版)

66.《杭州河道老字号系列丛书·桨声灯影见传奇》(杭州出版社2021年出版)

67.《杭州河道老字号系列丛书·摇橹声中品百味》(杭州出版社2021年出版)

68.《杭州河道老字号系列丛书·一程水路一程货》(杭州出版社2021年出版)

69.《名人与杭州河道·文苑篇》(杭州出版社2021年出版)

70.《名人与杭州河道·名宦篇》(杭州出版社2021年出版)

71.《名人与杭州河道·侨寓篇》(杭州出版社2021年出版)

72.《名人与杭州河道·乡贤篇》(杭州出版社2021年出版)

73.《江南食事》(杭州出版社2022年出版)

74.《杭州工艺美术史》(浙江人民美术出版社2022年出版)

75.《杭州河道映巷》（西泠印社出版社2023年出版）

## 钱塘江丛书（39册）

1.《钱塘江传说》（杭州出版社2013年出版）

2.《钱塘江名人》（杭州出版社2013年出版）

3.《钱塘江金融文化》（杭州出版社2013年出版）

4.《钱塘江医药文化》（杭州出版社2013年出版）

5.《钱塘江历史建筑》（杭州出版社2013年出版）

6.《钱塘江古镇梅城》（杭州出版社2013年出版）

7.《茅以升和钱塘江大桥》（杭州出版社2013年出版）

8.《古邑分水》（杭州出版社2013年出版）

9.《孙权故里》（杭州出版社2013年出版）

10.《钱塘江风光》（杭州出版社2013年出版）

11.《钱塘江戏曲》（杭州出版社2013年出版）

12.《钱塘江风俗》（杭州出版社2013年出版）

13.《淳安千岛湖》（杭州出版社2013年出版）

14.《钱塘江航运》（杭州出版社2013年出版）

15.《钱塘江旧影》（杭州出版社2013年出版）

16.《钱塘江水电站》（杭州出版社2013年出版）

17.《钱塘江水上运动》（杭州出版社2013年出版）

18.《钱塘江民间工艺美术》（杭州出版社2013年出版）

19.《黄公望与〈富春山居图〉》（杭州出版社2013年出版）

20.《钱江梵影》（杭州出版社2014年出版）

21.《严光与严子陵钓台》（杭州出版社2014年出版）

22.《钱塘江史话》（杭州出版社2014年出版）

23.《桐君山》（杭州出版社2014年出版）

24.《钱塘江藏书与刻书文化》（杭州出版社2014年出版）

25.《外国人眼中的钱塘江》（杭州出版社2014年出版）

26.《钱塘江绘画》（杭州出版社2014年出版）

27.《钱塘江饮食》（杭州出版社2014年出版）

28.《钱塘江游记》(杭州出版社2014年出版)

29.《钱塘江茶史》(杭州出版社2015年出版)

30.《钱江潮与弄潮儿》(杭州出版社2015年出版)

31.《之江大学史》(杭州出版社2015年出版)

32.《钱塘江方言》(杭州出版社2015年出版)

33.《钱塘江船舶》(杭州出版社2017年出版)

34.《城·水·光·影——杭州钱江新城亮灯工程》(杭州出版社2018年出版)

35.《名人与钱塘江·贤宦篇》(杭州出版社2020年出版)

36.《名人与钱塘江·文苑篇》(杭州出版社2020年出版)

37.《名人与钱塘江·贤达篇》(杭州出版社2020年出版)

38.《名人与钱塘江·乡贤篇》(杭州出版社2020年出版)

39.《名人与钱塘江·梵隐篇》(杭州出版社2020年出版)

## 良渚丛书（13册）

1.《神巫的世界》(杭州出版社2013年出版)

2.《纹饰的秘密》(杭州出版社2013年出版)

3.《玉器的故事》(杭州出版社2013年出版)

4.《从村居到王城》(杭州出版社2013年出版)

5.《良渚人的衣食》(杭州出版社2013年出版)

6.《良渚文明的圣地》(杭州出版社2013年出版)

7.《神人兽面的真像》(杭州出版社2013年出版)

8.《良渚文化发现人施昕更》(杭州出版社2013年出版)

9.《良渚文化的古环境》(杭州出版社2014年出版)

10.《良渚文化的水井》(浙江古籍出版社2015年出版)

11.《建构神圣——良渚文化的玉器、图像与信仰》(浙江古籍出版社2021年出版)

12.《良渚墓葬》(浙江古籍出版社2022年出版)

13.《质朴与艳丽——良渚漆木器》(浙江古籍出版社2024年出版)

## 余杭丛书（15册）

1.《品味塘栖》(浙江古籍出版社2015年出版)

2.《吃在塘栖》（浙江古籍出版社2016年出版）

3.《塘栖蜜饯》（浙江古籍出版社2017年出版）

4.《村落拾遗》（浙江古籍出版社2017年出版）

5.《余杭老古话》（浙江古籍出版社2018年出版）

6.《传说塘栖》（浙江古籍出版社2019年出版）

7.《余杭奇人陈元赟》（浙江古籍出版社2019年出版）

8.《章太炎讲国学》（上海人民出版社2019年出版）

9.《章太炎家书》（上海人民出版社2019年出版）

10.《余杭老古话续编》（浙江古籍出版社2021年出版）

11.《余杭山水形胜》（浙江古籍出版社2021年出版）

12.《一带诗溪觅余韵——余杭诗汇（苕溪卷）》（浙江古籍出版社2023年出版）

13.《苕溪遗存——余杭区重要水利工程遗产集萃》（浙江古籍出版社2023年出版）

14.《〈梦溪笔谈〉解读》（杭州出版社2024年出版）

15.《漫谈沈括》（浙江古籍出版社2024年出版）

### 临平丛书（2册）

1.《临平简史》（西泠印社出版社2022年出版）

2.《宋韵临平叙事》（西泠印社出版社2023年出版）

### 湘湖（白马湖）丛书（41种42册）

1.《湘湖史话》（杭州出版社2013年出版）

2.《湘湖传说》（杭州出版社2013年出版）

3.《东方文化园》（杭州出版社2013年出版）

4.《任伯年评传》（杭州出版社2013年出版）

5.《湘湖风俗》（杭州出版社2013年出版）

6.《一代名幕汪辉祖》（杭州出版社2014年出版）

7.《湘湖诗韵》（浙江古籍出版社2014年出版）

8.《白马湖诗词》（西泠印社出版社2014年出版）

9.《白马湖传说》（西泠印社出版社2014年出版）

10.《画韵湘湖》（浙江摄影出版社2015年出版）

11.《湘湖人物》（浙江古籍出版社2015年出版）

12.《湘湖楹联》（杭州出版社2016年出版）

13.《湘湖诗词（上下）》（杭州出版社2016年出版）

14.《湘湖物产》（浙江古籍出版社2016年出版）

15.《湘湖故事新编》（浙江人民出版社2016年出版）

16.《白马湖风物》（西泠印社出版社2016年出版）

17.《湘湖记忆》（杭州出版社2016年出版）

18.《湘湖文化民间遗存》（西泠印社出版社2016年出版）

19.《汪辉祖家训》（杭州出版社2017年出版）

20.《诗狂贺知章》（浙江人民出版社2017年出版）

21.《西兴史迹寻踪》（西泠印社出版社2017年出版）

22.《来氏与九厅十三堂》（西泠印社出版社2017年出版）

23.《白马湖楹联碑记》（西泠印社出版社2017年出版）

24.《湘湖新咏》（西泠印社出版社2017年出版）

25.《湘湖之谜》（浙江人民出版社2017年出版）

26.《长河史迹寻踪》（西泠印社出版社2018年出版）

27.《湘湖宗谱与宗祠》（杭州出版社2018年出版）

28.《毛奇龄与湘湖》（浙江人民出版社2018年出版）

29.《湘湖图说》（浙江人民出版社2018年出版）

30.《萧山官河两岸乡贤书画逸闻》（西泠印社出版社2019年出版）

31.《民国湘湖轶事》（浙江人民出版社2020年出版）

32.《清代湘湖轶事》（浙江人民出版社2020年出版）

33.《宋元湘湖轶事》（浙江人民出版社2023年出版）

34.《寻味萧山》（杭州出版社2020年出版）

35.《名人与湘湖（白马湖）·鸿儒大家篇》（杭州出版社2022年出版）

36.《名人与湘湖（白马湖）·文苑雅士篇》（杭州出版社2021年出版）

37.《名人与湘湖（白马湖）·贤达名流篇》（杭州出版社2021年出版）

38.《名人与湘湖（白马湖）·乡贤名绅篇》（杭州出版社2021年出版）

39.《名人与湘湖（白马湖）·御迹臣事篇》（杭州出版社2022年出版）

40.《湘湖百桥》（浙江摄影出版社2021年出版）

41.《湘湖望族》(西泠印社出版社2023年出版)

## 研究报告

### 杭州研究报告（5册）

1.《金砖四城——杭州都市经济圈解析》(杭州出版社2013年出版)

2.《民间文化杭州论稿》(杭州出版社2013年出版)

3.《杭州方言与宋室南迁》(杭州出版社2013年出版)

4.《一座城市的味觉遗香——杭州饮食文化遗产研究》(浙江古籍出版社2018年出版)

5.《杭帮菜文化调查研究报告》(杭州出版社2022年出版)

### 西湖研究报告（3册）

1.《西湖景观题名文化研究》(杭州出版社2016年出版)

2.《西湖四季花卉景观历史沿革及人文内涵研究》(杭州出版社2023年出版)

3.《南宋临安城皇家建筑研究》(杭州出版社2024年出版)

### 西溪研究报告（8册）

1.《西溪研究报告（一）》(杭州出版社2016年出版)

2.《西溪研究报告（二）》(杭州出版社2017年出版)

3.《湿地保护与利用的"西溪模式"——城市管理者培训特色教材·西溪篇》(杭州出版社2017年出版)

4.《西溪专题史研究》(杭州出版社2018年出版)

5.《西溪历史文化景观研究》(杭州出版社2019年出版)

6.《旅游符号学视阈中的景观保护与利用研究——以杭州西溪湿地为例》(杭州出版社2020年出版)

7.《杭州西溪湿地审美意象实证研究》(杭州出版社2021年出版)

8.《杭州西溪历史人物与中外文化交流研究》(杭州出版社2023年出版)

## 运河（河道）研究报告（4种6册）

1.《杭州河道研究报告（一）》（上下）（浙江古籍出版社2015年出版）

2.《中国大运河保护与利用的杭州模式——城市管理者培训特色教材·运河篇》（杭州出版社2018年出版）

3.《杭州河道有机更新实践创新与经验启示——城市管理者培训特色教材·河道篇》（杭州出版社2019年出版）

4.《杭州运河（河道）专题史研究（上下）》（杭州出版社2019年出版）

## 钱塘江研究报告（2册）

1.《钱塘江研究报告（一）》（杭州出版社2013年出版）

2.《潮涌新城：杭州钱江新城建设历程、经验与启示——城市管理者教材》（杭州出版社2019年出版）

## 良渚研究报告（1册）

《良渚古城墙铺垫石研究报告》（浙江古籍出版社2018年出版）

## 余杭研究报告（2册）

1.《慧焰薪传——径山禅茶文化研究》（杭州出版社2014年出版）
2.《沈括研究》（浙江古籍出版社2016年出版）

## 湘湖（白马湖）研究报告（11种13册）

1.《九个世纪的嬗变——中国·杭州湘湖开筑900周年学术论坛文集》（浙江古籍出版社2014年出版）

2.《湘湖保护与开发研究报告（一）》（杭州出版社2015年出版）

3.《湘湖文化保护与旅游开发研讨会论文集》（浙江古籍出版社2015年出版）

4.《湘湖战略定位与保护发展对策研究》（浙江古籍出版社2016年出版）

5.《湘湖金融历史文化研究文集》（浙江人民出版社2016年出版）

6.《湘湖综合保护与开发：经验·历程·启示——城市管理者培训特色教材·湘湖篇》（杭州出版社2018年出版）

7.《杨时与湘湖研究文集》(浙江人民出版社2018年出版)

8.《湘湖研究论文专辑》(杭州出版社2018年出版)

9.《湘湖历史文化调查报告(上下)》(杭州出版社2018年出版)

10.《湘湖(白马湖)专题史(上下)》(浙江人民出版社2019年出版)

11.《湘湖研究论丛——陈志根湘湖研究论文选》(浙江人民出版社2019年出版)

### 南宋史研究丛书(70种79册)

1.《南宋史研究论丛(上下)》(杭州出版社2008年出版)

2.《朱熹研究》(人民出版社2008年出版)

3.《叶适研究》(人民出版社2008年出版)

4.《陆游研究》(人民出版社2008年出版)

5.《马扩研究》(人民出版社2008年出版)

6.《岳飞研究》(人民出版社2008年出版)

7.《秦桧研究》(人民出版社2008年出版)

8.《宋理宗研究》(人民出版社2008年出版)

9.《文天祥研究》(人民出版社2008年出版)

10.《辛弃疾研究》(人民出版社2008年出版)

11.《陆九渊研究》(人民出版社2008年出版)

12.《南宋官窑》(杭州出版社2008年出版)

13.《南宋临安城考古》(杭州出版社2008年出版)

14.《南宋临安典籍文化》(杭州出版社2008年出版)

15.《南宋都城临安》(杭州出版社2008年出版)

16.《南宋史学史》(人民出版社2008年出版)

17.《南宋宗教史》(人民出版社2008年出版)

18.《南宋政治史》(人民出版社2008年出版)

19.《南宋人口史》(上海古籍出版社2008年出版)

20.《南宋交通史》(上海古籍出版社2008年出版)

21.《南宋教育史》(上海古籍出版社2008年出版)

22.《南宋思想史》(上海古籍出版社2008年出版)

23.《南宋军事史》(上海古籍出版社2008年出版)

24.《南宋手工业史》(上海古籍出版社2008年出版)

25.《南宋绘画史》(上海古籍出版社2008年出版)

26.《南宋书法史》(上海古籍出版社2008年出版)

27.《南宋戏曲史》(上海古籍出版社2008年出版)

28.《南宋临安大事记》(杭州出版社2008年出版)

29.《南宋临安对外交流》(杭州出版社2008年出版)

30.《南宋文学史》(人民出版社2009年出版)

31.《南宋科技史》(人民出版社2009年出版)

32.《南宋城镇史》(人民出版社2009年出版)

33.《南宋科举制度史》(人民出版社2009年出版)

34.《南宋临安工商业》(人民出版社2009年出版)

35.《南宋农业史》(人民出版社2010年出版)

36.《南宋临安文化》(杭州出版社2010年出版)

37.《南宋临安宗教》(杭州出版社2010年出版)

38.《南宋名人与临安》(杭州出版社2010年出版)

39.《南宋法制史》(人民出版社2011年出版)

40.《南宋临安社会生活》(杭州出版社2011年出版)

41.《宋画中的南宋建筑》(西泠印社出版社2011年出版)

42.《南宋舒州公牍佚简整理与研究》(上海古籍出版社2011年出版)

43.《南宋全史(一)》(上海古籍出版社2011年出版)

44.《南宋全史(二)》(上海古籍出版社2011年出版)

45.《南宋全史(三)》(上海古籍出版社2012年出版)

46.《南宋全史(四)》(上海古籍出版社2012年出版)

47.《南宋全史(五)》(上海古籍出版社2012年出版)

48.《南宋全史(六)》(上海古籍出版社2012年出版)

49.《南宋全史(七)》(上海古籍出版社2015年出版)

50.《南宋全史(八)》(上海古籍出版社2015年出版)

51.《南宋美学思想研究》(上海古籍出版社2012年出版)

52.《南宋川陕边行政运行体制研究》(上海古籍出版社2012年出版)

53.《南宋藏书史》(人民出版社2013年出版)

54.《南宋陶瓷史》(上海古籍出版社2013年出版)

55.《南宋明州先贤祠研究》(上海古籍出版社2013年出版)

56.《南宋建筑史》(上海古籍出版社2014年出版)

57.《金人"中国"观研究》(上海古籍出版社2014年出版)

58.《宋金交聘制度研究》(上海古籍出版社2014年出版)

59.《图说宋人服饰》(上海古籍出版社2014年出版)

60.《南宋社会民间纠纷及其解决途径研究》(上海古籍出版社2015年出版)

61.《〈咸淳临安志〉宋版"京城四图"复原研究》(上海古籍出版社2015年出版)

62.《南宋都城临安研究——以考古为中心》(上海古籍出版社2016年出版)

63.《两宋宗室研究——以制度考察为中心(上下)》(上海古籍出版社2016年出版)

64.《南宋园林史》(上海古籍出版社2017年出版)

65.《道命录》(上海古籍出版社2017年出版)

66.《毗陵集》(上海古籍出版社2017年出版)

67.《西湖游览志》(上海古籍出版社2017年出版)

68.《西湖游览志馀》(上海古籍出版社2018年出版)

69.《建炎以来系年要录(全八册)》(上海古籍出版社2018年出版)

70.《南宋理学一代宗师杨时思想研究》(上海古籍出版社2018年出版)

### 南宋研究报告(2册)

1.《两宋"一带一路"战略·长江经济带战略研究》(杭州出版社2018年出版)

2.《南北融合:两宋与"一带一路"建设研究》(杭州出版社2018年出版)

## ◤ 通史

### 西溪通史(3册)

《西溪通史(全三卷)》(杭州出版社2017年出版)

### 钱塘江通史(3册)

《钱塘江通史》(第一二三册)(杭州出版社2023年出版)

### 湘湖通史（1种2册）

《湘湖通史》（上、下册）（浙江人民出版社2023年出版）

## ◤ 辞典

### 余杭辞典（1册）

《余杭辞典》（浙江古籍出版社2021年出版）